安徽经济社会发展研究

2018

安徽省人民政府发展研究中心　组编

中国科学技术大学出版社

内容简介

本书由安徽省人民政府发展研究中心组织编写,收集了2018年安徽经济社会发展若干问题研究的部分成果,具体研究问题包括工业成本状况、开发区发展、农商行改革、供应链物流、农业现代化指标体系、国有文化企业发展等,涉及经济社会发展诸多方面,共22篇文章。书中对相关问题进行了深入调查研究,并提出了针对性对策建议,具有较高的社会价值。

图书在版编目(CIP)数据

安徽经济社会发展研究.2018/安徽省人民政府发展研究中心组编. —合肥:中国科学技术大学出版社,2019.12

ISBN 978-7-312-04788-6

Ⅰ.安⋯ Ⅱ.安⋯ Ⅲ.①区域经济发展—研究—安徽—2018 ②社会发展—研究—安徽—2018 Ⅳ.F127.54

中国版本图书馆CIP数据核字(2019)第205444号

出版	中国科学技术大学出版社 安徽省合肥市金寨路96号,230026 http://press.ustc.edu.cn https://zgkxjsdxcbs.tmall.com
印刷	合肥市宏基印刷有限公司
发行	中国科学技术大学出版社
经销	全国新华书店
开本	710 mm×1000 mm 1/16
印张	20.5
字数	237千
版次	2019年12月第1版
印次	2019年12月第1次印刷
定价	78.00元

前　　言

根据年度课题计划安排，在全体研究人员的共同努力下，形成了系列研究成果。这些研究成果涉及现代化五大发展美好安徽建设相关内容及经济社会发展的热点难点问题，已以多种形式呈送省领导参阅，并刊印成《研究与咨询》寄至省直单位和市县负责同志。

为了保存资料、方便查阅，现将部分研究成果编印出版。由于研究水平有限，我们恳请各位领导和相关部门多提宝贵意见，为今后的研究给予指导和提供建议。

安徽省人民政府发展研究中心

2019 年 8 月

目 录

前言 ·· (i)

我省规上工业企业成本偏高原因分析及对策建议 ·················· (1)

关于探索盘活利用闲置宅基地和闲置农房的研究 ·················· (18)

我省开发区改革创新发展研究 ··· (36)

我省新增市场主体运营状况调查及建议 ································· (48)

我省农村商业银行改革创新研究及政策建议 ·························· (56)

我省发展供应链物流产业研究 ··· (67)

我省农业农村现代化指标体系研究——关于制订我省实施乡村振兴战略
　指标考核评价体系的研究与建议 ······································ (79)

引导资源要素向农村流动研究 ··· (102)

安徽省营商环境问卷调查报告 ··· (124)

安徽省国有文化企业高质量发展研究 ····································· (139)

推进以市场化方式发展我省养老服务业研究 ·························· (155)

我省创新政策落实情况的评估报告 ·· (168)

关于进一步提升皖台集成电路产业合作发展水平的调研与建议 ············ (185)

关于江苏、深圳近期出台的创新政策分析与建议 ··················· (198)

对中美贸易战的若干认识与政策建议 ····································· (207)

我省工业设计发展对策研究 …………………………………………… (219)

关于引导鼓励金融资本、社会资本参与我省林业建设的研究与建议 …… (233)

乡村振兴有诀窍——浙江何斯路村调研报告 …………………………… (247)

关于我省促进小农户和现代农业发展有机衔接的调研报告 …………… (253)

2018年安徽民生调查报告——从调查问卷看我省基本民生状况 ……… (265)

关于构建安徽旅游业高质量发展指标体系的思考和建议 ……………… (281)

问答乡村振兴 …………………………………………………………… (294)

我省规上工业企业成本偏高原因分析及对策建议

根据多年年度统计年鉴分析,我省规上工业企业主营业务成本占收入比重连续多年高于全国平均水平,每百元主营业务收入成本(简称百元收入成本)居高不下。本课题组对此进行专题调研和分析,并提出相关建议。

一、我省规上工业企业百元收入成本明显偏高

根据《中国工业统计年鉴》,2014—2016年我省规上工业企业主营业务成本占收入比重分别是86.10%、86.40%、86.50%,分别高于全国平均水平0.9、1.3、1.5个百分点,在全国的排名分别是第8、7、6位。另据经信部门快报数据,2017年我省规上工业企业主营业务成本占收入比重是86.80%,居全国第5位。百元收入成本占比和在全国的排名呈现逐年上升趋势(见表1、图1)。

表1　我省工业企业主营业务成本在全国排名变化

年份	2014	2015	2016	2017
全国排名位次	8	7	6	5

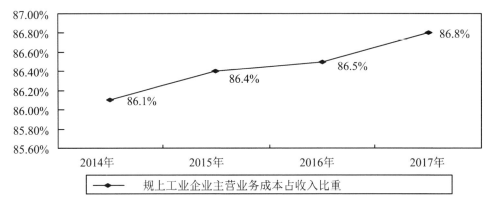

图1　我省规上工业企业主营业务成本占比变化

与中部地区其他省份相比,我省规上工业企业百元收入成本偏高。从《中国工业统计年鉴(2017)》数据看,我省规上工业企业百元收入成本居中部地区第3位,分别高于湖北、山西、湖南1.5元、2.7元、4.7元,但比江西、河南分别低1.0元、0.9元(见表2)。

表2　2016年我省规上工业企业百元收入成本与中部地区其他省份相比

地区	成本排名	百元收入成本(元)	安徽高于(元)
江西	1	87.5	-1.0
河南	2	87.4	-0.9
安徽	3	86.5	—
湖北	4	85.0	1.5
山西	5	83.8	2.7
湖南	6	81.8	4.7

数据来源:《中国工业统计年鉴(2017)》。

与长三角地区其他省份相比,我省规上工业企业百元收入成本也明显偏高。2016年江苏、浙江、上海规上工业企业百元收入成本分别是85.6元、83.8元、79.8元,我省分别高于江苏、浙江、上海0.9元、2.7元、6.7元,反映了我省规上工业企业百元主营业务收入成本较高(见表3)。

表3 2016年我省规上工业企业百元收入成本与长三角地区其他省市比

地区	成本排名	百元收入成本(元)	安徽高于(元)
安徽	1	86.5	—
江苏	2	85.6	0.9
浙江	3	83.8	2.7
上海	4	79.8	6.7

数据来源:《中国工业统计年鉴(2017)》。

二、我省规上工业企业百元收入成本占比偏高的原因分析

工业企业成本占比偏高受多种因素的影响,从宏观上分析,与工业发展阶段、工业产业结构、资产运营模式等密切相关;从微观上分析,与原材料、机器设备、税费、融资、人工、用地、用能等要素成本关系很大。

(一)从发展阶段看,反映了我省工业化后期发展阶段的特征

我省已步入工业化后期前半段,工业在国民经济中所占比重进入峰值阶段,而服务业发展明显滞后,影响工业制造效率进一步提升,成为导致工业成本偏高的重要原因。2016年我省工业在国民经济中所占比重达48.40%,而服务业仅为41.10%。服务业发展相对滞后,特别是服务业中

的工业设计、科技研发服务、人力资本服务、现代物流和供应链管理、电子商务、节能环保服务、产业金融及融资租赁服务等生产性服务业发展不足,影响工业效率提升,推升制造业成本。实地调研的情况也验证了这一点,阜阳科技部门反映,企业专利质押贷款的关键环节专利评估中有67%是委托北京的中介机构完成的,30%是委托上海的中介机构完成的。安徽华能电缆集团反映,由于本地检测认证机构缺乏,相关产品只能送往上海、武汉等地检测,检测成本高、时间长。安徽谐和警用装备公司反映,所有承接的检测认证产品都要送到北京等地进行检测,成本负担较重。

从与我省处于同一发展阶段的地区比较来看,这些省份普遍表现出工业成本偏高的特征。根据中国社会科学院《工业化蓝皮书》报告,安徽、江西、河南、河北、福建均于2015年进入工业化后期前半段或后半段。这些省份规上工业企业百元收入成本在全国的排名分别是第6、2、4、5、9位,均出现了工业成本偏高的现象。在这一阶段,第一产业占比下降到10%左右,第二产业占比进入峰值期,第三产业发展相对滞后。例如,安徽、江西、河南、河北、福建第二产业占比均大于47%,高于第三产业6个百分点,普遍出现第三产业发展不足的现象,尤其是我省第三产业比第二产业低7.3个百分点(见表4)。服务业发展相对滞后,较大程度影响了制造业效率的提升。

表4 工业化后期地区规上工业企业百元收入成本排名靠前

地区	百元收入成本(元)	全国排名	三次产业结构
江西	87.5	2	10.30%∶47.70%∶42.00%
河南	87.4	4	10.60%∶47.60%∶41.80%
河北	86.7	5	10.90%∶47.60%∶41.50%
安徽	86.5	6	10.50%∶48.40%∶41.10%
福建	85.1	9	8.20%∶48.90%∶42.90%

数据来源:国家统计局网站。

从与超越我省发展阶段的地区比较来看,这些省市普遍具有规上工业成本较低的特征。超越我省发展阶段、呈现后工业化特征的北京、上海等地,其规上工业企业百元收入成本分别是83.0元和79.8元,在全国的排名分别是第22、27位,工业企业成本明显较低。2016年北京、上海等地第一产业占比不足1%,第二产业占比20%左右,第三产业占比远高于第二产业,工业已不占主导地位且工业形态发生了深刻变化,轻资产和高附加值制造业为其工业主要形态,所以规上工业企业成本比重不高(见表5)。

表5 后工业化时代地区规上工业企业百元收入成本

地区	百元收入成本(元)	全国排名	三次产业结构
北京	83.0	22	0.50%∶19.30%∶80.20%
上海	79.8	27	0.40%∶29.80%∶69.80%

数据来源:国家统计局网站。

从与落后于我省发展阶段的地区比较来看,这些省份也普遍具有规上工业成本较低的特征。根据中国社会科学院《工业化蓝皮书》报告,山西、贵州、海南、云南均处工业化中期前半段或后半段,其规上工业企业百元收入成本分别是83.8元、79.3元、78.3元、76.9元,在全国的排名分别是第19、28、29、30位,工业成本明显较低。主要因为这些省份产业结构存在特殊性,工业在全省国民经济中的占比不高,第三产业所占比重高于第二产业,制造业处于边际效率提升阶段,延缓了工业成本攀升(见表6)。

表6 工业化中期地区规上工业企业百元收入成本

地区	百元收入成本(元)	全国排名	三次产业结构
山西	83.8	19	6.00%∶38.50%∶55.50%
贵州	79.3	28	15.70%∶39.70%∶44.70%
海南	78.3	29	23.40%∶22.40%∶54.30%
云南	76.9	30	14.80%∶38.50%∶46.70%

数据来源:国家统计局网站。

综合来看,工业成本水平随着发展阶段的演进而呈现规律性变化,我省工业成本也遵循这一变化规律。从以上分析可以看出,当一个地区处于工业化不同阶段时,工业成本水平也随之发生规律性改变。在工业化前期、中期、后期与后工业化时代,工业成本表现出由低到高再到低的规律性变化。我省工业发展阶段的演进也体现了这一特点:我省进入工业化后期阶段,工业成本处于高位,但是在工业化起步或中期阶段,我省工业成本并不高。例如,2003年我省规上工业企业百元收入成本仅为79.27元,在全国排名低至第20位。此后随着工业化进程的演进,我省规上工业企业百元收入成本从2003年的79.27元上升到2016年的86.45元,在全国排名从第20位逐渐上升到第6位(见表7、图2)。由此可见,工业成本变化与地区发展阶段改变密切相关,有其自身的变化规律。随着我省工业化进程的不断演进,当进入后工业化时代后,我省工业成本也会呈现逐步下降的趋势。

表7 我省规上工业企业百元收入成本在全国位次的时序变化

年份	2001	2002	2003	2004	2005	2006	2007	2008
全国排名	15	18	20	18	16	13	12	16
百元收入成本(元)	81.49	80.44	79.27	81.38	83.19	84.09	83.89	83.64
年份	2009	2010	2011	2012	2013	2014	2015	2016
全国排名	15	16	9	13	6	8	7	6
百元收入成本(元)	83.51	83.73	85.04	84.78	86.48	86.07	86.41	86.45

数据来源:国家统计局网站。

(二)从工业结构看,反映了我省高成本行业占比较大的特征

从统计分析结果来看,我省主导产业与百元收入成本在全国排名靠前的工业行业重合度较高,也是导致我省工业企业成本偏高的重要原

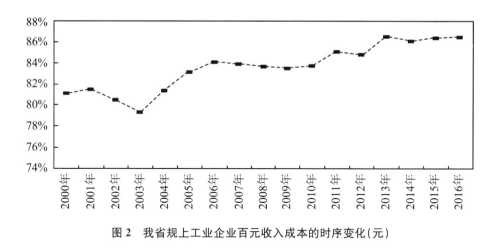

图 2 我省规上工业企业百元收入成本的时序变化(元)

因。从全国来看,规上工业企业百元收入成本占比排名前十位的行业是:有色金属冶炼和压延加工业(91.47%),黑色金属冶炼和压延加工业(90.77%),废弃资源综合利用业(90.41%),化学纤维制造业(89.39%),纺织业(89.10%),农副食品加工业(88.80%),电力、热力生产和供应业(87.98%),计算机通信和其他电子设备制造业(87.60%),木材加工和木竹藤棕草制品业(87.17%),文教工美体和娱乐用品制造业(87.15%)(见表8)。这些高成本行业与我省主导产业重合度较高,如从主营业务收入占全省工业比重来看,我省农副食品加工业位列全省第2位,有色金属冶炼和压延加工业列第3位,计算机通信和其他电子设备制造业列第8位,黑色金属冶炼和压延加工业列第9位,电力、热力生产和供应业列第12位(见表9)。这些高成本行业贡献了我省主要工业产值,是我省工业产业的重要组成部分,但也推高了我省工业平均成本。

表8 2016年我国工业行业成本占收入比重排名前十名行业

排名	行业	成本占收入比重
1	有色金属冶炼和压延加工业	91.47%
2	黑色金属冶炼和压延加工业	90.77%
3	废弃资源综合利用业	90.41%
4	化学纤维制造业	89.39%
5	纺织业	89.10%
6	农副食品加工业	88.80%
7	电力、热力生产和供应业	87.98%
8	计算机通信和其他电子设备制造业	87.60%
9	木材加工和木竹藤棕草制品业	87.17%
10	文教工美体育和娱乐用品制造业	87.15%

数据来源:《中国工业统计年鉴(2017)》。

表9 2016年我省主要工业行业(按主营业务收入占比计)

排名	主要工业行业	主营业务收入占全部工业比重
1	电气机械和器材制造业	11.44%
2	农副食品加工业	7.45%
3	有色金属冶炼和压延加工业	6.92%
4	汽车制造业	6.64%
5	非金属矿物制品业	5.97%
6	通用设备制造业	5.36%
7	化学原料和化学制品制造业	5.35%
8	计算机通信和其他电子设备制造业	5.32%
9	黑色金属冶炼和压延加工业	4.52%
10	橡胶和塑料制品业	3.86%

数据来源:《安徽统计年鉴(2017)》。

此外,从同一行业成本水平比较来看,我省一些行业成本占比远高于全国平均水平。例如,医药制造业全国平均成本水平为70.10%,而我省为81.39%,高于全国平均水平11.29个百分点;食品制造业全国平均成本水平为79.87%,而我省为86.33%,高于全国平均水平6.46个百分点;汽车制造业全国平均成本水平为83.29%,而我省为88.51%,高于全国平均水平5.22个百分点;煤炭开采和洗选业全国平均成本水平为79.14%,而我省为83.31%,高于全国平均水平4.17个百分点(见表10)。

表10 2016年我省部分工业行业成本水平与全国平均水平比较

行业	安徽工业行业成本占比	全国平均成本占比	安徽高于全国平均水平
煤炭开采和洗选业	83.31%	79.14%	4.17%
食品制造业	86.33%	79.87%	6.46%
烟草制品业	32.00%	28.56%	3.44%
纺织服装、服饰业	89.74%	85.81%	3.93%
木材加工和木竹藤棕草制品业	90.24%	87.17%	3.07%
医药制造业	81.39%	70.10%	11.29%
通用设备制造业	87.51%	84.22%	3.29%
汽车制造业	88.51%	83.29%	5.22%
铁路船舶航空航天和其他运输设备制造业	89.17%	85.32%	3.85%
废弃资源综合利用业	94.02%	90.41%	3.61%
水的生产和供应业	77.84%	75.15%	2.69%

数据来源:《中国工业统计年鉴(2017)》《安徽统计年鉴(2017)》。

从调研的情况来看,省经信委的数据也验证了这一点。2016年我省汽车、有色、医药三个行业企业与省外同行业企业比较,百元收入成本明显偏高,如我省江淮汽车的百元收入成本比浙江吉利汽车高8.7元,铜陵有色比江西铜业高6.3元,丰原药业比北京双鹤药业高26.8元(见表11)。究其原因,主要是我省相关企业产品附加值低、产业链条短、生产效率低等。从产品附加值看,江淮汽车与吉利汽车相比,2016年江淮汽车和吉利汽车的单车利润分别为 1 881 元、6 749 元,吉利汽车单车利润是江淮汽车的 3.6 倍,产品附加值差异较大。从产业链条看,丰原药业主要以大输液为主,其他链条的产品收入占比低,而双鹤药业产业链条延伸到了非输液业务,非输液业务收入占比已达六成,对产品附加值以及毛利率的提升非常明显。从生产效率看,沙钢股份人均创造主营业务收入 661 万元,马钢股份人均创造主营业务收入 168 万元,沙钢股份约是马钢股份的 3.9 倍。生产效率低,人均创造价值就低,也就会大大抬高企业成本。

表 11　2016 年我省代表性企业与省外同类企业百元收入成本比较

行业	企业名称	百元收入成本(元)	差距(元)
汽车	江淮汽车	90.4	8.7
	吉利汽车	81.7	
有色 (铜加工部分)	铜陵有色	96.6	6.3
	江西铜业	90.3	
医药	丰原药业	73.5	26.8
	双鹤药业	46.7	

数据来源:省经信委。

(三) 从资产运营模式看,反映了我省重资产行业占比较大的特征

我省重资产行业占比较大,反映了企业厂房、设备、原材料占总资产比重大,这也是造成我省工业企业成本偏高的原因。就我省固定资产和原材料之和占总资产比重超过 40% 的 18 个主要行业来说,重资产水平低于全国平均水平的只有 4 个行业,其中部分行业高于全国平均水平达 10 多个百分点。例如,电力热力生产和供应业高于全国平均水平 17.63

个百分点,石油加工炼焦和核燃料加工业高 27.26 个百分点,烟草制品业高 17.70 个百分点,黑色金属冶炼和压延加工业高 14.19 个百分点,这些都反映了我省一些主要行业资产较重的特征(见表 12)。

表 12 我省主要工业企业资产轻重水平与全国比较

行　业	我省工业行业资产轻重水平(超40%部分)	全国平均资产轻重水平	我省与全国均值差距
电力热力生产和供应业	80.24%	62.61%	17.63%
石油加工炼焦和核燃料加工业	77.88%	50.62%	27.26%
烟草制品业	74.37%	56.67%	17.70%
黑色金属冶炼和压延加工业	62.20%	48.01%	14.19%
燃气生产和供应业	51.09%	44.23%	6.86%
水的生产和供应业	49.10%	42.98%	6.12%
食品制造业	47.73%	40.49%	7.24%
化学纤维制造业	47.51%	41.66%	5.85%
木材加工和木竹藤棕草制品业	44.50%	46.70%	-2.20%
农副食品加工业	44.23%	43.25%	0.98%
酒饮料和精制茶制造业	44.21%	42.30%	1.91%
其他制造业	44.05%	40.95%	3.10%
非金属矿物制品业	43.32%	43.97%	-0.65%
家具制造业	43.16%	39.47%	3.69%
化学原料和化学制品制造业	42.52%	45.20%	-2.68%
纺织服装服饰业	42.38%	35.77%	6.61%
纺织业	41.03%	44.73%	-3.70%
橡胶和塑料制品业	40.97%	39.82%	1.15%

数据来源:《中国工业统计年鉴(2017)》《安徽统计年鉴(2017)》。

从调研的情况来看,省经信委的数据也表明了我省传统产业占比大,增加值占比高达 75%,其中,能源、原材料、消费品等行业占比达 67%。这些传统产业大多是资源消耗高、固定资产投入大和劳动密集型的产业,产业结构特点决定了我省工业成本相对较高。要降低我省工业企业成本水平,必须鼓励发展轻资产模式,依托技术、管理和品牌获取利润,充分整合利用各种外部资源,以较少的资金投入获得较大的利润回报。

(四) 从企业经营负担看,反映了我省企业经营成本偏大的特征

依据国务院降低实体经济企业成本工作方案,企业经营负担指六类成本负担,即税费负担、融资成本、制度性交易成本、人工成本、能源成本、物流成本等,虽然这几类成本之和在企业总成本中只占15％左右,但经营负担对企业成本有着重要影响。根据工信部《中国中小企业发展促进中心的企业成本负担评价》报告,我省企业负担指数高达1.102,在全国排第12位,高于全国平均水平(指数为1.088),与负担最轻的吉林省相比(指数为0.923),相差0.179。实地调研也表明,从融资成本看,我省一些地区反映利率大幅上浮、贷款流程比以往更加复杂,芜湖诚拓汽车部件公司反映,企业平均融资利率为8％,其中银行贷款利率为5.6％—6.5％,担保费占贷款额的比例为1％—1.5％,而融资租赁利率高达12％—15％。繁昌华园米业公司反映,商业银行利率上浮达30％—40％,加上担保费用,利率上浮高达60％。从用地成本来看,虽然我省工业用地价格有一定优势,但土地使用税的优惠力度比江浙沪地区明显偏小。安徽东升食品公司反映,其在上海的子公司土地使用税每年的收缴标准为6元/平方米,而在亳州谯城区的为10元/平方米、在蒙城县的为12元/平方米。安徽力源数控刃模具公司反映其所缴的土地使用税为13元/平方米,而紧邻的南京溧水区的最低可至2元/平方米。从用能成本来看,用电成本仍然偏高,芜湖诚拓汽车部件公司反映,2017年该企业用电费用为1411万元,占总成本的17.4％,与发达地区同类企业相比用电成本相对较高(江苏的一些企业可以享受综合电费总额

10%的优惠),虽然公司签订了大工业直供电合约,但只享受电费总额5%的优惠,实际仅优惠用电量的60%,剩余40%的优惠幅度很小。安徽东升食品公司、繁昌华园米业公司均反映,对于粮食种植、加工、销售于一体的企业或农产品初加工企业,其用电按照工业用电标准收费,而浙江等地的同类企业全部或部分享受农业电价优惠政策。从用工成本来看,普通工人的用工成本与江浙沪地区的相差无几,已日渐失去优势。马鞍山技锋精密刀具公司反映,公司所在的博望地区用工成本逐年增加,相对周边地区相同工种的人工成本要高20%左右。安徽上元集团反映,2017年人工成本达1383万元,比上年增长380.9%。位于蒙城的安徽东升食品公司反映,2017年该公司的工资支出总计1800多万,且不包含社保、福利费用,人均月工资已达4000元。从物流成本来看,上海京久线缆芜湖分公司反映,由于没有发货专线,需要多次中转,相对江浙沪地区而言运输成本明显偏高。位于蒙城的安徽江淮安驰汽车有限公司反映,因所在地区铁路等物流设施不完善,本地又缺乏零部件配套企业,造成物流成本较省内外同类企业大幅增加。在长三角一体化过程中,我省与江苏、浙江两地仍然存在大量断头路或交通卡口,如马鞍山博望区奥特佳机电公司反映,因江苏地区村民在运输通道设限宽卡口,企业运输车辆需绕道运输,额外增加近1.6倍运输成本。

三、进一步降低我省企业成本的对策建议

降低工业企业成本是一个综合、复杂、长期的过程,难以一蹴而就,必须标本兼治、远近结合、综合施策,有针对性地采取对策举措。

（一）推进产业结构调整升级

产业结构调整升级是降低我省工业企业成本的根本之举。一要推进高投入高消耗产业转型升级。大力推动钢铁、煤炭、有色金属等行业转型发展，着力化解过剩产能，改变"原字号"产业所占比重大的现状。促进互联网、大数据广泛应用，提升产业发展效率，降低能耗物耗水平，推进传统产业向能耗低、资源消耗低的方向发展，促进传统产业提质增效。二要培育发展效益好质量高的新兴产业。推进"三重一创"建设，在信息技术、智能装备、生物医药、人工智能、智慧经济等领域，培育一批"吃得少、产得多、飞得高"的优质产业，着力发展拥有核心关键技术和市场竞争力的先进制造业。促进技术、产业和信息交融，大力支持新技术、新业态、新模式发展，推动新旧动能转换。三要着力发展生产型现代服务业。大力推进工业设计、电子商务、软件服务、现代物流和供应链管理、产业金融和融资租赁服务、节能环保服务、科技研发服务等生产性服务业。完善专业化和社会化分工，促进资源配置持续优化，提高工业部门对社会资源的利用效率和产出效率。

（二）调整优化产业发展形态

综合交通、区位、资源等因素，调整产业布局，提高产业发展的配套、协作和集约化水平。一是围绕交通设施优化产业布局。依据各类重大交通基础设施对不同产业发展的引导作用和空间要求，优化产业布局和空间结构，如围绕港口、机场布局港口经济、空港经济，围绕高速路网培育工业走廊、经济带等产业形态，提升产业发展效能。二是围绕产业园区推进产业积聚。推进产业向园区积聚，提高产业集约化发展水平，加大对开发区、高新区、产业园区等功能性产业平台的建设力度。完善电力、燃气、供热、供水、通信、道路、治污等公共基础设施,提升政务、信息、技术等公共服务平台功能,着力降低产业发展成本。三是围绕产业链条发展产业集群。开展上下游产业链对接活动,完善和提升产业链条,推动纺织、钢铁、化工等行业向下游延伸,将更多产品转化为名优服装、机械装备、特殊用材、药品和日化用品等终端产品。推动信息技术、汽车、工程机械等行业向上游发力,着力发展芯片、液晶面板、发动机、液压件等上游产业,形成强大的产业配套能力,培育和打造产业集群,构建完整的产业价值链,大力发挥产业集群的规模效益和协作效益。

(三)提升企业技术管理水平

加强成本管理、推进技术创新是企业降低成本的根本途径。一要引导企业推进技术改造。实施新一轮技术改造工程,加大技术改造投入,鼓励企业运用高新技术改造传统生产设备和工艺流程,提升产品技术和工艺水平,推进产品升级换代,提高资源能源使用效率,提升产品成品率和优品率。二要引导企业提升创新能力。引导企业加大研发投入,加强技术攻关,掌握核心技术。实施知识产权和品牌战略,引导企业加强质量管理体系建设,推广先进质量管理模式,培育知名品牌。鼓励企业实施轻资产运作,利用技术、品牌和管理优势整合外部资源,以较少的投入获取最大效益,抢占价值链高端环节。三要引导企业强化经营管理。鼓励企业利用互联网、大数据、云计算等现代信息技术手段,推进生产经营过程的数字化、网络化、智能化,加强人员、设备、材料、方法、环境管理和生产过程的管理控制,引导企业精益生产、开源节流、降本增效,提升企业管理水平。促进企业加强应收账款管理,提高资金利用效率,降低资金占用成本和避免财务风险。

(四) 推进重点环节领域减负

企业生产经营成本由多种支出项目构成,降低企业负担必须找准痛点、阻点,对症施策、精准施策。一是在降低融资成本方面:完善信贷资金向实体经济融通机制,降低贷款中间环节费用。实施小微企业应收账款融资专项行动,推动供应链上下游大、中、小型企业开展应收账款质押融资,盘活企业资产,降低融资成本。建立续贷过桥应急转贷基金,帮助企业解决续贷过桥应急资金问题,化解抽贷、断贷等融资难题。二是在降低用工成本方面:建议分地区实行差别化最低工资标准,阶段性适当降低企业社保缴费标准,加大企业稳岗补贴力度。主动面向西部地区开展据点招工、以工招工,加大各类职业技能培训力度。面对普遍存在招工难、成本高问题的现状,在有条件、有基础的企业推进智能工厂和数字化车间建设,推广应用工业机器人,实施"机器换人"。三是在降低用地成本方面:创新工业用地出让方式,大力推行先租后让、租让结合供地,实行按合同约定分期缴纳土地出让金,减轻企业资金压力。鉴于土地使用税弹性大、征税标准不一,建议统一确定征税标准,及时兑现优惠政策,适时扩大受惠范围。四是在降低物流成本方面:提高物流基础设施建设和衔接水平、物流运作专业化组织化水平、物流信息化标准化应用水平和物流市场秩序规范化水平,引导企业运用大数据,减少物流车辆空驶。协调解决物流车辆荷载标准与交管部门执法标准不统一问题,统一执法尺度,加强源头管理,避免中途执法,特别是减少对以我省为目的地的从省外驶入车辆的中途执法,避免因中途卸载、分载、禁载而增加企业负担。五是在降低用能成本方面。继续扩大电力直接交易规模,放宽参与范围。探索以园区为单位进行电力直接交易,使园区内的中小企业也有机会享受电力直接交易的政策红利。改变参与直接交易用电企业的部分电量直接交易、部分电量网上撮合的做法,对全部电量实行直接交易。

(五)营造便捷高效发展环境

以降低企业制度性交易成本为着眼点,规范完善政务服务,营造良好发展环境。一是拓展"智慧+"政务服务范围。落实"互联网+政务服务"实施方案,探索建立涉企事项清单"一张网",做到涉企相关事项应上尽上、能上早上,解决企业特别是创办期中小微型企业办事难、办事慢、办事繁的问题。二是大力实施"减证便民"行动。结合创优"四最"营商环境,大力推行"最多跑一次"、不见面审批模式,同时继续简化申报材料和烦琐手续,更大程度地便利企业办事。三是构建统一涉企检测认证平台。针对企业反映检测认证过程中存在多头检测、标准不统一等突出问题,要优化整合现有相关行业检测认证标准,推行相关行业内检测认证互认、报告共享,大幅减少内容相同的多头检测、多次认证。政府质量监督检验报告数据应向企业公开,并可作为招投标依据,避免企业重复检验、多次检验,切实降低企业时间成本和经济成本。四是搭建综合性企业帮扶平台。鉴于企业遇到的很多困难是单个部门无法解决的,建议在"四送一服"基础上,建立综合性、跨部门企业帮扶中心,完善部门联动和效能督办机制,切实解决企业困难。

课题指导:孙东海

执 笔 人:蔡的贵　丁胡送　周四贵

(完稿时间:2018年4月)

关于探索盘活利用闲置宅基地和闲置农房的研究

2018年中央"一号文件"(《中共中央国务院关于实施乡村振兴战略的意见》)和国家《乡村振兴战略规划(2018—2022年)》《安徽省乡村振兴战略规划(2018—2022年)》提出,要完善农民闲置宅基地和闲置农房政策,探索宅基地所有权、资格权、使用权"三权分置",落实宅基地集体所有权,保障宅基地农户资格权和农民房屋财产权,适度放活宅基地和农民房屋使用权。为贯彻落实好这些政策部署,促进我省盘活用好闲置宅基地和闲置农房,本课题组到安徽宣城旌德县、宿州和浙江绍兴等地实地调研,在此基础上,经进一步研究,形成此报告。

一、我省农民闲置宅基地和农房基本情况

根据省自然资源厅提供的资料,我省农村闲置宅基地和农房数据是在抽样调查的基础上进行估算而获得的,调查对象的选择做到"随机选择,远近结合",既选取了靠近集镇的村民组,又调研了远离集镇的村民组,同时随机抽取村民组。具体情况如下:

我省农村闲置宅基地(含闲置农房)总数为116.3万宗、面积430平方千米,分别占全省农村宅基地总数的8.4%、2.3%。首先,户籍人口仍在本集体的较多。按户籍情况分,宅基地对应户籍人口已全部迁出本集体的13.5万宗、面积38.19平方千米,分别占总数的11.6%、8.9%;宅基地对应的户籍人口仍在本集体的102.8万宗、面积390平方千米,分别占总数的88.4%、91.1%。其次,有建筑物且可居住的较多。按地上建筑分,无建筑物的21.0万宗、面积73.44平方千米,分别占总数的18.1%、17.1%;有建筑物但农房不符合安全标准且不可居住的22.7万宗、面积80.27平方千米,分别占总数的19.5%、18.7%;有建筑物且可以居住的72.6万宗、面积280平方千米,分别占总数的62.4%、64.2%。再次,近一年未居住的较多。按闲置时间分,近一年未居住的56.4万宗、面积260平方千米,分别占总数的48.6%、60.0%;1—3年原户主未居住的29.4万宗、面积82.93平方千米,分别占总数的25.2%、19.3%;3年以上原户主未居住的30.5万宗、面积88.79平方千米,分别占总数的26.2%、20.7%。

二、我省盘活利用农民闲置宅基地和闲置农房的探索与成效

近年来,我省农村宅基地大量闲置,造成极大的资源浪费。全省各地通过大胆创新、积极探索,在盘活用好闲置宅基地和农房方面取得了一定进展和成效。

（一）积极探索落实宅基地集体所有权

宿州建立宅基地所有权调换制度，采取土地产权调换或经济补偿方式，在村民小组之间调剂宅基地。宁国在溪镇夏林村和云梯乡千秋村开展试点，探索解决所有权虚置问题，在摸清宅基地使用情况基础上，制定分类处置措施；针对超宅基地面积或超建筑面积且不宜强制拆除的，经村民代表大会同意后，违法当事人以有偿使用的方式向村集体经济组织缴纳集体资源占用费和年度有偿使用费，所缴费用全部属于所在村集体经济组织，用于村级公共基础设施建设。金寨对退出的农村宅基地及其地上房屋，经认定能体现民俗文化、历史文化、特色文化或属于需保护的古村落、古民居，以及其他具有保留意义或利用价值的，按程序批准后予以保留，由乡（镇）或村集体经济组织进行综合利用，发展壮大集体经济。

（二）积极探索保障宅基地农户资格权

一是落实农户资格权认定。金寨出台了《金寨县农村集体经济组织成员资格认定意见》，明确农村集体经济组织成员取得方式、资格确认、指导监督等，具体规定六种情形人员可以被认定为农村集体经济组织成员；规定五种情形人员除主动放弃外，可保留农村集体经济组织成员资格。例如，对部分农户外出打工，并在外地购房的，原农村宅基地资格予以保留。二是探索宅基地有偿退出机制。金寨出台了《金寨县农村宅基地自愿退出奖励扶持办法（试行）》，采取无偿和有偿相结合的方式引导宅基地自愿有序退出；对符合宅基地申请条件但自愿放弃申请的，按每户2万元标准给予奖励。寿县出台了《寿县农民建房管理办法》，对自愿将宅基地退还给农村集体经济组织并复垦为耕地的,每亩[①]给予5万元奖励;对自愿退出宅基地并复垦为耕地或其他农用地后,由原宅基地使用者承包经营的,按每亩3万元给予奖励。宿州、宣城、蚌埠等地也相继出台了农村宅基地退出管理相关政策,以农民自愿为前提,探索有偿转让、有偿调剂、有偿收回等方式,引导农村宅基地以整村或"蚂蚁搬家"等多种形式规范有序地退出,对自愿退出的给予补偿激励。

(三)积极探索适度放活宅基地和农民房屋使用权

2018年中央"一号文件"出台后,旌德县委、县政府探索实施宅基地"三权分置"改革的方式,依照《土地法》《物权法》《不动产暂行条例》等规定,研究出台了《农村宅基地"三权分置"登记发证暂行办法》,明确农村宅基地"三权分置"不动产权证办证流程和具体办证条件,对所有权人、资格权人、使用权人三方权益予以细化、具体化,并出台了《农村宅基地使用权流转指导意见》,规范各类流转行为,放活使用权。2018年2月,兴隆镇三峰村发文组村民王五四获得旌德县政府颁发的第一本农村宅基地"三权分置"不动产权证书(该证书权利人一栏写明"三方":王五四(宅基地使用权人)、方圣莲(宅基地资格权人)、旌德县兴隆镇大礼村民委员会(宅基地所有权人)),并利用该不动产权证书成功从中国农业银行旌德县支行贷款10万元,实现了"三权分置"不动产权证书的价值。

(四)积极出台相关配套改革政策

为配合宅基地所有权、资格权、使用权"三权分置"的实施,适度放活

---

① 1亩≈666.67平方米。

宅基地和农民房屋使用权,全省各地因地制宜地出台土地产权交易市场、农村集体建设用地入市等相关配套政策。例如,宁国出台了《宁国市农村集体建设用地使用权交易规则》,在全省率先搭建城乡统一的土地产权交易市场,推动宅基地退出、农村集体建设用地入市。宣州区出台了农村房屋抵押贷款方面的政策。淮南出台了《淮南市〈关于建立城镇建设用地增加规模同吸纳农业转移人口落户数量挂钩机制的实施细则的通知〉》等有关文件。

经过积极探索实践,我省在盘活利用闲置宅基地和农房方面取得积极进展和明显成效,形成一些特色和亮点。省自然资源厅提供数据反映,截至2018年底,全省流转的农村闲置宅基地(含闲置农房)共6.4万宗、面积18.82平方千米,分别占全省农村闲置宅基地总数的5.5%、4.4%。其中,本集体内流转的4.5万宗、面积13.01平方千米,占流转总数的70.2%、69.1%;本集体外流转的1.9034万宗、面积5.81平方千米,占流转总数的29.8%、30.9%。流转用途多样,其中用于居住的4.6024万宗、面积14.13平方千米,占流转总数的72.1%、75.1%;用于餐饮、住宿、零售的7640宗、面积2.56平方千米,占流转总数的12.0%、13.6%;用于加工制造业的4340宗、面积1.04平方千米,占流转总数的6.8%、5.5%;用于养老、文化等其他用途的5856宗、面积1.09平方千米,占流转总数的9.1%、5.8%。

三、我省盘活利用农民闲置宅基地和闲置农房面临的问题

近年来,我省积极探索盘活用好农民闲置宅基地和闲置农房,虽取

得初步成效,但仍存在以下困难和问题。

(一)各地探索受相关法律刚性约束

各地在盘活利用闲置宅基地的探索中,因宅基地使用权的处置和转让缺少法律依据,工作推进力度大打折扣。《土地管理法》第63条规定:"农民集体所有的土地的使用权不得出让、转让或者出租用于非农业建设。"1986年、1988年、1998年的《土地管理法》和《土地管理法实施条例》中对农户宅基地的用益物权并没有具体阐述,只是《土地管理法》第62条规定:"农村村民出卖、出租住房后,再申请宅基地的,不予批准。"1999年,《国务院办公厅关于加强土地转让管理严禁炒卖土地的通知》规定:"农民的住宅不得向城市居民出售,也不得批准城市居民占用农民集体土地建住宅,有关部门不得为违法建造和购买的住宅发放土地使用证和房产证。"从实际情况看,除了本集体经济组织内相邻户间的调剂,父母与子女间因分家产,以及农民经批准后因客观原因由村委重新安排而发生的流转外,其他形式的流转都难以实现。同时,农户的房屋买卖、出租、抵押、典权、转让等权利受到极大的限制,子女可以继承房屋,继续使用宅基地,但不得进行翻建、改建、扩建,一旦宅基地上的原有房屋毁坏、消失,闲置两年以上就会被集体收回。

(二)宅基地三权分置"赋能"滞后

农民虽然有了土地承包经营权证、房屋所有权证等,但并不能像城镇居民那样流畅地流转和融资,也不能具有合作、出租等权能。"还权",各地可以尝试探索;"赋能",则有待于国家对现行法规进行修订。一是资格权的权能不明确。宿州反映,资格权的丧失条件、宅基地征用过程中资格权是否可以货币化等问题不明确,实践中不好操作。二是使用权适度放活的"度"不清晰。调研中发现,农村中存在很多长期租赁的"小产权房",大多是城市人为满足生活需求而在农村进行的违法购置,这和利用闲置宅基地及农房发展乡村旅游的表现形式极其类似,难以区分。三是使用权的内容不明朗。旌德县反映,已经颁发的宅基地"三权分置"证书对宅基地使用权期限没有规定,权利内容不尽明确。例如,没有时间限制,已颁发的不动产权证书和登记簿上的"使用期限"一栏为空,受让人一般视期限为永久;流转、继承、抵押规定不够明确,允许分置后的使用权可以被抵押、流转,但未明确是否可以继承。

(三)宅基地政策变革受国民收入分配体制制约

现有的中央与地方财权的划分体制造成了地方"吃饭靠财政,花钱靠卖地"的现状。长期以来,农村集体建设用地的使用在很大程度上是地方政府土地财政和土地金融的主要依托。过去讲的"占补平衡""增减挂钩"指的是在农村通过土地整治,增加耕地面积;在城市郊区,地方政府通过购买耕地指标,相应减少耕地。城市郊区增加的非农建设用地在五通一平之后,通过招、拍、挂就能获取大量的土地增值收益,即所说的国有土地使用权出让收益,这是地方政府基金性收入的主要来源。要落实农民对土地的财产权利,就涉及国民收入分配大格局的调整,必然步履艰难。

(四)农村节地用房缺乏规划引导

一是我省部分农村地区长期缺乏村镇规划,规划滞后、不科学、执行不力。农民对村建规划的重要性和必要性认识不足,缺乏用地的整体性观念,选址随意,造成宅基地布局散乱。随着生活水平的提升,农民对住宅要求变高,倾向于占新地、建新房,而地方有关部门对建房未严格按程序依法审批,也没有系统化的管理,乱批耕地,只批新房,不收旧房,导致新房越建越多,被闲置的旧房数量也越来越大。二是农民集约用地观念淡薄。大部分农民土地私有化和土本观念深厚,认为虽然法律规定土地是集体的,但是一旦占用就变成私有。农村人口向城市流迁的不彻底性也在一定程度上加剧了宅基地的闲置。部分进城务工或是在城镇买房的农民,尽管很少有时间居住在乡下,还是不愿意放弃自家原有的宅基地。三是"一户多宅"现象严重。由于历史遗留问题多、基层政府对农民建房缺乏正确引导和管理,再加上采用的是无偿、无期限的使用制度,很长时间以来农村用地建房处于无序状态,乱占、多占现象严重,存在农民超标准占用宅基地建房,甚至未经批准任意建房,建了新房也不愿意交出闲置下来的老宅基地等现象。

(五) 宅基地退出体制、机制不健全

此次调研的皖北各市中,除阜阳的宅基地管理办法于2017年1月公布实施,规定了闲置宅基地退出及补偿的内容以外,其他各市的相关管理办法都是2010年以前出台的,要么是规范农村建房行为的实施办法,只是涉及宅基地问题;要么虽有宅基地方面的管理办法,但是没有规定闲置宅基地退出机制及如何补偿。即使是阜阳最新出台的农村宅基地管理办法也是原则性较强、实施性不足。例如,阜阳规定有闲置宅基地的,不再新批集体建设用地,"凡村内有闲置宅基地的,不得批准新增建设用地","闲置宅基地"的具体界定标准缺乏具体可操作的细则。皖北各市现行的关于宅基地的制度都没有规定如何对超标准使用宅基地和

闲置宅基地进行收费。按照相关规定,"市县人民政府要设立专门退出宅基地奖励资金,退出的宅基地复垦为耕地后形成新增建设用地指标和新增耕地占补平衡指标收益,要优先用于对退出宅基地的补偿或奖励"。但是对于这部分奖励资金占两项收益的比重是多少,没有明确规定。

(六) 配套保障服务力度不够

一是缺乏相应的交易平台,虽然我国已经开始实行宅基地入市试点工作,但只在一部分地方展开。相比于江浙等发达省份,到目前为止,我省大部分地区农村宅基地的流转体制并未建立,产权交易平台匮乏,宅基地和农民所有的房屋的物权不能充分实现,制约了闲置房屋和宅基地的充分利用。二是缺乏持续的资金支持。宅基地整治和盘活利用不仅需要花费较长的时间,还要耗费大量的人力、物力、财力。目前,我省宅基地整治和盘活利用主要依靠财政,资金渠道单一,财政拨款手续复杂,耗时长,很难及时地满足实际工作的需要,不能有效地促进宅基地整治和盘活利用工作的稳步推进。三是宅基地政策宣传不够到位。农民对宅基地权属认识不清,对宅基地政策了解不透。例如,在询问农户"如果对闲置宅基地退出进行补偿,你认为可接受的单位面积补偿金额应为多少"这一问题时,农民的期望值普遍过高。另外,不知道宅基地使用权的现有价值、不清楚宅基地今后的价值走向等因素也会影响农民闲置宅基地的退出意愿。

四、浙江绍兴和义乌盘活利用农民闲置宅基地和闲置农房的创新做法借鉴

浙江绍兴和义乌在盘活利用农民闲置宅基地和闲置农房方面大胆探索、勇于创新,出台了一系列有效盘活利用宅基地的创新举措。

(一)绍兴的主要做法

绍兴集体经济发达,农民收入水平高。2017 年农民人均收入为 3.033 1 万元,多年居于全国前列;村级集体经济总收入 39.8 亿元,村均收入 181 万元,居浙江前列。随着经济社会发展和形势变化,绍兴农村存在大量闲置宅基地和农房。据统计,全市农村宅基地发证面积 1 500 万平方米,闲置比重约为 10%,偏远农村地区闲置率更高。农房建筑面积约 4 000 万平方米,常年闲置个人农房达面积 396 万平方米,部分闲置、季节性闲置数量更大。近年来,绍兴着力推进闲置宅基地和农房激活计划取得显著成效。截至目前,全市已引入闲置农房激活开发建设项目 190 个,吸纳社会资本 10.8 亿元,激活闲置农房 2 949 幢、40.1 万平方米,带动农户就业 5 675 人,村集体和农户年收入分别增加 1 600 万元、1 767 万元。绍兴闲置宅基地和农房激活计划被列入浙江 26 条经济体制重点领域改革典型经验,在全省复制推广。

绍兴积极探索盘活利用闲置宅基地和农房,推出了很多创新之举,形成了"绍兴经验"。值得学习借鉴的做法有:

一是探索建立退出机制。2009 年、2010 年绍兴就先后出台了推进

农村宅基地制度创新加快农村住房集中改造建设的意见和推进农村宅基地置换鼓励农民进城镇居住的意见,积极探索宅基地退出管理机制。比较典型的做法中,一种是采取灵活多样方式鼓励农民退出闲置宅基地。例如,该市柯桥区按照"自愿、有偿、集中"的原则,通过以房换房、以房换钱、以房换租等形式,鼓励农民进城镇居住,促进农村人口向城镇转移。另一种是提高使用成本引导农民退出闲置宅基地。例如,柯桥区、嵊州对超面积宅基地收取集体所有权使用费,促使农民退出宅基地。

二是首创宅基地及房屋租赁使用权制度。针对宅基地使用权仅限于集体经济组织成员的情况,绍兴尝试建立宅基地及房屋租赁使用权制度,打开了城市工商资本获取农村宅基地及房屋租赁使用权的通道。2018年6月20日,该市颁发了全国首批宅基地及房屋租赁使用权证书;8月22日,颁发了全国首张宅基地及房屋租赁使用权登记证明,并发放了首笔23万元贷款。这一做法对农户而言,实现了居住权、选择权、收益权的融合,并能产生经济收益;对进入农村的城市工商资本而言,有了制度保障;对乡村而言,也实现了宅基地使用权租赁的有效流转。

三是搭建闲置宅基地和农房流转平台。第一,建立互联网流转平台。建成上虞"乡路网"、柯桥"乡愁网"、新昌"共享小院"三个公益性专门推介网站,推动闲置宅基地和农房信息采集、审核发布、竞价交易等全部上线,实现供需双方交易对接,线上线下同步激活。据统计,三个网站已累计上线推介闲置农房1 942宗、41.3万平方米,流转交易642宗、11.9万平方米。第二,组建农宅经营服务站。愿意流转出租的农房先经过镇村两级权属核实,再统一流转给农宅经营服务站进行招商推介,由服务站与承租人签订激活协议。承租人和原房东不直接发生关系,其中隔着一道"防火墙"。该市农宅经营服务站已有282家,其中新昌县的

30家服务站已经统一收储500多幢、近10万平方米农房。

四是探索引入竞争机制。绍兴积极探索宅基地有偿使用制度,推出优质空闲宅基地有偿选位举措,通过农村产权交易系统公开招拍平台,对地处村庄"黄金地段"的空闲宅基地进行公开拍卖。这一做法,既满足了部分农民改善住房的宅基地需求,又增加了村级集体收入。2018年5月,该市夏履镇成功推出首块115平方米的农村宅基地"微型土拍",竞价达到10万元。

五是创新合并建房模式。主要做法是,以叠排、联排、公寓房的方式统筹安排农村住宅建设,用拆除老房的面积按比重换取新建宅基地指标或公寓房,实现宅基地优化配置利用。2018年,绍兴直埠镇通过优化配置,盘活利用67个宅基地指标,有效解决了155户的住房难题。

(二)义乌的主要做法

义乌是世界知名小商品基地,城乡社会经济发达。在农村宅基地方面,义乌宅基地总面积19.826平方千米,空置宅基地0.403平方千米,宅基地空闲率2.03%。义乌深入推进农村宅基地改革试点,以多种途径满足农民居住和经营需求,在宅基地盘活利用探索了很多创新举措,成效明显。截至2017年,义乌村庄用地总规模人均不超过100平方米,宅基地人均不超过30平方米,鼓励少占或不占耕地,较好地节约、集约利用了农村土地。

义务的改革举措为宅基地三权分置改革和盘活利用提供了可借鉴的样本。值得学习借鉴的做法有:

1. 完善宅基地供给模式。义乌以促进宅基地节约集约利用为目标,在兼顾农民宅基地居住权益的基础上充分实现农民宅基地财产权益,先后探索出了1.0、2.0、3.0三种不同的农民住房和宅基地供给模式。1.0模式是以四层半排屋融合农户居住和产业需求,基本形式是:一层用于网店商品展示,二层、三层用于商务办公,四层、四层半用于生活居住,农民不仅居住无忧、品质提高,而且财产性收入大幅增加。2.0模式是以高低结合的住宅形态引导农民入住高层,农民居住形态上采取四层半排屋和高层公寓相结合的形式,让农民拥有更多的选择权,各取所需。3.0模式是通过城乡新社区集聚建设提升农户宅基地财产价值,基本做法是农户用宅基地置换建设在国有土地上的高层公寓和产业用房、商业用房、商务楼宇,并实行多村集中联建。原有宅基地置换国有土地上的不动产为农民带来可观收益。

2. 鼓励宅基地有偿选位和有偿调剂。有偿选位是指采用投标方式进行有偿选择宅基地,各村集体经济组织根据实际情况制定投标细则,经村民代表大会通过,报镇人民政府(街道办事处)审核同意后执行。投标选位所得收益归村集体经济组织所有,并通过民主协商或民主自治方式决定资金用途。有偿调剂是指在农村更新改造过程中,由于每户人口的不同,会出现可享受审批面积为54平方米、90平方米、126平方米等不同类型,这与新农村统一规划的每间占地面积36平方米的情形无法一一对应,产生了"凑间"调剂建房的客观需求。这一方式在保证集体经济组织成员公平分配权的基础上,体现了公开、自愿和有偿,促进了宅基地资源在本集体经济组织内部的市场化高效配置。

3. 探索土地"集地券"。集地券是指在符合规划和基本条件的前提下,将宅基地使用权人自愿退出的宅基地以及废弃闲置的农村建设用地等资源,按照"农民自愿、规划引导、集约利用、增减平衡"的原则进行复垦,验收合格后折算成建设用地指标。集地券实行台账式登记,对分散、零星的土地进行集中管理,在建设项目需要时可灵活掌握、统筹使用。集地券是城乡建设用地增减挂钩升级版。2017年义乌完成"集地券"项目立项163个、面积2426.2亩,已验收项目137个、面积1953.7亩。在壮大村集体经济实力、提高村民收入的同时,为拓展城乡发展新空间提供了土地要素保障。

4. 保障宅基地使用权转让交易。义乌针对不同家庭现状的村民对宅基地面积的不同需求,允许本地农民在本市区域范围内跨集体经济组织转让或在集体经济组织内部转让宅基地。已完成更新改造的村,允许在本市区域范围内跨集体经济组织转让,使用年限最高为70年,并按宅基地基准地价的20%向村集体缴纳土地所有权收益;未实施或正在实施更新改造的村,允许在本集体经济组织内部转让,但受让人不得超过按户控制面积(最高不超过140平方米)。截至目前,义乌已办理转让登记104宗,其中跨集体经济组织13宗,集体经济组织内部转让91宗。

浙江绍兴和义乌以切实保障和维护农民宅基地权益为出发点,改革宅基地分配制度,探索农民住房的多种实现形式,完善宅基地权能结构,保障宅基地用益物权,多方面探索了农村宅基地制度改革。特别是首创宅基地及房屋租赁使用权制度,探索集地券制度,创新宅基地有偿选位和有偿调剂,完善农村宅基地退出、使用、交易机制,为进一步推进农村宅基地三权分置改革、盘活利用农村沉睡资产、发展壮大农村经济,提供了可借鉴的实践样本。

五、几点思考与建议

我省农村闲置宅基地和农房潜在价值巨大。据省自然资源厅调研统计,我省现有闲置宅基地(含闲置农房)总数为116.3万宗,面积64.3万亩,分别占农村宅基地总量的8.4%、2.3%。综合我省以及重庆、成都、广西等地实践做法,城乡建设用地增减挂钩指标交易价每亩均在10万元以上,全省闲置宅基地潜在价值高达643.4亿元。激活这一巨大的沉睡资源,对于有效发挥农村闲置土地资源市场价值,推进美丽乡村建设具有十分重要的现实意义。为此,提出如下几点建议:

(一)进一步理清改革思路

总体思路应当是,以习近平新时代中国特色社会主义思想为指导,深入贯彻党的十九大精神,落实今年中央"一号文件(《中共中央国务院关于实施乡村振兴战略的意见》)"和国家《乡村振兴战略规划(2018—2022年)》等文件的相关决策部署,"坚持集体所有,重点突破流转,系统配套改革",即在坚持农村宅基地集体所有制的大前提下,落实宅基地集体所有权,保障宅基地农户资格权和农民房屋财产权,适度放活宅基地和农民房屋使用权,重点突破宅基地使用权流转与农宅交易,配套推进相关改革和制度建设。浙江出台了"闲置农房激活计划"系列政策,我省宣城等地也出台了相关政策条款,鼓励利用集体建设用地、退出的宅基地自行开发运营或通过联营、入股等方式盘活利用闲置农房,成效明显,建议我省从省级层面出台专门政策对此项改革举措予以谋划设计,明确要求思路和任务标准。

(二)深化产权制度改革

一是放活宅基地使用权。借鉴推广我省旌德县、浙江义乌、绍兴、德清县等地经验,建议我省各地在做好农村宅基地及农民房屋确权登记颁证建库的基础上,坚持农民宅基地集体所有、保障农民宅基地资格权,同时重点要试点放开承租主体范围、利用租赁使用权证抵押贷款、允许流转农民房屋移位改建等,最大限度赋予宅基地及农民房屋更多使用权。二是完善宅基地退出机制。按照十八届三中全会提出的建立城乡统一的建设用地市场的改革方向,腾退宅基地可以由村集体对外出让、出租、抵押、置换等,也可复垦后用于城乡建设用地增减挂钩政策项目、土地指标交易,这方面我省肥西县、宿州等地已经做出积极有效探索。可借鉴浙江绍兴等地经验,按照自愿有偿原则,鼓励农民以地换房、以地换钱、以地换购、以地换租等方式退出闲置宅基地及农民房屋,由村集体统筹用于公益项目、出让出租、抵押置换、复垦交易等,充分激活农村闲置土地资源。三是建立宅基地有偿使用机制。在坚持"一户一宅、拆旧建新、法定面积"的前提下,鼓励村集体经济组织结合本地实际,探索竞争选位等宅基地有偿使用分配方式,完善宅基地分配管理机制。要借鉴浙江义乌等地经验,以县(市、区)为单位,对各地宅基地现状进行调查,然后划分土地片区,最后采用科学的评估方法对每个片区内的典型样点数据进行修正和估计,得出准确有效的基准地价体系。可推广我省金寨县的成功经验,将有偿退出宅基地分为五种情形,分类明确补偿标准,使农民可叠加享受退出补偿、财政奖励、房票补贴、搬迁补助、创业扶持等多项激励政策。可参照浙江《关于规范农村宅基地管理切实破解农民建房难的意见》等政策,宅基地有偿使用所得收益全部归村集体经济组织所有,由村集体经济组织通过成员民主协商、民主自治方式决定资金用途。

(三)推动产权交易发展

目标是要建立、健全宅基地使用权机制市场化形成机制与评估机制,防止行政干预、私相授受、寻租舞弊,切实保障农民及农民集体的宅基地权利,充分体现宅基地市场价值。一是出台产权交易政策。建议我省出台相关政策,明确交易主体范围,重点对进场交易宅基地及农民房屋基本条件、参与流转市场主体范围等方面进行具体规定,推动农村宅基地交易合规高效开展。二是搭建产权交易平台。借鉴推广宁国、浙江绍兴等地经验,鼓励全省各地建立若干产权交易中心,将宅基地及农民房屋使用权流转纳入交易范围,统一在产权交易中心进行交易,由产权交易中心颁发流转交易签证,承租主体凭借签证可向银行申请抵押贷款。鼓励各地建立公益性专门推介网站,集闲置农村宅基地信息采集、审核发布、竞价交易等功能,实现供需双方交易对接。三是规范产权交易行为。制定宅基地及农民房屋流转交易规则,规范市场化评估、公开竞价竞标以及矛盾纠纷处置。支持各地组建农村宅基地经营服务站等相对独立经营主体,由其统一实施流转交易,在承租人与农民之间加设"防火墙",切实保障相关各方的合法权益。另外,参照城镇房屋和土地流转交易的税费征收办法,农村宅基地交易各方应向国家缴纳相应的契税、增值税、个人所得税、土地有偿使用费等税费。

(四)创新开发利用方式

建议学习推广"义乌模式",探索农村宅基地获取利益的方式,通过出租、入股、抵押、转让、调剂、有偿部分退出等方式,促进土地资源利用。借鉴"绍兴经验",在创新开发利用中坚持"四个结合",即坚持房与地一体激活,以闲置农村宅基地及农民房屋激活利用为抓手,全面激活农田、山林等要素资源。坚持村与户联动激活,主要由村集体承租宅基地或回购农民房屋进行开发利用,农户获取租金,或"以地(房)入股"参与收益分红,真正实现强村富民的目标。坚持连锁与连片有机激活,注重发挥品牌效应,连锁发展带动连片开发,实现闲置农村宅基地集中整体激活。坚持项目与人才共同激活,注重加强重点项目推介、政策扶持,吸引省内外大师名家、杰出乡贤、知名企业家、高校毕业生等扎根乡村创新创业,促进项目激活与人才集聚良性互动,补齐乡村振兴人才不足的突出短板。同时,各地因地制宜,立足本地自然资源、区位条件和产业现状,精准施策,分类开发,宜商则商、宜游则游、宜租则租,走出各具特色的盘活利用之路。

(五)加大支持保障力度

一是强化金融支持。鼓励各地出台金融支持激活闲置农村宅基地实施办法,金融机构开发设计专项金融产品,对重点项目开展点对点服务。尤其是要支持利用租赁使用权、土地经营权、不动产所有权抵押贷款,推行整村批量授信,提高农村贷款获批率。二是强化人才扶持。重点采用租金减免、荣誉市民、社会保障等方式,吸引更多外地专家、杰出乡贤、高校毕业生等从事激活利用工作。三是强化基础设施配套。对重点成片激活项目,优先安排建设用地、项目资金,加强道路、停车场、公共厕所等基础设施建设,补齐农村基础设施建设短板。四是强化督查考核,明确将闲置农村宅基地及农民房屋激活利用工作纳入年度考核指标,并注重定期调度、现场推进,确保工作有序开展。

课题指导:孙东海　倪胜如

执 笔 人:凌宏彬　蔡的贵　丁胡送

周四贵　王　瑶

(完稿时间:2018 年 12 月)

我省开发区改革创新发展研究

改革开放以来,我省开发区从无到有、由弱到强,不断发展壮大,现已成为全省经济发展主要增长极、创新驱动重点策源地和改革开放重要桥头堡。近年来,我国经济进入新旧动能转换的关键时期,开发区发展的内外部环境发生深刻变化,迫切需要开发区改变传统的路径依赖,加快转型升级创新发展。为此,我省于2017年6月出台了《关于促进全省开发区改革和创新发展的实施意见》(以下简称《实施意见》)。本研究对照《实施意见》,重点总结"十二五"末期以来我省开发区改革创新发展成果及存在的问题,并借鉴外地经验,提出若干政策建议。

一、改革创新主要成效

我省坚持以改革创新为主基调,深化体制机制改革,实施创新驱动发展战略,推动集聚集约发展,全面创优营商环境,开发区建设取得了丰硕的成果。

（一）经济总量持续扩大，综合实力稳步提升

全省开发区主要经济指标增长较快，对全省发展的支撑、引领和带动作用显著增强。2017年，全省各类开发区实现经营（销售）收入48 481.4亿元、财政收入2 077.1亿元，同比分别增长16.3%、18.4%，比2015年分别增长30.2%、42.6%。新增5个经营收入500亿元以上园区，总数达到24个；新增1个经营收入1 000亿元以上园区，总数达到6个。实现规上工业增加值7 957.8亿元、固定资产投资13 698.6亿元，同比分别增长11.5%、20.9%，增幅分别高于全省2.5、9.9个百分点，总量分别占全省的72.4%、46.9%。截至2018年8月底，我省共有省级以上开发区（含特别政策区）130个，其中国家级开发区22个，较"十二五"末期增加3个。涌现出一批在全国具有较高知名度的开发区，其中合肥市经济开发区在国家级经济开发区中综合实力居全国第14位，合肥市高新区在国家级高新区中综合实力居全国第8位。

（二）产业集聚度日益提高，专业化园区不断涌现

围绕主导产业，通过规划引领、龙头带动、产业链建设等，积极培育产业集群。目前，全省初步形成了合肥电子信息、芜湖汽车及零部件、马鞍山装备制造、铜陵铜基新材料、宿州鞋业、亳州现代中药、两淮矿山机械等一批主导产业集群，以及合肥新站区的平板显示、芜湖高新区的新能源汽车等一批战略性新兴产业园区。

（三）创新驱动发展积极推进，动力转换成效突出

各开发区加大研发投入，主动与大院大所共同打造协同创新平台，

创新驱动发展取得积极进展。2017年,全省开发区新增35个省级以上研发机构、15个"双创"孵化器、33个众创空间。2017年以来,全省有2家高新区升格为国家级,目前共有6家国家级高新区。开发区发展动力加速转换,全省24家战略性新兴产业集聚发展基地全部落户开发区。截至2017年年底,全省开发区共有3547家高新技术企业,占全省总量的82.3%。

(四)各类要素有效集聚,保障能力显著提升

各地积极探索资源节约集约利用方式,强化要素支撑,着力增强开发区发展保障能力。采取多种方式盘活土地资源,引导土地节约集约利用。安庆怀宁县经济开发区通过产权重组、资产重组等形式,收储、盘活低效利用土地近260亩。2017年全省有24家开发区新设立5亿元以上各类产业投资基金、科技创新发展基金等,有26家企业A股上市。各开发区加大人才引进培养力度,为开发区发展提供人才保障。合肥高新区等地区实施"江淮硅谷"人才工程和"名校引才计划",综合运用项目、团队、柔性引才等模式,全力打造人才集聚洼地。

(五)体制机制改革加快,发展活力不断迸发

坚持市场化导向,深化改革创新,探索管理新模式,进一步凸显开发区改革创新试验区的示范效应。大力推进园区优化整合,2018年,全省共撤销开发区及特别政策区47个。不断完善开发区管理体制,六安、滁州、池州积极推行"城区合一、县区合一、镇区合一"管理体制,创新开发区建设和运营模式,探索引导市场主体参与园区建设、招商、运营、管理和服务。例如,滁州经济开发区推进平台公司实质化运营,苏滁现代产

业园探索推广公司制管理模式。

二、存在的突出问题

应当看到,金融危机以来特别是中美贸易摩擦以来,国际国内形势日趋复杂,经济下行压力日益加剧,我省开发区改革创新发展面临诸多挑战。

(一)总体实力有待增强

2017年年底,我省开发区平均经营(销售)收入、规上工业增加值、财政收入分别为299亿元、19.1亿元、12.8亿元;工业产值仅约相当于江苏、浙江的33.5%和46.3%。县域开发区普遍存在体量小、水平差、摊子大、基础设施投入分散、税收强度不高等问题。2017年之前,全省有36家开发区的经营(销售)收入低于50亿元。

(二)产业层次有待提升

总体上看,全省开发区产业多处于产业链中低端,低附加值的装配加工环节偏多,技术密集型、战略性新兴产业比重偏低。一些开发区创新平台较少、创新型人才缺乏、创新投入较少,对产业转型升级的支撑不足。我省开发区每年新增授权发明专利仅约为江苏的68%。相当一部分开发区主导产业优势不突出、产业结构松散,有的开发区至今未编制产业发展规划,有的开发区主导产业在5个以上。2017年年底,全省有42家开发区主导产业经营收入占园区经营(销售)总收入比重低于

50%,其中有 2 家开发区占比低于 10%。

(三) 集约节约发展有待强化

据调研,部分开发区土地闲置现象较为普遍,供而未用、闲置土地、低效土地等占比近 30%,少数开发区已建成面积中产业项目用地不到 50%。土地利用方式粗放导致开发区亩均产出不高。2017 年,全省开发区亩均投资 58 万元,亩均税收 6.67 万元。与省政府要求的国家级开发区投资强度 300 万元、亩均税收 20 万元,市管开发区 200 万元、税收 15 万元,县域开发区 150 万元、税收 10 万元的要求差距较大。

(四) 产城融合发展有待提质

产城融合是开发区的发展方向。我省部分开发区,产业比重过大,产业区、商业区、居住区空间比重不合理,教育、医疗等公共服务短缺,城市配套功能不足,开发区几乎成为"孤岛",可持续发展能力不强。同时,由于产城融合发展水平不高,一部分开发区第二产业、第三产业发展不协调,园区内企业用工难问题突出,物流成本偏高,严重影响和制约了园区转型升级和创新发展。

(五) 体制机制有待改革创新

目前,开发区市场机制作用得不到有效发挥,发展活力不足,突出表现在三个方面:一是缺乏行政审批权。开发区没有项目立项、规划报建、土地审批等行政审批、经济管理职能,虽然市县政府下放了一部分权力,但由于受法律刚性规定的限制,放得不够彻底、不够到位,多数情况只是履行"代办"和"跑办"职责。二是社会职能繁重。不少开发区还要承担教育、卫生、民政、治安等社会性事务管理与服务职能,影响其主要职能的发挥。三是人员激励机制尚未形成。在编在册的行政、事业人员少、工作量大,但薪酬上没有激励机制;其他占一半以上的非在编聘用人员,上升通道狭窄,"天花板"现象普遍。

三、国内成功经验剖析

开发区是各地引领创新发展的排头兵。近年来,不少地区大力推进体制机制创新,加快开发区转型升级步伐。通过梳理研究,江苏推动全省开发区向现代产业园区转型,杭州经济开发区大力实施创新驱动发展战略,武汉经济开发区推动开发区与行政区融合发展,都取得了积极成效。

(一)江苏推进开发区向现代产业园区转型

截至2017年年底,江苏共有省级以上开发区131家、国家级开发区46家,创造了全省50%的地区生产总值和地方公共预算收入,实现了80%的实际使用外资和进出口总额。之所以能取得这样的成就,关键在于江苏开发区"敢为天下先",不断探索创新,推动开发区向现代产业园区转型。

一是注重规划引领。始终强化规划的前瞻性,如苏州工业园区在开发之初就编制总体发展规划,并先后制定300余项专业规划,开发建设至今,园区现状与20年前的总体规划蓝图基本一致;始终强化规划的权威性,实行"一票否决"制,严格执行"违规申请"相关程序;始终强化规划的执行性,坚持先规划后建设,先地下后地上,基础设施先行,适度超前建设重要设施。

二是注重法治化建设。江苏是我国最早开展开发区立法的省份之一。1986年,江苏制定通过全国第一个关于开发区建设和管理的地方性法规——《江苏省经济技术开发区管理条例》。1993年、1997年、2004年,为适应国家有关法律法规调整,先后三次对该条例进行修订。2018年初,新的《江苏省开发区管理条例》经省人大批准通过。

三是注重产城融合。坚持以产促城,融合发展,推进城市功能建设,提升城市化带动能力,加速形成与经济发展相适应、与先进制造业相配套、与城市化进程相协调的现代服务体系。开发区职能由单纯的园区管理向统筹经济社会发展转变,加快社会事业发展,加强教育、医疗、文化、体育等功能建设,加强社区公益型服务设施建设,努力将开发区建设成为宜居的新城区。

四是注重集聚发展。开发区集中了江苏90%左右的先进制造业、70%左右的生产性服务业,外商在江苏投资的高新技术企业90%以上设在开发区,全省引进的1亿美元以上的大项目90%以上落户开发区。截至2017年10月底,开发区内共设有特色产业园区159个,重点培育装备制造、信息技术、轨道交通等先进制造业、高新技术产业,通过"建链、强链、补链",不断完善产业链,促进产业集群化发展。

五是注重制度创新。全面推广苏州工业园区经验,实行"一枚印章管审批""一支队伍管执法""一个部门管市场""一个平台管信用""一张网络管服务",实现区内事区内办结。扬中高新区通过构建"一站式"综合服务实体平台,将行政审批、政策咨询与申报、科技金融服务、公共技术服务、市场拓展服务、商务中介服务等纳入其中,集中受理、联合办理。

(二)杭州经济开发区构建创新创业新格局

杭州经济技术开发区成立于1990年,1993年成为国家级开发区。2018年杭州经济开发区综合实力在国家级经济开发区中居全国第9位。近年来,杭州市经济技术开发区突出人才引领,实施创新驱动战略,积极构建创新创业新格局。

一是集聚高端创新创业人才。坚持把人才工作摆在创新驱动发展的优先位置,千方百计招揽人才,创造条件留住人才,打造人才生态最优示范区。成立了人才科技局,改革人才创办企业、人才项目评审评价机制,以吸引、培育、留住更多"高精尖缺"人才。近年来,杭州经济开发区共引进各类高层次人才700多名,其中"国千""省千"及"市521"等领军型人才超过60名,海外高层次人才创办企业100多家。

二是构筑优质创新创业平台。牢固树立"全域孵化器"理念,加强各类孵化器建设,实施平台建设"双百"工程,先后建设了创智天地、加速器等一批重大创新平台。引进一批精通专业技术、掌握项目资源、擅长园区管理的品牌孵化器和专业团队,提升了平台运营和服务水平。全面强化与科研院所的合作,先后引进清华长三院生物产业化中心、中科院杭州创新园、奥克兰大学中国创新研究院等一批国内外一流科研院所。

三是优化完善创新创业生态。围绕科技创新、人才建设、产业发展、金融支持、生物医药等,健全完善开发区"5+X"政策体系,确保"黄金政策"发挥"黄金效应"。设立"双创金融谷",首期产业母基金规模为20亿元,并参股8个子基金,为科技创业提供更加便利的融资支持。支持举办各类高端学术会议、行业顶级论坛、高层次人才创业促进会、浙商创新创业大赛等各类活动,弘扬创新创业文化,营造"崇尚创新、宽容失败、支持冒险、鼓励冒尖"的良好社会氛围。

(三)武汉经济开发区与汉南区融合发展的探索实践

武汉经济技术开发区始建于1991年,1993年被批准为国家级经济技术开发区。2013年,武汉经济技术开发区整体托管汉南区,探索实施两区融合发展。

一是通过行政办公融为一体,实现行政关系重构。开发区与汉南区按照"党政合一、精简高效"的原则,合并职责交叉、职能相近的党政部门,实行两区领导体制和机构设置一体化,实行大行政执法、大市场监管等大部门制。

二是通过空间布局融通,实现空间关系重构。有效整合两区生产、生活、生态空间,按照产业发展规划设立八大园区,成立园区管理办公室和农业发展投资公司,推动园区专业化、集群化发展。对两区交通基础设施进行综合改造,推进区域基础设施及交通一体化。完善教育、医疗、文体等公共服务,加强生态文明建设,健全城市功能,推动区域协调发展。

三是通过产业结构优化升级,实现产业关系重构。规划发展整车生产基地,为汽车零部件企业创造良好的投资环境。通过推动大型骨干企业智能化升级、建设智能制造应用示范基地、发展智能装备产业,加强设计、生产和销售过程的智能化与信息化改造,重点发展智能制造、信息技术产业。培育新材料产业、现代服务业、现代都市农业等新兴产业,形成"现有支柱产业—战略性新兴产业—未来产业"的"迭代产业体系"。

四、若干政策建议

当前,我省开发区正处于转型发展的重要关口,加大改革力度、加快创新驱动是跨越关口的不二选择。我省应主动顺应发展趋势,谋划新思路,探索新举措,实施新变革,努力将开发区建设成为贯彻落实全省五大发展行动、推动经济高质量发展的主引擎。

(一)围绕高质量发展,进一步优化园区布局

针对一些园区布局不尽合理、部分园区体量较小等突出问题,在2018年较大幅度撤销整合开发区的基础上,继续推动开发区整合提升,优化开发区空间布局,实现由数量扩张向整合联动转变、由粗放经营向绿色集约转变。积极推动省内跨行政区域合作共建开发区,鼓励和支持我省开发区与沿海地区开发区、企业等各类主体合作,加快苏皖合作示范区等各类合作园区建设。大力培育多功能综合园区,合理布局产业功能区、城市配套区、生态功能区,推进园区产业集聚、资源集约、功能集成。

(二)围绕动力变革,进一步增强创新能力

充分发挥我省创新资源丰富、"四个一"创新平台日臻完善的优势,大力实施创新驱动战略,提升园区创新能力,加快培育新动能,推进产业升级和园区转型。学习借鉴杭州经济开发区经验,积极构建创新创业新格局。支持开发区建设技术创新联盟、先进技术研究院、工程(技术)研究中心等各类创新平台,鼓励省外高新技术企业、海内外重要研发机构、

中试基地等落户开发区。支持发展水平较高的开发区以战略型新兴产业基地建设为切入点，加快建设一批重大新兴产业基地，扎实推进一批重大新兴产业工程，组织实施一批重大新兴产业专项，加快打造一批具有国际竞争力的千亿元战略型新兴产业集群。尤其要抓住长三角更高质量一体化发展、G60科创走廊建设的重大机遇，加强与江、浙、沪的共享共建，加快创新成果转化，推进园区转型升级。

（三）围绕集约发展，进一步集聚要素资源

学习借鉴江苏推进开发区向现代产业园区转型的经验，加快资金、土地、人才等要素向开发区聚集，促进资源节约集约，增强可持续发展能力。学习借鉴杭州经济开发区做法，支持开发区设立人才发展专项资金，重点用于引进高层次人才、高技能人才。探索土地节约集约利用新方式，鼓励开发区依法征收土地使用税、土地闲置费，采取多种方式盘活闲置土地，探索存量建设用地的二次开发机制，提高单位土地产出效益。借鉴江苏试点经验，在皖南等能耗承载空间小的地区，开展项目节能量交易试点，突破开发区能耗总量制约。

（四）围绕承接产业，进一步创新招商模式

坚持按照市场导向，有针对性地引进缺失链条、补强薄弱链条、提升关键链条，形成带动力强、辐射面广、集约化高的优势产业集群，切实提高招商引资成效。抓住我国扩大对外开放、长江经济带建设和长三角更高质量一体化发展等新战略、新机遇，研究制定服务业招商引资政策，积极承接国外服务业外包和转移，吸纳跨国公司设立研发中心、技术服务中心、培训中心、采购中心、财务中心等。支持开发区通过成立专业化投

融资公司、服务外包等方式,充分发挥各类产业发展资金的引导作用,采取市场化运作方式,提高招商引资效率。

(五)围绕健全功能,进一步完善基础设施

重点针对园区城市功能不健全、不完善,产城融合水平较低等实际问题,按照我省《实施意见》提出的"产城一体、宜业宜居"要求,加快推进综合交通、信息、能源、防水排涝、环境保护、教育医疗等基础设施和配套公共服务建设,补齐城市功能短板,完善现代化基础设施,健全配套公共服务,显著提升开发区的人口承载力。

(六)围绕激发活力,进一步创优"四最"营商环境

环境是竞争力,也是生产力,必须驰而不息地优化"四最"营商环境。学习借鉴苏州工业园、扬中高新区的做法,加强制度创新,建立公开透明、规范便捷的审批制度;深化放管服改革,在开发区建立全程代办制,实现"开发区事、开发区办"。继续深化管理体制改革,鼓励各地结合实际积极探索实行开发区公司化管理、市场化运作,借鉴武汉及我省六安、滁州等地的做法,选择具备一定条件、各方积极性较高的园区,改革和创新管理体制改革,实行园区与行政区"合二为一",推动开发区与行政区融合发展。

课题指导:王尚改

执 笔 人:杨菁燕　刘晓成

丁　静　丁焱燕

(完稿时间:2018 年 10 月)

我省新增市场主体运营状况调查及建议

近年来,我省积极深化商事制度改革,新增市场主体加速涌现,民营经济活力持续增强。为进一步支持新增市场主体健康持续发展,近期省政府发展研究中心调研组赴合肥、淮北进行了专题调研,梳理总结我省新增市场主体发展基本情况,分析查找存在的主要问题,并提出具体政策建议,形成调研报告,以供参考。

一、我省新增市场主体发展基本情况

自2014年3月商事制度改革实施以来,我省着力降低企业登记门槛,提高企业注册便利化程度,企业营商环境持续改善,新增市场主体数量快速增长,结构持续优化,主要呈现以下特征。

(一)从总量上看,主体数量迅速增长

根据省工商局的统计,我省市场主体数量已实现连续4年的高速增长,由2013年年底的214.1万户增加到2017年年底的381.36万户,年均增长15.5%。全省每月新登记企业数由改革前的0.6万户增加到目

前的1.9万户。2017年全年新登记各类企业共计23.45万户,同比增长20.49%,注册资本(金)21 272.41亿元,同比增长64.09%。我省新登记企业户数继续位列全国第一方阵,排名第9位,在中部地区仅次于河南。我省新登记企业数同比增幅已经连续4年超过全国平均水平,是党的十八大以来企业数量年均增速超过20%的8个省区之一,位居全国第6位、中部地区第2位。

(二)从构成上看,产业结构持续优化

无论是总量还是增量,第三产业仍然占据主导地位,但近年来第二产业占比持续上升。2017年全省新登记各类企业中,第一产业和第二产业分别为1.656 4万户、5.043 4万户,第三产业则达到16.755 0万户、占比71.44%。但与去年同期相比,第三产业占比下降了1.67个百分点,第二产业占比提高了2.77个百分点。这导致在企业总数中第三产业下降了2.73个百分点,第二产业提升了4.03个百分点。这说明随着我省经济结构战略调整,特别是制造强省战略的全面推进,我省制造业投资持续活跃,新兴产业正在加速成长。具体到行业来看,2017年新登记企业中,采矿业和金融业增速强劲,分别增长了107.94%、80.99%,电力、热力、燃气及水生产和供应业,卫生和社会工作业,科学研究和技术服务等现代服务行业分别增长了84.31%、79.03%、56.24%,继续保持较快增长势头。

(三)从来源上看,民资外资贡献突出

私营企业无论是户数还是注册资本数量,都是新增市场主体的主要力量。至2017年年底,全省私营企业实有91.825 7万户,占企业总户数

的 90.56%。2017 年新增私营企业 22.18 万户,占新登记企业总数的 94.55%,增速排在各类企业首位,达到 21.37%。私营企业新登记注册资本(金)16 299.98 亿元,占新登记各类企业资本总额的 76.62%。与此同时,境外资金投资步伐加快,2017 年新登记外资企业注册资本(金)6 661.47 亿元,增速高达 149.42%。外资户均注册资本(金)7 893.3 万元,分别是内资企业和私营企业的 2.2 倍和 10.7 倍,全省新设及增资过亿美元以上外商投资项目 32 家,同比增长 52.4%,合同外资额 63.9 亿美元,占全省合同外资总额的 71.3%。一批重大外资项目包括法国圣戈班、爱尔兰现代牧业、德国大众等世界 500 强企业相继在皖新设企业。

(四) 从分布上看,各大板块共同发力

总体来看,我省南北企业保持均衡发展,区域协调性显著增强。其中,合肥新增市场主体数量继续领跑全省,阜阳、亳州等皖北地区近年来增长很快,其他各市也都保持平稳较快的增长。2017 年,合肥新登记落户企业最多,计 7.580 7 万户,依下分别为阜阳 2.075 4 万户、亳州 1.824 5 万户,三市新成立企业占全省新成立企业总数的 48.94%。在增长速度上,2017 年增速最快的前三个市分别为阜阳、池州和马鞍山,分别比去年同期增长了 30.18%、28.59% 和 27.96%。根据省工商局的投资活跃度分析,2017 年阜阳企业活跃度最高,为 30.19%,其次为池州和马鞍山,分别为 28.62%、27.92%;宣城的资本活跃度最高,为 190.29%,其次为池州和滁州,分别为 107.97%、60.49%。

(五) 从退出上看,市场出清进展明显

数据显示,近年来我省注吊销企业数同比增加,意味着供给侧结构

性改革成效逐步显现,清理僵尸企业工作取得积极进展。2017年全省共注销企业3.1019万户,同比增长45.57%;吊销企业1.4081万户,同比增加了2.96倍,退出数量较多的区域主要集中在合肥、安庆、宿州等地市;行业主要集中在批发和零售业、租赁和商务服务业、建筑业,退出数量占总退出量的69.06%,其中批发和零售业退出比重最高,达到37.37%。

二、面临的主要问题

在看到成绩的同时,调研中也有不少企业反映了生产经营中面临的各种问题和困难。这些问题有些是企业自身发展的个性问题,但也有不少问题具有一定的普遍性。我们经过归纳总结,认为问题主要体现在以下三个方面。

(一)商事制度改革有待深化

"互联网+政务服务"和实行企业注册登记"全程电子化"是本轮商事制度改革的重要内容。但在肥西县调研时,部分企业反映目前网上登记系统流程过于烦琐,系统网站稳定性较差,企业变更、股权质押、外资企业设立等业务仍然无法进行全程电子化操作,不少业务还需要通过窗口提交纸质文件办理。同时,部门间信息互通共享水平还不高,相同的材料需要向多部门重复报送的现象仍然存在。此外,随着新业态的涌现,部分企业经营范围难以被准确归类核定,登记信息填写不规范现象时有发生。

(二)要素制约仍然比较突出

突出表现在人才、资金和土地指标三个方面。一是人才制约。在肥西县调研时,TCL家电(合肥)公司、泰禾光电、乾龙物流等企业负责人均表示,由于县域的医疗、教育等优质生活资源相对匮乏,中高端研发人才与高级管理人员引进难、流失多问题比较突出。此外,一线用工人数不足问题也很明显,一些年轻人不愿意接受职业技术教育,工厂普遍缺乏有技术的蓝领工人。二是资金制约。新增市场主体多数处于初创期和快速成长期,对资金需求较大,但由于抵押物不足,直接获取银行信贷比较困难,而担保贷款的成本又较高。据反映,目前企业半均融资利率8%,其中贷款利率为5.6%—6.5%,担保费约占1%—1.5%。三是土地制约。土地指标不足是调研中处于成长期企业提出的共性问题。泰禾光电等企业反映,近两年正在规划建设二期园区或者厂房,但由于用地指标长时间得不到批准,不少项目难以推进。

(三)企业经营成本依然较高

一是用电成本高。课题组在淮北调研时得知,当地峰谷电价改革后,一些零售类企业用电成本不降反增,如该市快乐真棒连锁超市负责人介绍说,零售业白天营业用电执行的是峰顶电价,而夜间闭店却无法享受谷底电价优惠,超市原来每年电费在2 000万元左右,执行峰谷电价后预计全年电费高达2 200万元以上。二是用工成本高。调研企业均表示,近年来我省用工成本日益上升,用工成本与江浙沪相比已没有太多优势。值得一提的是,由于我省核定的在岗职工月平均工资标准较高,如2016年达5 107元,比浙江还高出408.25元,这导致根据这一指标计算所得的社保缴费金额甚至高于江浙沪地区,抬高了企业经营成本。三是物流成本高。不少企业反映,随着环保治理及"治超治限"等新规严格实施后,企业物流成本普遍上涨。例如,位于肥西县的 TCL 家电(合肥)公司负责人反映,在物流用车限高 4.2 米的政策出台后,家电企业物流车仅能装载一层家电,导致物流成本大幅上升。

三、政策建议

为进一步优化实体经济发展环境,支持我省新增市场主体"活下来""活得好",针对新增市场主体发展中存在的问题,提出以下几点建议。

(一)进一步完善政务服务平台建设

针对目前网上登记系统可操作性和安全性不强等问题,建议在省级层面统筹谋划,进一步完善优化服务平台系统,提高可操作性。可结合实际需要开发手机 APP 等终端,进一步提高登记注册便利化水平。要进一步扩大网上业务服务范围,对外资企业设立、企业变更、股权质押等业务加快推进实施全程电子化,实现"让企业少跑路,数据多跑腿"。要增强政务服务系统的友好性和易用性,如对企业经营范围的登记,可变"填空题"为"选择题",将由企业自己填报改为由系统列出门类供企业自行勾选。同时,要继续积极推进部门信息共享应用,确保凡是能通过网络共享复用的材料,不得要求企业和群众重复提交;凡是能通过网络核验的信息,不得要求其他单位重复提供。

（二）进一步加强新增主体融资扶持

新增主体以小微企业为主，可选的融资渠道有限，银行贷款仍然是外部融资的重要来源。针对这一情况，政府应主动做好服务，着力在搭建平台、确保企业融到资，完善担保、确保融资成本低上下功夫，通过搭建各类银政担企合作平台，完善金融服务链条，帮助企业解决融资难、融资贵问题。例如，肥西县将各类企业融资需求摸清汇总后，由县政府统一确定融资规模，再与金融机构对接敲定融资方案，这样既解决了融资数量问题，又降低了融资成本，该方案取得了较好效果，值得总结和借鉴。

（三）进一步推动人才引进培育工作

一方面要加强人才引进。目前全国各大城市引进人才政策频出，将会在很大程度上改变人力资源的空间分布，影响城市的创新力和竞争力。我省各市也要加快研究相应的举措，要紧盯兄弟省市的标准和做法，研究制定更具吸引力和竞争力的人才政策。另一方面要加强人才培育。特别是要把中高级技工人才的培养工作摆到重要日程上来，要结合技工大省建设，借鉴国外成功的先进技工人才培育经验，加快推进政行校企四方联合，力争在较短时间内培养一批技能型专业人才。

（四）进一步强化重点企业精准帮扶

新增主体这两年大多处于初创期和成长期，政府的主动帮扶对于其可持续发展意义重大。这就要求各级政府要针对新增主体的实际状况和发展需要靶向施策，确保把帮扶的政策资源用好用足。首先要摸清家底,精准掌握本地新增主体的发展情况,如所属行业、主导产品、市场地位、企业规模、未来发展前景等。在此基础上出台有针对性的帮扶策略,如对于成长速度快、未来发展前景较好的新兴产业企业可考虑在政策、资金方面予以重点扶持,对传统产业中仍具一定竞争力的产业企业可选择加强支持,而对一些高耗能甚至是落后产能企业则要采取有力举措,确保市场出清。

(五) 进一步降低重要环节运营成本

在降低用能成本方面,建议扩大电力直接交易规模、放宽参与范围,探索以园区为单位进行电力直接交易,使园区内的新增市场主体也有机会享受电力直接交易的政策红利。对于执行峰谷电价的地区,要增强政策的灵活性,可考虑由企业根据实际需要自主选择采用峰谷电或是原有计价模式。在降低用工成本方面,建议分地区实行差别化最低工资标准,进一步抓好国家阶段性下调社保费率政策的落实工作,适当降低我省企业社保缴费标准,进一步减轻符合条件的新增市场主体社会保险缴费负担。在降低物流成本方面,要积极推动物流企业增加技术装备投入,提高运输组织效率,创新运输组织方式,进一步提高物流运行信息化、智能化水平,同时进一步规范港口、机场、铁路经营性收费项目,推动物流业降本增效。

课题指导:孙东海

课题组成员:蔡报春 杨仕奎 吕永琦

王 瑶 刘 杨

执 笔 人:吕永琦 王 瑶 刘 杨

(完稿时间:2018 年 5 月)

我省农村商业银行改革创新研究及政策建议

加快农村商业银行改革创新,推动业务回归本源,是深化经济体制改革、落实中央"六稳"工作部署的具体要求,对促进农村金融发展和乡村全面振兴具有重要意义。为进一步推动我省农村商业银行改革创新和服务全省经济社会发展,课题组赴省农村信用社联合社、省农担公司、寿县进行了深入调研,总结分析目前我省农村商业银行改革发展的基本情况和主要问题,并提出具体对策建议,形成报告,以供参考。

一、我省农村商业银行改革创新基本情况

2003年6月,国务院印发《深化农村信用社改革试点方案》,新一轮农村信用社改革工作正式启动。2004年8月,我省被列入第二批全国深化农村信用社改革试点。近年来,我省农村商业银行系统改革发展取得显著成效,日益成为服务"三农"的金融主力军。

(一)率先自主启动,深化改革走在全国前列

1. 全面完成农商银行改制。积极推动全省83家市县法人机构全

面开展产权制度和组织形式改革,2014年年底全面完成农村商业银行改制目标,成为全国第一个全面完成农村商业银行改制的省份。

2. 逐步完善公司治理结构。农村商业银行系统现代公司治理框架基本建立,"三会一层"治理机制不断完善,按照"坚强的党委会、规范的股东大会、健康的董事会、尽职的经营层、有效的监事会"思路,将党建工作纳入公司章程,推进党的领导和公司治理充分融合。

3. 积极对接参与资本市场。推动16家农村商业银行启动上市(挂牌),4家拟在主板上市,亳州药都、马鞍山、芜湖扬子3家已经在证监会备案;12家拟在新三板挂牌,其中淮北、铜陵、安庆3家已备案;14家农村商业银行在省内设立28家村镇银行。

(二)坚持转型发展,服务实体经济成效显著

1. 规模实力持续增强。截至2018年11月末,全省农村商业银行系统资产总额12 700.39亿元,存款余额10 055.21亿元,约占全省存款市场总量的20%,贷款余额6 867.18亿元,约占全省贷款市场总量的17%,存贷款市场份额均居全省银行业机构第1位,规模性指标居全国农信系统第8位、全省银行业第1位。

2. 普惠金融发展迅速。涉农信贷投放持续增长,截至2018年11月末,涉农、县域、小微企业贷款余额分别达4 123.93亿元、4 061.43亿元、4 443.39亿元,均占全省同类贷款总量的40%左右,三大领域贷款余额均居全省银行业机构第1位。金融精准扶贫成效突出,截至2018年11月末,全系统对接建档立卡贫困户107.6万户,当年净投放扶贫小额信贷76.69亿元、余额210.73亿元,分别占全省银行业的85%和90%。

3. 金融创新进展明显。近年来,围绕信贷、担保、电子银行等领域积极开展业务创新,发放"4321"银政担贷款376.52亿元,占全省总量的50%以上,面向道德模范和身边好人推出的免抵押免担保的"道德贷"产品已发放贷款余额12.68亿元,试点"两权"抵押贷款余额12.68亿元,新一代手机银行、"金农易贷""金农信e付""社区e银行""金农信e家"等电子银行业务创新位居全国农信系统前列。

(三)完善体制机制,风险抵御能力不断提升

1. 坚决守住金融安全底线。全省农村商业银行系统信用风险指标长期处在合理区间,操作风险、合规风险、案件风险等总体可控,未出现重大区域性系统性风险事件。截止2018年11月末,实际不良贷款额、不良率比上半年成功实现"双降"。

2. 抵御风险能力有效提升。根据2017年度银保监会履职评价,在全国25家省(区)联社中,我省排第5位。2017年78家农商银行监管评级在三级以上,其中二级以上13家。

3. 风险管理体系持续完善。积极推动标准网点创建、合规文化建设、网点安全达标、案件专项治理、信贷三项整治、流程银行建设和全面风险管理体系等建设工作,建立全系统流动性风险互助机制,共御风险。着力推进内控好、服务好、效益好的"三好银行"创建工作,已向17家农商银行授牌。

二、面临的突出问题

总体来看,我省农村商业银行近年来改革发展进展良好,对地方经济贡献能力持续增强。但随着整体经济下行压力加大,农村商业银行发展也面临不少突出困难和问题,亟待应对和破解。

(一)市场竞争力有所下降

调研发现,尽管近年来农村商业银行在改制后发展步伐有所加快,在县域和农村金融体系中占据重要地位,但随着互联网金融迅猛发展和其他商业银行推动金融服务下沉,农村商业银行市场地位面临挑战日益严峻。

1.市场竞争日趋激烈。近年来全国性大型商业银行向县域农村金融市场投放力度加大,以设立支行、分理处或发起村镇银行等方式进入农村市场,如中国银行与淡马锡下属的富登金融控股公司合作设立的中银富登村镇银行,就已在省内7个县区布点。在省内经济较为发达的皖江地区,农村金融市场的竞争尤其激烈,农村商业银行的市场份额面临被抢占风险。

2.存款构成处于劣势。我省农村商业银行存款主要来源于居民储蓄,法人类存款、对公存款相对较少,存款结构"小、散"特点突出。据省联社负责人介绍,目前全省农村商业银行系统对私账户有6 000多万户,但对公账户只有40万户。对公存款具有金额大、业务稳定、对金融机构发展支撑能力强等优点,缺少此类存款的支持,从此以往会限制农村商业银行发展。同时与大型商业银行相比,农村商业银行在硬软件设备、网点布局和金融服务方面也相对不足,影响了整体竞争力。

(二)金融风险仍然较高

近年来,特别是今年以来,随着经济下行压力加大,全省农村商业银行系统不良贷款水平攀升,经营风险有所提高。截至2018年7月末,全省农村商业银行不良贷款率达6.85%,较年初提高1.29个百分点,31家农村商业银行资本充足率低于10.5%的监管要求。其主要原因有以下几点:

1. 贷款领域风险偏高。相较于国有商业银行和股份制银行,农村商业银行贷款多投向县区小微企业和涉农客户,同时承担不少金融扶贫任务,而目前我省多数县区经济基础薄弱、工业竞争力不强,"三农"相关产业未成规模,更易受经济下行周期压力影响,形成坏账。

2. 部分贷款对象具有潜在还贷风险。农村商业银行贷款客户中很大比重为农户、个体经营户和小微企业,这些贷款客户往往缺乏有效抵押担保品,且财务制度也不够健全,难以提供规范的财务报表等借款资料。此外,不少贷款客户缺乏金融知识储备、法律意识淡薄、按时还款的信用意识不强,恶意拖欠贷款的现象时有发生,贷款清收压力大、难度高。

3. 农业融资担保体系有待完善。目前我省已在省级层面成立了省农业信贷融资担保有限公司(以下简称"省农担公司"),在县级层面设立了58家办事处和2家分公司,覆盖了绝大多数农业县。根据省财政厅等四部门发布的《加快全省农业信贷融资担保体系建设实施方案》,所在县应从相关部门选派负责人到分支机构挂职或兼职、协调推动工作。但据省农担公司负责人反映,目前这项政策在多数县并没有真正得到落实,影响了融资担保功能发挥。

四是内部管理水平有待提高。受人才、技术等软硬件约束,目前农村商业银行贷前调查不够深入,贷时审查与贷款审批不够严格、贷后检查不够及时等问题仍然存在。近几年农村商业银行通过招聘招考等方式,使人才队伍素质有了较大提高,但与大型商业银行相比,仍然存在较大差距,在及时研判应对金融市场变化等方面尚有明显不足。

(三)监管体制亟待优化

调研中,我们感到作为一类特殊的地方法人金融机构,农村商业银行系统在金融监管和行业管理方面,体制机制不顺的问题比较突出。

从金融监管看,多头监管难以形成合力。调研反映,目前农村商业银行主要受地方政府、人民银行、银监会和省联社四方监管,当在农村商业银行高管任用等重大问题上出现多方意见不统一时,会对农村商业银行业务经营产生直接影响。

从行业管理看,系统内部管理体制不顺。目前,安徽省农村信用社联合社(以下简称"省联社")由83家农村商业银行自下而上入股组成,但党的工作是自上而下垂直领导和统一管理的,同时又根据省政府授权自上而下进行行业管理,党的关系、行业管理体制和治理结构不一致,导致运行不够顺畅。

(四)治理体系不够完善

我省农村商业银行完成改制已有4年时间,现代公司治理的基本框架已经搭建形成,但在具体运行中也暴露出了不少问题。

1. 产权制度不够合理。目前在部分农村商业银行股权结构中,地方政府和国有资本股权,职工、新型农业经营主体等利益相关者股权比较缺乏,股权主要集中在少数大股东手上,难以形成股权制衡格局。调研反映,部分农村商业银行存在少数大股东入股动机不纯,企图通过私下恶意收购、隐性控股等手法控制农村商业银行的问题,有的大股东甚至把股权全部质押出去,规避风险责任。

2. 内部人控制风险增大。据省联社反映,改制后各级农村商业银行作为一级法人,高管人员贷款权限变大,少数高管与大股东之间关系错综复杂,容易形成利益共同体,损害全体股东特别是小股东的利益。

3. 现代治理机制尚未真正形成。调研反映,虽然各农村商业银行均建立了"三会一层"架构,但决策执行权集于董事长一人的现象依然存在,部分农村商业银行党委会作用没有有效发挥,相互制衡机制难以落地,高管人员风险责任制还没有真正落实。

三、对策建议

中央经济工作会议强调,要以金融体系结构调整优化为重点,深化金融体制改革,推动城商行、农村商业银行、农信社业务逐步回归本源,这为新形势下农村商业银行改革发展指明了方向。我省农村商业银行系统要深入贯彻落实中央经济工作会议精神,按照"六稳"工作部署和回归本源的目标要求,进一步加强改革创新,为推动我省经济高质量发展作出更大贡献。

（一）加快推动省联社银行化改革

省联社改革是我省农信社改革的收官之作，对推动新时期农村商业银行改革发展意义重大。从目前掌握的情况来看，全国对此还没有形成统一的模式，比较有代表性的有直辖市统一法人模式、宁夏黄河农商银行模式、陕西秦农银行模式等。建议我省充分借鉴学习这些兄弟省市区好的做法和经验，加快推动省联社改革工作。我们认为，未来省联社一方面要继续发挥好支农扶农的金融机构作用，另一方面要在经济下行压力加大的背景下坚定扛起行业管理责任。基于以上考虑，建议可按照打造全牌照区域性农村商业联合银行的思路，推动省联社银行化改革，努力将省联社建设成为一家面向"三农"和省内农商银行提供服务的省级股份制地方性银行业金融机构，完善运行机制，理顺管理关系。

（二）加大政策支持力度

作为服务地方经济发展、长期承担支农支小责任的地方金融机构，农村商业银行在一定程度上承担了商业银行和政策性银行的双重职责，各级政府要进一步加大政策支持力度。

1. 支持提高发展质量。建议将农商银行发展质量纳入对市县政府考核范围，督促市县政府落实支持农商银行发展、防控金融风险责任。探索设立农村金融发展扶持基金，对支农服务力度大、成效显著的金融机构给予奖励和扶持。

2. 支持拓宽资金来源。进一步清理取消影响农村合作金融机构公平竞争的政策规定，支持农村商业银行开展对公存款业务。建议各级政府将财政性资金存放工作与辖区金融机构对经济贡献考核相结合，提高当地金融机构支持地方发展的积极性。支持农村商业银行稳妥对接多层次资本市场,通过上市(挂牌)、发行二级资本债等方式壮大资本实力。

3. 加强财税政策支持。在涉农贷款增量奖励政策基础上,制定更加切实有效的补助奖励政策,进一步加大对农村商业银行的税收减免,考虑适当提高贷款损失准备金税前扣除比重。对重点农商银行,可考虑利用财政资金或优质资产置换不良贷款等办法,帮助化解不良贷款。

(三)鼓励发展普惠金融

引导农村商业银行进一步回归本源,加大对"三农"、小微等支持力度,为实施乡村振兴战略、推动县域经济发展提供强大金融支撑。

1. 鼓励加大涉农信贷投放。继续强化农村商业银行支农支小金融服务市场定位,持续加大信贷投放,确保涉农和小微企业金融服务增速、户数、申贷获得率等指标维持在合理区间,不断强化新形势下农村金融主力军地位作用。

2. 鼓励创新金融服务模式。农村商业银行的优势是扎根"三农",对当地的情况熟悉,因此应根据县域经济发展情况和当地"三农"的需求特点提供有针对性的金融产品和服务。支持鼓励农村商业银行借鉴其他地方金融机构的好经验、好做法,积极为农户和小企业设计具有自身特色的业务品种,不断优化产业和业务结构。

3. 积极引导金融资源下沉。进一步推进金融基础服务延伸覆盖到行政村、自然村,加强对创业、就业、助学、消费等民生信贷投放,加大对广大客户及特殊群体的便民化服务,强力抓好金融扶贫工作,进一步提高广大人民群众金融服务的可得性和满意度。

（四）优化金融发展环境

进一步加强农村金融基础设施、服务体系建设，补齐农村金融发展短板，为农村商业银行开展业务提供良好外部环境。

1. 完善农村金融基础设施。依托村部、超市、卫生院、社区服务机构等，多形式推进农村金融服务室建设，加快在具有业务潜力的空白乡镇和中心村布设自助银行网点、POS机等。

2. 加强农村信用环境建设。加强宣传推广，帮助农民和小微企业主树立信用意识。进一步完善农村信用评价体系，可结合人民银行征信系统建设、农户评级授信结果、社会诚信体系建设等对农户信用状况进行科学分析评价。

3. 健全农业保险机制。进一步完善农业政策性保险体系，持续推进农业保险"扩面、提标、增品"，将尽可能多的农业相关品种纳入农业保险保障范畴，特别是扩大针对小农业如种养大户、粮食生产企业等特定对象的政策性农业保险补贴范围。引导商业性保险公司增加涉农保险产品、扩大服务范围，合理确定保费和赔偿标准，积极探索市场化农业生产风险分散机制。

4. 加强农业融资担保体系建设。鼓励政策性融资担保机构加大涉农贷款担保支持，充分发挥省农担公司功能作用，为小微企业、农户申请贷款提供增信服务。农担公司分支机构所在县要认真抓好人员配备、工作协调等政策落实工作，进一步提高其服务地方经济发展的能力。

（五）坚定不移加强风险防控

农村商业银行金融风险防控是"稳金融"工作的重要一环，必须按照工作方案要求,抓好风险防范化解工作,切实降低不良贷款水平,守住金融安全底线。

1. 加强金融联合监管。各级政府金融监管局、银监部门、省联社和人民银行要协调配合、形成合力,严格控制农商银行贷款投向,确保其业务回归本源,防止走追求单纯利润最大化的商业银行道路。

2. 优化内部治理结构。引导省内各农村商业银行进一步加强党的建设,优化股东股权结构,加强对大股东及资本投资的监督,不断健全现代商业银行制度。进一步强化外部约束,通过建立完善股权委托代理和转让机制、实施第三方审计、逐步扩大信息披露范围等措施,增强小股东和利益关系人对农村商业银行经营管理的参与深度,提高运营透明度,加强市场约束。

3. 加强风险防控体系建设。按照"稳金融"工作部署,认真落实不良资产压降要求,完善不良贷款责任追究制度,遏制新增不良贷款上升。引导农村商业银行系统进一步完善风险管理体系,将外部的信用风险防控和内部的操作风险管控有机结合起来,积极通过信贷资产流转、不良资产收益权转让、核销、市场化债转股、债务重组等措施消化风险。积极探索不良资产市场化处置路径,进一步降低风险缓释和处置的经济成本。

课 题 指 导:倪手如

课题组成员:蔡报春　吕永琦　刘　杨

执　笔　人:吕永琦

(完稿时间:2018年12月)

我省发展供应链物流产业研究

供应链物流是利用物联网、供应链等新技术、新管理方式,为企业提供从原材料采购到产品销售完整供应链服务的物流模式。加快发展供应链物流,对补齐短板、降低成本,促进产业结构调整、转变发展方式、增强安徽综合竞争力等具有重要意义。

一、基本成效

近年来,我省物流业保持较快发展,服务能力显著提升,基础设施条件不断改善,发展环境日趋优化,物流业已成为我省经济的重要组成部分。

(一)规模效益稳步提升

2017年全省社会物流总额60 094.8亿元,较2016年增加3 670.8亿元,增长6.51%。其中工业品物流总额43 199.8亿元,较2016年增加1 772.8亿元,增长4.28%。全省物流业收入达到3 530亿元,较2016年增加378.4亿元,增长12%。物流效率进一步提升,社会物流费用占 GDP 比重连续回落。2017 年全省社会物流总费用为 4 375.5 亿元,较 2016 年增加 396.5 亿元。社会物流总费用与当年 GDP 的比率为 15.9%,较 2016 年下降 0.6 个百分点,下降速度快于全国平均水平 0.3 个百分点。

(二)基础设施日趋完善

交通运输网络建设进一步加快,全省"两纵五横三联"交通综合网络基本形成。截至 2017 年年底,全省高速公路总里程达 4 673 千米,铁路通车里程 4 223 千米,其中高速铁路 1 037 千米,内河航道通航里程 5 728 千米。合肥新桥国际机场开通至港澳台、新加坡、德国等 15 条国际客运航线,以及合肥—洛杉矶国际货运航线。全省拥有各类口岸 10 个,其中一类口岸 7 个。蚌埠铁路口岸开通直达上海的铁海联运专列,合肥开通至哈萨克斯坦阿拉木图、德国汉堡的货运班列,以及至宁波的铁海联运班列。

(三)园区建设初见成效

合肥派河国际综合物流园、芜湖宝特铁路物流综合基地等一批综合物流枢纽、大型物流园区项目进展顺利,其中安徽华源现代物流园获批全国第二批物流示范园区。安徽华源现代物流园、合肥宝湾国际物流中心、马鞍山慈湖高新区港口物流基地、芜湖港朱家桥综合物流园、蚌埠皖北徽商物流港、合肥中外运物流中心等六家首批省级示范物流园区运营状况良好,入驻企业完成营业收入 511.1 亿元,同比增长 12%,上缴税收 9.7 亿元,增长 28.6%。园区信息化基础设施投入 1.45 亿元,同比增长 18.1%。智慧物流建设积极推进。

(四)市场主体不断壮大

物流业资源整合和主体培育步伐加快,传统运输业、仓储业加速向现代物流业转型,初步形成了一批所有制多元化、服务网络化和管理现代化的物流企业。2017年我省新增A级以上物流企业32家,其中4A、3A、2A分别比去年增加14、14和4家。截至2017年年底,全省共有A级以上物流企业145家,其中5A级2家、4A级70家、3A级51家、2A级22家。145家A级物流企业中,综合服务型103家,约占总数的71%;运输服务型25家,约占总数的17%;仓储型物流17家,约占总数的12%。

(五)发展环境明显改善

我省先后出台了《安徽省人民政府办公厅关于进一步推进物流降本增效促进实体经济发展的实施意见》《关于加快发展冷链物流保障食品安全促进消费升级的实施意见》《安徽省物流园区发展规划》等促进物流业发展的政策文件,进一步优化了物流业发展环境。全省物流公共信息平台初步建成,物联网、云计算等现代新技术推广应用。标准化试点工作有序推进,芜湖、合肥、马鞍山三市共获得试点支持资金2.1亿元,通过改造上中下游物流设施设备、提供生产+租赁服务模式、标准化信息平台建设等系列举措,凸显了标准化在降低物流成本中的作用,实现了运输效率的大幅提升。

二、存在问题

总体上看,我省物流业取得了长足发展,但与发达省市的水平和加快转型升级的发展需求相比,还存在一些突出问题。

(一)物流网络不健全

"干、支、末"与"物流枢纽、物流园区、物流中心、配送中心、终端网点"等构成的物流网络不完善,干线之间、干线支线之间、干线支线与配送之间、支线与末端之间存在薄弱环节。物理基础设施网络、信息网络、运营网络尚在形成之中。多式联运转运设施不足,各交通枢纽相对独立,运输通道衔接不畅,缺乏设施装备先进、服务功能齐全的多式联运专业站场。进港道路、铁路支线建设滞后,公路、铁路、水运、航空基础设施节点还没有形成有机衔接,集疏运通道仍需完善。

(二)企业竞争力较弱

物流企业规模偏小,服务功能单一,第三方物流发展不足。大企业偏少,5A级物流企业仅2家,主营业务收入过亿元的物流企业仅18家。企业经营仍以传统业务为主,运输和配送业务共占主营业务收入的近90%。物流企业利润率低,全省平均利润约1000万元,利润率4%,低于全国平均水平约2个百分点。物流外包水平较低,工业、批发和零售业企业对外委托货运量仅占总量的约43%,低于全国平均水平近40个百分点。

（三）信息、技术、装备等现代化水平偏低

物流信息化建设滞后,尚未形成互联互通的信息服务体系,不同物流方式之间的信息碎片化、孤立化。同一运输方式之间、不同企业之间、供需双方之间信息缺乏连接与共享。智能化交通、移动信息服务、物流载体跟踪等新技术应用水平较低,装卸搬运、分拣包装、加工配送等专用物流装备应用不足。物流标准化体系还存在条块分割、部门分割,基本设备缺乏统一规范,标准之间缺乏有效衔接,货物托盘、集装箱等标准化建设滞后问题。

（四）国际物流体系薄弱

国际物流发展缓慢,运力航线、配套设施设备不足,产业支撑不够,货邮吞吐量与周边省份差距较大。国际货运航线、班列偏少,海外仓缺乏。新桥机场国际货运航线仅有1条,重庆江北机场、四川双流机场、河南新郑机场的国际货运航线分别达到12条、27条、29条,新桥机场直航进出口货运量仅为江北、新郑机场的1.3%、0.6%。"合新欧"班列数仅为重庆、四川、河南的14.3%、11.1%和20左右。海外仓建设仍处在起步阶段,而重庆、四川、河南均已建成横跨欧洲、亚洲、澳洲、美洲的海外仓体系。

（五）专业人才匮乏

缺少复合型、高端物流人才,从业人员存在专业水平不高、实践经验不足、协调能力不强等问题。2017年,我省物流企业平均每家拥有工作

人员245人,其中从事物流岗位工作人员184人,具有中、高级物流师职业资格人员不到5人。同时,我省物流企业对人力资源投入水平较低,从业人员所得劳动报酬占业务收入的比重仅为7%,低于全国平均水平约4个百分点。人员流动性较大,企业对员工培训不重视,从业人员普遍缺乏专业技术培训。

三、面临形势

当前,我国经济发展进入了新时代,为我省物流业加快发展带来新的机遇和挑战。

(一) 重大战略拓展新空间

国家深入实施"一带一路"倡议和长江经济带战略,推动全球化发展进入新一轮发展阶段,深刻改变全球网络、基础设施的联通性,特别是交通和物流行业发展的环境和条件,极大拓展了全球交通和物流发展的网络空间,为我省物流企业加快进入全球市场、构建国内国际两张网络,实现两张网络的融合发展创造了巨大的机遇和发展的空间。这些重大战略有利于我省建立新型内陆国际物流枢纽,加快发展多式联运体系和开行国际班列及全货运国内外航线,构建对外经济新通道,提升服务全国和对接国际市场的物流能力。

(二) 转型升级催生新需求

新型工业化与新型城镇化快速发展,工业生产加速向资源环境要素等方面优势比较集中的地区集聚,消费市场更快地向大城市或者城市群转移,推动我省物流业快速发展。供给侧结构性改革向纵深发展,打造更高质量的供给体系,培育具有国际竞争力的先进制造业集群,对物流业支撑服务我省产业升级提出了更高要求。居民消费升级步伐不断加快,电子商务、网络消费等新兴业态快速发展,也将推动电商物流、国际物流等持续优化。

(三)技术管理创新增强新动力

信息技术的广泛应用和全程信息化水平的提高,带动了基于信息技术的物流管理工具、作业方式、设施装备等方面的创新和研发,为物流企业提供了大量自动化、智能化的新型物流设施和装备,加速了新型管理模式和管理工具的研发和应用,提升了物流运营效率。服务方式创新推动物流资源整合与优化配置,以多式联运为核心的综合运输和以供应链管理为核心的系统化物流服务方式迅速发展,为物流业加速发展和转型升级增添了强大动力。

(四)区域竞争激烈提出新挑战

我省具有独特的承东启西、连南接北的区位优势,但物流中心地位尚不突出。近年来,南京、武汉、郑州等周边城市加快国家骨干联运枢纽建设,对我省实施"一带一路"倡议和实现长江经济带的重要物流枢纽的战略目标形成了极大挑战。同时,在高投入、高消耗、数量型扩张的发展方式下,我省土地、人口等要素相对优势逐渐减少,资源短缺和环境污染压力不断加大,城市交通拥堵日益突出,传统的物流运作模式难以持续。必须加快运用先进技术和管理理念,促进一体化运作和网络化经营,提升信息化和供应链管理水平,大力发展供应链物流。

四、对策建议

发展物流业必须以市场为导向、以企业为主体、以先进技术为支撑,转变发展模式,培育有竞争力的主体,推进监管机制创新。

(一)加快培育市场主体

着力引进物流总部企业,加强与世界物流枢纽城市合作,推动国际知名和国内龙头物流企业进驻安徽,支持设立区域物流总部、运营中心、分拨中心和转运中心,建设面向国际的港口航运、多式联运中心项目。重点培育领军物流企业,加快培育一批综合竞争力强的本地领军物流企业。鼓励运输、仓储等传统物流企业向上下游延伸服务,促进物流业上下游企业的协同发展,形成"全产业链"服务的物流企业群。鼓励物流企业通过参股控股、兼并重组、协作联盟等方式做大做强,形成一批技术水平先进、主营业务突出、核心竞争力强的大型现代物流企业集团。积极推动物流企业进行国家认证,培育一批符合国家标准的 5A 级物流企业。

(二)构建智慧物流体系

推动物流信息平台建设。全面推动铁路、公路、水运、民航、城市交通等客运综合服务信息平台建设,加快智能物流网络发展。整合现有物流信息服务平台资源,支持建设与制造业企业紧密配套、有效衔接的仓储配送设施和物流信息平台,形成跨行业和区域的智能物流信息公共服务平台。加强综合运输信息、物流资源交易、电子口岸和大宗商品交易等平台建设,促进各类平台之间的互联互通和信息共享。鼓励龙头物流企业搭建面向中小物流企业的物流信息服务平台,促进货源、车源和物流服务等信息的高效匹配,有效降低货车空驶率。加快新技术在物流行业中的应用。加强对货物跟踪定位、无线射频识别、可视化技术、移动信息服务、智能交通和位置服务等关键技术的攻关,研发推广高性能货物搬运设备和快速分拣技术,加强沿海和内河船型、商用车运输等重要运输技术的研发应用。完善物品编码体系,推动条码和智能标签等标识技术、自动识别技术以及电子数据交换技术的广泛应用。推动北斗导航、物联网、云计算、大数据、移动互联等技术在产品可追溯、在线调度管理、全自动物流配送、智能配货等领域的应用。

(三)加快发展多式联运

推动多式联运各方式深度融合,以集装箱、厢式半挂车等标准化应用为基础,大力发展铁水、陆水、陆空、水水联运,推进大宗散货、集装箱、汽车滚装多式联运,积极发展铁路驮背运输、半挂车滚装运输等多式联运组织形式。探索利用高铁资源,发展高铁快件运输。制定标准规范,完善运输装备技术标准体系,推广标准合同范本,统一多式联运单证。鼓励大型港航、铁路和公路运输企业以长江为依托开展多式联运业务,构筑长江黄金水道快捷高效的进出口货运大通道。加快多式联运设施建设,构建能力匹配的集疏运通道,配备现代化的中转设施,建立多式联运信息平台。完善港口的铁路、公路集疏运设施,提升临港铁路场站和港站后方通行能力。推进铁路专用线建设,发挥铁路集装箱中心站作用,推进内陆城市和港口的集装箱场站建设。

(四)着力完善园区功能

结合合肥、沿江、沿淮三大物流区域,加强物流园区规划布局,进一步明确功能定位,整合和规范现有园区,提高资源利用效率和管理水平,建成设备齐全、功能完善的物流网络,建设成产业集聚、功能集成、经营集约的集多功能于一体的现代综合物流园区。优化各种运输方式的规划布局,做好各种运输方式在线路、节点上的匹配和衔接,尽快建成一批功能完备、布局合理、集疏运体系完善的现代物流园区。推进港口后方物流园区、铁路物流园区、航空物流园区建设,拓展物流园区服务功能,完善物流园区业务体系,建设成产业集聚、功能集成、经营集约的集多功能于一体的现代综合物流园区。推进蚌埠保税物流中心建设推广工作,尽快建立合肥保税物流中心。推进航运物流中心建设,完善物流中心一体化服务功能,将安庆港建成区域性航运物流中心。

(五)突破发展国际物流

拓展国际物流通道,建设中欧班列境外物流基地,优化中欧班列境外物流服务,推进班列通达欧洲、中亚等地区更多城市,提升班列国际运输和贸易功能。依托长江黄金水道,开拓江海直达国际航线,打造内陆"出海口"。进一步增强新桥机场货运功能,引进培育基地航空公司,发展国际航空货运,加密港澳台地区航线,推动开通合肥至中东、欧洲的全货运航班。加快建设保税物流园区。复制推广上海等自由贸易试验区海关监管制度,增强进出口货物集散能力,打造国际物流分拨配送中心。大力发展保税物流,加强商务、海关、检验检疫、边防、海事、国税等单位联动,实现保税物流园区仓储运输、信息服务、海关监管、报关退税等一条龙服务。加快跨境电商发展,支持省内企业通过电商平台在线交易、支付结算、跨境配送,为省内企业"走出去"提供物流服务保障。建立口岸物流联建联动机制,进一步提高通关效率。

(六)拓宽企业融资渠道

建立物流产业发展基金,由政府发起,吸引大型物流企业及保险资金、社保基金、风险投资基金、私募股权基金等机构投资者,引导长期资本支持物流基础设施建设、物流企业兼并重组及股权投资,支持物流领域创新创业。鼓励和支持物流投资公司发展,专门从事大型物流设施的投资及资产运营管理,支持交通基础设施领域的国有企业改组为国有资本投资公司,促进物流基础设施投资、运营的市场化和专业化发展。创新物流融资平台。围绕物流企业运营资金需求,重点发展动产融资等新型工具,利用大型物流园区、物流交易平台等,发展第三方融资质押平台,合理防控供应链金融风险,为物流企业提供多样化融资工具。完善物流保险机制。拓宽物流保险品种,引入无车(船)承运人责任保险等险种,建立保险费率的杠杆调节机制,促进企业规范、安全、高效开展物流服务。

(七)加强物流人才支撑

参照国家"千人计划"、省"科学中心人才10条"等科技人才政策,制定物流产业发展人才规划和政策,大力引进国际性人才。积极与高校对接,大力实施共建,通过合作办学、兴建独立学院等方式,有计划地实施物流相关学科研究生教育,进一步推进物流高层次人才培养,更好地适应和服务物流产业的长远发展。大力发展物流产业人才再教育、再培训工作。参照注册会计师等运行方式,积极尝试政府引导、鼓励社会参与,大力发展物流师继续教育培训工作。支持地方物流研究机构发展,加强与国内外科研机构、专家和团队合作,引进物流高端人才,引入高等教育、物流咨询、技术研发等方面资源,全方位建设物流人才智库。

(八) 推进监管机制创新

统一监管标准,推动监管与执法分离。协调各地、各部门物流监管执法标准,建立统一的监管标准及规章,促进各地、各部门监管执法部门信息共享和联合执法,避免多头执法、重复监管和一事多罚。同时,探索监管与执法分离机制,监管机构负责日常监督检查、发现和认定违法违规事实,具体处罚则交由仲裁或司法机构决定,弱化监管执法人员的自由裁量权。建立社会化治理机制。充分发挥行业协会、征信机构、保险金融等中介服务组织的作用,在资质检查、标准实施、经营行为记录、信用评估等方面发挥社会监督作用。利用保险费率、贷款利率、对标评估、信用评价等经济杠杆和行业自律手段,促进企业自觉规范经营行为,加快形成规范有序的物流市场竞争格局。

课题指导:季　翔

执笔人:李　欣　王　瑶

(完稿时间:2018年12月)

我省农业农村现代化指标体系研究

——关于制订我省实施乡村振兴战略指标考核评价体系的研究与建议

实施乡村振兴战略是以习近平同志为核心的党中央着眼党和国家事业全局,对"三农"工作作出的重大决策部署,是决胜全面建成小康社会、全面建设社会主义现代化国家的重大历史任务,是新时代"三农"工作的总抓手。为全面贯彻落实党的十九大关于实施乡村振兴战略的决策部署,推进农业农村现代化,根据2018年中央和省委"一号文件"、乡村振兴战略规划(2018—2022年)的要求,研究制定一套实施乡村振兴战略指标考核评价体系,对于全省各地理清乡村发展问题、监测乡村振兴进展、完善乡村振兴政策、推进农业农村现代化具有重要意义。

一、构建乡村振兴战略指标考核评价体系的重要意义

第一,这是贯彻落实省委、省政府决策部署的重要举措。实施乡村振兴战略是我省解决"三农"问题的行动纲领,事关我省与全国同步全面建成小康社会和农业农村现代化。2018年,我省先后出台了《关于推进

乡村振兴战略的实施意见》(省委"一号文件")和《安徽省乡村振兴战略规划(2018—2022年)》(省委35号文件),对实施乡村振兴战略进行具体部署,提出实施乡村振兴战略的指导思想、目标任务、基本原则。通过构建乡村振兴指标考核评价体系,可以明确我省实施乡村振兴战略工作进展程度,推进乡村振兴战略的落实,加快乡村振兴的步伐。

第二,这是推进我省农业农村现代化的客观需要。按照实施乡村振兴战略的要求,我省要在产业兴旺、生态宜居、乡风文明、治理有效、生活富裕五个方面取得重要进展和突破,通过构建乡村振兴指标考核评价体系,分门别类地评估任务完成情况,查找问题,补齐短板,解决发展不平衡、不充分问题,提高各地落实乡村振兴战略的质量。

第三,这是调动各方积极性、主动性的重要选择。乡村振兴是一项重大系统工程,涉及面广,需要全社会共同推进。通过构建考核评价指标体系,建立健全客观、公平、公正的考核评价机制,对各地当年实施乡村振兴战略情况开展考核评价,有效调动各地工作的积极性和主动性,有力推动我省乡村振兴战略各项工作的落实。

二、构建乡村振兴战略考核指标体系的江苏借鉴

目前,全国已有浙江、上海、广西、四川、宁夏等省、市、自治区制定了具体的乡村振兴考核评价指标体系,出台了考核评价办法,但这些省、市、自治区的考核指标体系和考核办法尚未经过实践检验。江苏虽未正式出台乡村振兴考核指标体系和考核办法,但已从2011年开始实施农业基本现代化监测评价,连续开展监测工作至今,积累了丰富的经验,其

构建的指标体系和推进监测的思路与方法尤其值得借鉴。

（一）部门职责与分工

江苏农业现代化进程监测工作由省统计局、省农委、省委农工办、省委政研室、国家统计局江苏调查总队五部门牵头，省财政厅、省科技厅等八个部门参加。各部门根据指标体系要求建立由本部门负责的相关指标数据的收集审核规范，并根据规范要求收集、审核、认定全省及分市、县(市、区)监测基础数据，组织各参与部门讨论审核进程监测、相关数据、总结推广进程监测工作经验、指导各地规范开展进程监测工作。省统计局负责汇总测算数据，分析监测结果，起草监测报告。各市、县(市、区)政府负责明确进程监测牵头单位，收集并向省级负责考核部门上报监测数据，配合省有关部门开展进程监测。根据指标体系，全省每年开展一次考核评估工作。

（二）指标体系设定情况

《江苏省农业基本现代化指标体系》经过几轮修订，目前共有六大类22项指标。各指标由指标名称、计量单位、权重、目标值四项因素构成。目标值是指应该达到的数值，权重是指该指标在全部22项指标中发挥多大作用，合计100分。权重的设定采用专家法，取数位专家给定的平均值，小数部分按照四舍五入法处理。该指标体系还明确了各项指标的计算方法，统一了计算口径(见表13)。

表 13 江苏农业基本现代化指标体系

指标名称		权重	目标值
1. 农业产出效益		12	
（1）单位农用地农林牧渔业增加值（元）		6	3 500
（2）农民收入	农村居民人均可支配收入（元）	4	23 000
	农村居民收入达标人口比重	2	>50
2. 新型农业经营主体		14	
（3）农户参加农民专业合作社比重		4	80
（4）家庭农场经营比重		5	40
（5）新型职业农民培育程度		5	50
3. 现代农业产业体系		20	
（6）粮食亩产（千克）		5	450
（7）高效设施农业	设施园艺比重	3	20
	生猪大中型规模养殖比重	2	80
	设施渔业比重	2	26
（8）规模以上农产品加工产值与农业总产值之比（倍）		2	3.2
（9）农产品出口指数		2	8
（10）种植业（渔业）"三品"比重	种植业"三品"比重	3	55
	渔业"三品"比重	1	90
4. 农业物质装备和技术水平		32	
（11）高标准农田比重		5	60
（12）农业机械化水平		5	90
（13）农田水利现代化水平		5	90
（14）粮食收储现代化水平		4	90
（15）农业科技进步贡献率		5	70
（16）乡镇或区域农业公共服务体系健全率*		4	95
（17）农业信息化覆盖率		4	65
5. 农业生态环境		12	
（18）高效低毒低残留农药使用面积占比		3	85
（19）农业废弃物综合利用率		4	95

续表

指标名称	权重	目标值
（20）林木覆盖率	5	24
6. 农业支持保障	10	
（21）农业贷款增长幅度与贷款总额增长幅度之比(倍)	5	≥1
（22）农业保险覆盖面	5	90/60

注：农业保险覆盖面由主要种植参保面积与其播种面积比率、高效设施农业保险覆盖面两个指标复合而成。

（三）几点经验与启示

1. 持续高位推动。2011年江苏省委、省政府下发《关于实施农业现代化工程的意见》，决定在全省开展农业基本现代化进程监测，并建立指标体系。此后，将其作为省委、省政府的一项重要工作，并持续推动至今。

2. 注重动态调整。自2011年建立指标体系后，根据实际情况不断对该指标体系进行调整，分别于2013和2015年进行两轮修订，形成了目前相对合理的考核指标体系。例如，2013年修订时，取消2项，丰富11项内涵，提高3项目标值；2015年修订时，新增4项指标，取消1项指标，丰富4项指标内涵，降低4项目标值。

3. 强化分类指导。由于各地生产生活习惯的不同，有些指标不具备普适性。例如，江苏的考核指标体系中有"粮食亩产指标"，但该省某县主要种植大豆，由于大豆产量标准与传统粮食产量标准差异很大，后来在实际考核时，在该县以大豆亩产代替粮食亩产，并确定了合理的标准。

4. 加强考评监管。为确保各地、各部门如实上报检测数据，各部门分别制定调查制度,明确统计方法和要求,加强数据审核和抽样调查。为确保数据的真实性,还制定了奖惩措施,如数据造假达到30%就会得到纪律处分,达到90%的会被开除公职,对做得好的给予奖励。

三、构建安徽乡村振兴战略指标体系的主要思路

浙江在出台的乡村振兴实绩考核暂行办法中设置了8项一级指标和60项二级指标,一级指标分别为产业兴旺、生态宜居、乡风文明、治理有效、生活富裕、公共服务、农村改革、推进保障。上海在出台的考核实施办法中设置了6项一级指标,分别为发展都市现代绿色农业、美丽乡村建设、社会事业与文化建设、农村基层治理、促进农民增收、制度供给保障。江苏开展的农业基本现代化监测评价中设置了6大类22项指标。各省、市均结合实际,在指标设置上体现了自身的特色和重点。课题组在学习借鉴的基础上,提出构建我省实施乡村振兴战略考核评价指标体系。

(一)指导思想

按照"产业兴旺、生态宜居、乡风文明、治理有效、生活富裕"的总要求,突出农业农村现代化目标导向,发挥考核评价指标体系对乡村振兴的引领作用,着力构建城乡一体的空间结构、人口布局、产业格局和市场体系,着力完善农业农村优先发展的制度体系,促进我省农业农村现代化。

（二）基本原则

1. 科学性原则。科学性原则是构建考核评价指标体系的核心，是保证考核评价指标体系客观合理的基本要求。在科学性指导下所构建的考核评价指标体系应当符合乡村振兴战略推进的要求，能够为省委、省政府提供科学、客观、合理的决策分析，能客观真实地反映我省产业兴旺、生态宜居、乡风文明、治理有效、生活富裕的特点和状况，能客观全面地反映出各指标之间的真实关系。

2. 系统性原则。围绕建立健全城乡融合发展体制机制和政策体系，着力构建工农互促、城乡互补、全面融合、共同繁荣的新型工农城乡关系。作为一个农业大省，我省在构建乡村振兴考核评价指标体系时，必须全面落实党中央和省委实施乡村振兴战略的精神实质和总体要求。各指标之间要有一定的逻辑关系，他们不但要能从不同的侧面反映出我省产业兴旺、生态宜居、乡风文明、治理有效、生活富裕的主要特征和状态，而且还要能反映他们之间的内在联系。各指标之间相互独立，又彼此联系，共同构成一个有机统一体。考核评价指标体系的构建具有层次性，自上而下，从宏观到微观，层层深入，共同构成一个不可分割的评价体系。

3. 典型性原则。构建考核评价指标体系是为了对乡村振兴进行科学合理的评估，既要方便之后的数据计算，又要保障结果的可靠性。因此，考核评价指标体系应具有一定的典型性、代表性，尽可能地反映乡村振兴的综合特征。

4. 动态性原则。考核评价指标体系不应一成不变，随着乡村振兴的深入推进、体制机制改革的不断深化，需要不断调整相应指标，以适应乡村振兴的需求。因此,按照乡村发展新趋势、新特征,对考核评价指标设置提出新要求,需要通过一定时间尺度的指标才能反映出来,应该选择有若干年度的变化数值指标。

5. 引领性原则。发挥考核评价指标对乡村振兴的引领作用,突出结果和过程的有机结合,既要有度量农业农村现代化发展水平、最终实现乡村振兴的结果性指标,又要有反映阶段性重点工作的过程性指标。

6. 可量化原则。在设置考核评价指标体系时,要充分考虑选取指标的可操作性。各项考核评价指标必须概念明确、内容清晰、能够用于实际计量或测算,以便进行定量分析。原则上选择社会公认的、反映农业农村现代化发展水平的指标,注重数据易得、简便实用、可操作、可考核的指标。在这个基础上才能对指标进行定量处理,具有很强的现实可操作性和可比性,以便进行量化计算和分析。

(三) 指标设置

该指标体系以国家乡村振兴战略规划设置的 22 项指标为核心内容,吸收了我省乡村振兴战略规划增加的 3 项指标,并着眼于城乡融合发展和农业全面升级、农村全面进步、农民全面发展,从公共服务、农村改革和保障措施等方面,增加了 10 项指标,由 7 项一级指标、35 项二级指标构成。

1. 全面对接国家战略。党的十九大提出实施乡村振兴战略,是在全新背景下深刻认识城乡关系、变化趋势和城乡发展规律的基础上提出的,是党中央着眼"两个一百年"奋斗目标导向和农业农村短腿短板问题导向作出的战略安排。国家乡村振兴规划设置的 22 项指标是考核评价的顶层设计,具有针对性、指导性、引领性,是我省考核评价指标体系核心内容。

2. 体现安徽特色。经过长期的发展与积累,我省农业农村发展取得显著进展,实施乡村振兴战略具有了较好的基础。但我省经济社会发展总体水平不高,实施乡村振兴战略还存在着明显的约束。我省乡村振兴规划以问题为导向,紧密结合安徽实际,增加了3项指标:主要农作物耕种收综合机械化率、农村产品网络销售额、农作物秸秆综合利用率,这是我省考核评价指标体系重要内容。

3. 引领市县推进。按照"产业兴旺、生态宜居、乡风文明、治理有效、生活富裕"的总要求,突出农业农村现代化目标导向,发挥考核评价指标对乡村振兴的引领作用。课题组借鉴浙江、河南等地经验,研究认为应丰富公共服务和增加农村改革、保障措施内容。公共服务增加2项指标,即城乡居民基本养老保险待遇水平增长情况、基本医保政策范围内报销比重,将这2项指标纳入"生活富裕"考核;农村改革设4项指标,即承包地确权后成果运用、宅基地"三权分置"改革、农村集体产权制度改革、农村"三变"改革,随着农村改革重点变化而动态调整;保障措施设4项指标,即健全组织领导体制、推进部门协同、强化投入保障制度、形成可复制创新亮点。

(四)指标权重设定

按照目标导向、突出重点、简洁明了的原则,将整个指标体系权重设定为100分。对7项一级指标根据在整个指标体系中的重要程度设定权重,如"产业兴旺"最为关键,设定权重20分;"保障措施"是辅助作用,设定权重9分。根据一级指标确定的权重,再对二级指标在一级指标体系中的重要程度设定权重,如在"产业兴旺"中,"粮食综合生产能力"比

"农村产品网络销售额"更加重要,因此分别设定权重为3分和2.5分。权重的设定也可采用专家法,取数位专家给定的平均值,小数部分按照四舍五入法处理。

(五) 指标目标值设定

在我省乡村振兴战略规划中,对25项指标进行了认真测算,分别提出2020年和2022年目标值。课题组采用我省乡村振兴战略规划2022年的目标值,除"粮食综合生产能力""休闲农业和乡村旅游接待人次""农村产品网络销售额"等3项指标外,其余22项指标目标值全部采纳。因此,形成22项定量考核指标和13项定性考核指标。

依据以上思路,课题组提出产业兴旺、生态宜居、乡风文明、治理有效、生活富裕、农村改革、保障措施7项一级指标和35项二级指标、计量单位、权重和目标值,形成安徽实施乡村振兴战略考核评价指标体系(见表14)。

表14　安徽省实施乡村振兴战略考核评价指标体系

一级指标	二级指标	权重	目标值	**年实现值	**年得分
1. 产业兴旺 (20分)	(1) 粮食综合生产能力(万吨)	3			
	(2) 农业科技进步贡献率	3	>65		
	(3) 农业劳动生产率(万元/人)	3	4.3		
	(4) 主要农作物耕种收综合机械化率	3	82		
	(5) 农产品加工产值与农业总产值比(倍)	3	2.6		
	(6) 休闲农业和乡村旅游接待人次(万人次)	2.5			
	(7) 农村产品网络销售额(亿元)	2.5			

续表

一级指标	二级指标	权重	目标值	＊＊年实现值	＊＊年得分
2. 生态宜居 (15分)	（8）畜禽粪污综合利用率	3	82		
	（9）农作物秸秆综合利用率	3	>90		
	（10）村庄绿化覆盖率	3	50		
	（11）对生活垃圾进行处理的村占比	3	95		
	（12）农村卫生厕所普及率	3	>85		
3. 乡风文明 (12分)	（13）村综合性文化中心覆盖率	3	98		
	（14）县级及以上文明村和乡镇占比	3	60		
	（15）农村义务教育学校专任教师本科以上学历比重	3	68.7		
	（16）农村居民教育文化娱乐支出占比	3	13.6		
4. 治理有效 (15分)	（17）村庄规划管理覆盖率	3	98		
	（18）达到标准化社区服务中心（站）的村占比	3	100		
	（19）村党组织书记兼任村委会主任的村占比	3	>60		
	（20）有村规民约的村占比	3	100		
	（21）集体经济强村比重	3	9		
5. 生活富裕 (18分)	（22）农村居民恩格尔系数	3	29		
	（23）城乡居民收入比（倍）	3	2.44		
	（24）农村自来水普及率	3	85		
	（25）具备条件的建制村通硬化路比重	3	100		
	（26）农村居民基本养老保险待遇水平增长情况	3			
	（27）基本医保政策范围内报销比重	3			
6. 农村改革 (11分)	（28）承包地确权后成果运用	2.5			
	（29）宅基地"三权分置"改革	3			
	（30）农村集体产权制度改革	2.5			
	（31）农村"三变"改革	3			

续表

一级指标	二级指标	权重	目标值	＊＊年实现值	＊＊年得分
7.保障措施 （9分）	（32）健全组织领导体制	2			
	（33）推进部门协同	2			
	（34）强化投入保障制度	2.5			
	（35）形成可复制创新亮点	2.5			
备注	鉴于"粮食综合生产能力""休闲农业和乡村旅游接待人次""农村产品网络销售额"3项指标各市、县（市、区）难以统一得分标准，建议由省有关部门制定评定等次和得分。"农村改革"和"保障措施"是定性指标，由省有关部门进行考核和评定。				

四、我省实施乡村振兴战略考核评价指标体系解析

我省实施乡村振兴战略考核评价指标体系设置产业兴旺、生态宜居、乡风文明、治理有效、生活富裕、农村改革、保障措施7项一级指标和35项二级指标，其中约束性指标3项、预期性指标32项。

（一）产业兴旺

"产业兴旺"的七项指标中粮食综合生产能力是约束性指标，其他6项指标是预期性指标，他们分别体现了我省的农业综合生产能力、产业融合发展和农业综合生产效益，是衡量产业兴旺关键指标。

1. 农业综合生产能力。粮食综合生产能力、农业科技进步贡献率两项指标是国家规划内容，也符合我省农业发展实际。为确保国家粮食安全、把中国人的饭碗牢牢端在自己手中作出安徽贡献，必须保有一定

的粮食综合生产能力。农业科技进步贡献率是指农业科技进步对农业总产值增长率的贡献份额，农业现代化离不开科学技术，乡村振兴实质上是现代化建设的过程。同时，考虑到未来农业要走适度规模化、专业化发展道路，农业机械化是重要支撑，把"主要农作物耕种收综合机械化率"作为一项衡量指标。

2. 产业融合发展。农产品加工产值与农业总产值比、休闲农业和乡村旅游接待人次两项指标是国家规划内容。农产品加工产值与农业总产值比是反映农业产业化经营水平的指标，也是衡量农业现代化水平的重要依据。休闲农业和乡村旅游接待人次是反映休闲农业和乡村旅游发展情况的重要指标，休闲农业和乡村旅游是加快产业融合发展的重要抓手，是带动农民创业就业增收、实施特色产业扶贫的重要渠道。农村电商销售是农业产业发展的一种新业态新模式，是促进一二三产融合发展的有效举措，因此增加了"农村产品网络销售额"这一指标。

3. 农业综合生产效益。选取农业劳动生产率这项指标，对农业综合生产效益进行评价，也参照了国家规划设置的指标。农业劳动生产率是反映农业生产效率和能力的指标，它表示劳动量和生产量的直接关系，通常用平均每个农业劳动者在单位时间内生产的农产品产量或产值来表示，或者用生产单位农产品所消耗的劳动时间来表示。单位时间内平均每个农业劳动者生产的农产品越多，或者生产单位农产品所消耗的劳动时间越少，意味着农业劳动生产率的越高。

（二）生态宜居

"生态宜居"的五项指标主要围绕乡村绿色发展和优化农村人居环境进行设置。其中，畜禽粪污综合利用率是约束性指标，其他4项指标是预期性指标。

1. **乡村绿色发展**。畜禽粪污综合利用率是参照国家规划设置的指标，也是约束性指标。多年来，我省对秸秆综合利用高度重视，持续采取强有力的措施，取得了显著成效。为巩固提升工作成果，设置了"农作物秸秆综合利用率"这一指标。

2. **优化农村人居环境**。村庄绿化覆盖率、对生活垃圾进行处理的村占比、农村卫生厕所普及率3个指标是国家规划内容。村庄绿化覆盖率是反映村庄整体绿化水平的指标，对生活垃圾进行处理的村占比、农村卫生厕所普及率这两项指标反映了农村垃圾、厕所治理成为农村人居环境改善的主攻方向。

（三）乡风文明

乡风文明涉及面广，本着可考核、可量化、具有典型性的原则，从载体建设、教育文化投入、社会文明程度这三个方面入手，设置了四项指标。这四项指标主要是吸纳了国家规划内容，都是预期性指标。

1. **载体建设**。村综合性文化服务中心不仅是农民开展文化活动的重要阵地、日常文化娱乐生活和社会交往的重要场所，也是促进农村社会风气好转、乡风文明的重要载体，因此选取"村综合性文化服务中心覆盖率"反映乡风文明载体建设情况。

2. **教育文化投入**。加大农村教育文化投入力度，注重教育引导，通过开展多样化的精神文明创建活动，使文明乡风理念逐步深入人心，这是乡村振兴的精神基础。选取"农村义务教育学校专任教师本科以上学历比重"指标衡量政府对农村义务教育的投入情况，选取"农村居民教育文化娱乐支出占比"指标衡量农民在教育文化娱乐方面的投入情况。

3. 社会文明程度。选取"县级及以上文明村和乡镇占比"指标反映社会文明程度。加强文明村镇创建,是构筑道德风尚建设高地的重要内容,更是加强农村精神文明建设的重要任务。

(四) 治理有效

"治理有效"的五项指标主要是从治理方式和治理能力方面来设置的,都是预期性指标。这些指标能够体现自治、法治、德治的结合,符合我省实际,具有针对性、可操作性。

1. 治理方式。村庄规划管理覆盖率是参照国家规划设置的指标,通过乡村规划引导乡村资源的优化配置,是乡村治理的有效手段之一。由于我省加强农村社区治理创新,村综合服务平台建设特色明显,因此把国家规划的"建有综合服务站的村占比"调整为"达到标准化社区中心(站)的村占比"。

2. 治理能力。村党支部书记兼任村委会主任的村占比、有村规民约的村占比、集体经济强村占比三项指标是国家规划的内容。设置"村党组织书记兼任村委会主任的占比"这一指标,可以体现坚持党管农村工作的原则。选取"有村规民约的村占比"指标,反映村庄推进社会公德、家庭美德、个人品德建设的情况。农村集体经济不仅在乡村振兴中承担着村庄基础设施和公共服务投入的主要职责,而且随着农村集体产权制度改革,也成为完善村民自治制度的重要环节。考虑农村集体经济的作用以及转型发展的趋势,设置"集体经济强村占比"指标用于反映村级组织在乡村治理中的能力。

(五)生活富裕

"生活富裕"的六项指标中,"具备条件的建制村通硬化路比重"是约束性指标,其他五项指标是预期性指标,他们分别体现了我省的农民收入、消费结构、基础设施、公共服务,是衡量农民生活富裕的重要指标。

1. 农民收入。城乡居民收入比是参照国家规划设置的指标,既是衡量城乡发展差距和收入差距的主要结构指标,也是反映农民收入增长幅度和增长质量的指标,可间接反映城乡融合发展的程度,能够体现党中央强调构建新型城乡关系基础上实现乡村振兴的战略思路。

2. 消费结构。农村居民恩格尔系数也是参照国家规划设置的指标,是指食品支出总额占个人消费支出总额的比重,是国际上判断居民生活是否富裕的通用指标。它既是综合反映农村居民消费支出情况的结构性指标,也是说明经济发展、收入增加对生活消费影响程度的指标,反映了农村家庭的消费结构和消费质量。

3. 基础设施。农村自来水普及率、具备条件的建制村通硬化路比重两项指标是国家规划内容,反映农村基础设施建设情况。农村人口居住分散,饮水工程建设和维护成本高,我省提出要实施农村饮水安全巩固提升工程,实现农村饮水安全,农村自来水普及率指标可以很好地反映这项工作的推进情况。乡村振兴需要交通保障,设置"具备条件的建制村通硬化路比重"这一约束性指标,可以反映乡村公路建设情况。

4. 公共服务。我省已建立起了基本公共保障体系,农村基本养老保险和基本医疗保险虽然基本实现全覆盖,但考虑到我省农村基本养老保险和医疗保险保障水平较低,因此选取"农村居民基本养老保险待遇水平增长情况""基本医保政策范围内报销比重"这两项指标来提升保障水平。

(六)农村改革

农村改革是我省改革开放的一面旗帜,我省乡村振兴仍然需要靠改革创新来释放活力、激发动力,所以从当前我省农村改革最关键的土地和产权制度改革两个方面入手,设置了四项指标。

1. 农村土地制度改革。我省已全面完成农村土地承包经营权的确权登记颁证工作,下一步的工作重点是推进承包地确权后的成果运用,因此将"承包地确权后成果运用"作为一项指标提出。探索宅基地所有权、资格权、使用权"三权分置",落实宅基地集体所有权,保障宅基地农户资格权,适度放活宅基地使用权,这是正在试点推进的重大改革,因此设置宅基地"三权分置"改革这项指标来推进相关工作落实。

2. 集体产权制度改革。产权制度改革是市场经济的基石,推进农村产权制度改革,对于探索农村集体所有制有效实现形式、盘活农村集体资产、维护农民合法权益、增加农民财产性收入具有重大意义。为扎实推进农村产权制度改革,我省全面开展农村"三变"改革,目前已取得明显成效。因此选取农村集体产权制度改革、农村"三变"改革两项指标来推进落实改革工作。

(七)保障措施

乡村振兴需要强化责任,发挥地方政府的积极性、主动性,形成制度化、程序化的工作安排,因此从加强组织领导、强化投入保障、鼓励地方创新三个方面设置四项指标。

1. 加强组织领导。实施乡村振兴战略是党和国家的重大决策部署,各级党委和政府要真正把实施乡村振兴战略摆在优先位置。把党管农村工作的要求落到实处,就是要健全党委统一领导、政府负责、党委农村工作部门统筹协调的农村工作领导体制,因此选取"健全组织领导体制"这一指标来考察实现情况。乡村振兴需要各部门按照职责,加强工作指导,强化资源要素支持和制度供给,做好协同配合,形成乡村振兴工作合力,所以选取"推进部门协同"这一指标来反映各部门协调配合情况。

2. 强化投入保障。实施乡村振兴战略,必须解决"钱从哪里来"的问题。要健全投入保障制度,使公共财政更大力度向"三农"倾斜,创新投融资机制,加快形成财政优先保障、金融重点倾斜、社会积极参与的多元投入格局,确保投入力度不断增强、总量持续增加。因此,选取"强化投入保障制度"指标,考察各市、县(市、区)财政、金融等对乡村振兴工作的投入保障情况。

3. 鼓励各地创新。乡村振兴要鼓励地方创新,支持基层结合实际大胆地试、大胆地闯,及时总结可复制、可推广的经验,发挥典型示范作用。设置"形成可复制创新亮点"这一指标,针对各市、县(市、区)改革试点项目取得的成效、形成的特色亮点及具有的推广价值,在乡村振兴考核评价中予以体现,以示鼓励、支持。

五、我省实施乡村振兴战略考核办法的主要思路

课题组认真研究浙江、上海、四川等省、市乡村振兴考核办法,重点借鉴江苏农业基本现代化监测评价办法有关内容和推进方法,提出我省

实施乡村振兴战略考核评价办法。

(一) 考核主体

可借鉴江苏的经验,在我省实施乡村振兴战略领导小组(以下简称省领导小组)的统一领导下,省领导小组办公室统筹协调,成立由省统计局、省农业农村厅(省委农工办)、省委政研室、安徽调查总队等部门牵头,省领导小组其他成员单位参加的日常监测和考核工作小组,具体负责日常监测、专项考核、年度考核、考核结果和发布,在适当时候引进第三方进行考核评估。其结果可作为各市、县(市、区)评优评先的重要依据。省统计局、安徽调查总队要加强乡村统计工作,因地制宜地建立客观反映乡村振兴进展的指标和统计体系。

各市、县(市、区)明确本地考核牵头部门及相关责任部门,建立健全考核评价基础数据统计体系,提高基础数据质量,收集并及时向省直有关部门上报考核数据,总结本地推进乡村振兴经验,配合省直有关部门开展考核工作。

省直各有关部门采取切实有效的措施,提高考核基础数据质量。凡尚未纳入现行综合统计制度或部门统计制度的考核指标,需由本部门制定相应统计报表制度,报省统计局审批后依正规统计制度实施数据采集、审核、评估、认定工作。省直各部门在认定相关指标数值时,要注重把握不同年份之间的数据变化趋势与客观实际相符,市、县(市、区)之间数据真实可比,指标之间相互匹配。

(二) 考核对象

我省实施乡村振兴战略指标的考核评价对象是市、县(市、区)党委、政府和省领导小组成员单位。

对各市的考核,可结合督导中央"一号文件"、省委"一号文件"落实工作开展,由日常监测和考核工作小组或其指定的第三方评估机构组织实施。县(市、区)、乡镇和村的考核由所在市、县自行组织,考核结果报省相关业务主管部门后,统一汇总至省统计局。对考核结果与实际不符或分值偏差较大的县(市、区)或者被评为先进的县(市、区),由省日常监测和考核工作小组进行复核或抽查监测。

对省领导小组成员单位,可由省领导小组办公室组织各市、县(市、区)及相关省直职能部门对其推进乡村振兴工作成效进行测评,考核得分作为评优的主要依据。对没有完成主要年度工作目标任务,所承担的主要工作受到上级有关部门通报批评的成员单位,取消当年评优资格。省委办公厅、省政府办公厅、省农业农村厅及参加第三方评估的单位不参与评优,省统计局、安徽调查总队参与做好考核指标数据核实工作,也不参与评优。

(三)考核时间

建议每年进行一次考核,每年3月启动考核工作。考核时间为上年度1月1日至12月31日。

(四)指标调整

省领导小组成员单位根据每年制定的乡村振兴工作要点,适度调整年度考核指标。

（五）考核方式

考核采取定量考核与定性考核相结合的方式。定量考核由省直各成员单位对照年度考核指标进行打分。定性考核由省直各成员单位对当年度实施乡村振兴战略相关工作进行总体评价,制定评定等次和得分。采取集中考核和抽查、暗访、第三方评估相结合的方式。考核应在听取各市及省领导小组成员单位向省委、省政府报告本地、本部门实施乡村振兴战略情况后进行。

（六）分类考核

考核应兼顾农业市、县（市、区）和非农业市、县（市、区）,统筹考虑各地经济社会发展现状,进行分类考核。特别要考虑区域发展的不平衡、南北差异较大的特点,科学确定考核标准。

（七）考核分值计算方法

指标体系共有 7 项一级指标、35 项二级指标,各二级指标由指标名称、计量单位、权重、目标值四个因素构成。目标值是指 2022 年应该达到的数值。权重是指该指标在全部 35 项指标中发挥多大作用,合计为 100 分。

考核得分值计算方法,某单位某年得分计算公式如下：

总得分 $= \sum$ 一级指标得分 $= \sum$ 二级指标得分；

二级指标得分＝实现程度×权重；

实现程度＝实现值/目标值；

实现程度最高为100%。

一些考核指标兼顾发展水平和发展速度两方面情况。例如,农村产品网络销售额发展水平占70%权重,发展速度占30%权重。

(八)考核工作程序

省直牵头部门会同有关部门对各市、县(市、区)及省领导小组成员单位推进乡村振兴情况,每年按以下程序进行考核。

数据收集审核认定。省直各牵头部门和参加部门按照指标体系要求的各专业基础指标统计报表制度及收集审核规范要求,分部门收集、审核、认定分市、县(市、区)及领导小组成员单位相关指标上年数据,并于每年4月底前报送省统计局。

数据整理及计算。省统计局负责对各部门报送的数据进行审核,并进行整理计算,得出分类指标得分及总体得分,并对考核结果进行初步分析,起草年度考核报告。

考核结果审核。由省直牵头部门对初步测算情况进行分析审核,并在此基础上组织各参加部门对初步结果数据及年度报告进行讨论审核,确保考核结果符合实际,考核年度报告应确保全面、客观、公正。

考核结果发布。在省直各部门对考核数据审核无误的基础上,省直牵头部门综合测算考核结果,形成安徽实施乡村振兴战略指标考核评价年度报告,报省领导审定后,以适当形式发布。

(九)结果反馈和整改

年度考核结果经省领导小组审议确定后,由办公室向被考核对象反馈。对考核过程中发现的问题和考核结果,及时反馈被考核市、县(市、区)及省领导小组成员单位,督促其建立问题清单,限时对标,及时整改。

(十) 奖惩

全省每年评定10个实施乡村振兴战略工作先进县(市、区)、50个先进乡镇、500个示范村,并分别给予5000万、500万和50万的财政资金补助,重点用于农村人居环境整治、产业发展和公共服务的基础设施配套工作。同时,给予先进县(市、区)新增建设用地年度计划指标300亩奖励,先进乡镇优先申报使用省下达建设用地指标,优先申报土地增减挂钩项目,优先安排土地整理和高标准农田建设项目。把干部在实施乡村振兴战略中的表现情况,作为干部年度考核、评先评优、选拔任用的重要参考。

对工作不得力、考核分数靠后的市、县(市、区),由省领导小组进行约谈。对考核中发现有弄虚作假、隐瞒事实的,取消评优资格;情节严重的,由省领导小组给予通报批评;已被评为先进单位的,予以撤销。

课题指导:孙东海　季　翔

执笔人:张延明　王海林　唐二春

　　　　梅　琳　吴　豹

(完稿时间:2018年12月)

引导资源要素向农村流动研究

劳动力、资本、土地、技术等资源要素在城乡之间自由流动是市场经济的内在要求,是实现城乡要素优化配置的前提,是推动城乡融合发展的内在动力,对于提升农业农村经济发展质量、增加农民收入具有重大意义。实施乡村振兴战略,需要引导各类资源要素向"三农"聚集,不断为农业农村发展注入新动能。本研究在分析我省资源要素向农业农村流动的基本现状、剖析主要问题及原因的基础上,借鉴浙江等地的做法与经验,提出破除体制机制障碍、引导资源要素向农村流动的对策与建议。

一、我省资源要素向农村流动的现状

(一)从人力资源要素来看,农民工和外出人口持续回流,出省比重不断下降

2013年,我省首次出现外出人口回流现象。2017年,我省已连续第五年持续回流,农民工回流趋势明显,出省农民工和人口比重持续下降,

人口迁移已步入"外出人口持续回流"的新时期。2017年全省人口变动情况抽样调查显示,我省外出人口1 057.5万人,外出人口回流8.5万人。概括起来,主要有以下几个特点:

1. 人口持续回流县域。2012—2016年,我省外出半年以上人口占总人口比重由25.02%下降到22.20%,降低了2.82个百分点;流向外省人口占全省外出半年以上人口比重由70.42%下降到67.45%,降低了2.97个百分点;流向本县其他乡镇街道人口占全省外出半年以上人口比重由14.50%提高到17.06%,增加了2.56个百分点(见表15)。这表明,我省县域经济发展加快,提供了大量就业岗位,吸引了外出人口回流。

表15　2012—2016年我省外出半年以上人口比重及流向

	占总人口比重	外出流向构成			
		本县其他乡镇街道	本市其他县区	本省其他市	外省
2012年	25.02%	14.50%	6.66%	8.42%	70.42%
2013年	24.50%	15.70%	7.04%	9.30%	67.96%
2014年	22.23%	15.58%	6.75%	9.08%	68.60%
2015年	22.45%	15.42%	8.44%	9.10%	67.04%
2016年	22.20%	17.06%	6.32%	9.17%	67.45%

数据来源:历年《安徽省统计年鉴》。

2. 外出人口比重与经济社会发展水平呈负相关。总体上看,工业化、城镇化水平高的市县,外出人口比重低、出省比重低、在本县域内流动比重高。2016年,我省外出半年以上人口占总人口比重高的前三位是阜阳、淮南和安庆,分别达到33.26%、29.72%和28.44%,比重低的后三位是芜湖、淮北和滁州,分别为12.14%、13.00%和13.12%;流向外省人口占全省比重高的前三位是阜阳、亳州和宿州,分别为88.08%、

82.47%和78.97%,比重低的前三位是合肥、铜陵和淮北,分别为34.08%、40.47%和41.61%;流向本县其他乡镇街道人口占全省比重高的前三位是合肥、黄山、马鞍山,分别为40.23%、24.03%和23.62%,比重低的后三位是阜阳、亳州、六安,分别为4.90%、7.72%和9.45%(见表16)。

表16　2016年我省外出半年以上人口比重及流向

	占总人口比重	外出流向构成			
		本县其他乡镇街道	本市其他县区	本省其他市	外省
全省	22.20%	17.06%	6.32%	9.17%	67.45%
合肥	23.01%	40.23%	20.08%	5.61%	34.08%
淮北	13.00%	20.91%	22.34%	15.13%	41.61%
亳州	26.13%	7.72%	1.36%	8.45%	82.47%
宿州	19.87%	10.52%	1.47%	9.03%	78.97%
蚌埠	22.50%	17.42%	8.28%	6.61%	67.70%
阜阳	33.26%	4.90%	2.41%	4.60%	88.08%
淮南	29.72%	22.55%	17.08%	11.46%	48.91%
滁州	13.12%	20.35%	5.36%	7.14%	67.18%
六安	21.04%	9.45%	2.58%	12.10%	75.88%
马鞍山	19.47%	23.62%	8.11%	9.68%	58.59%
芜湖	12.14%	17.78%	7.41%	7.91%	66.90%
宣城	24.76%	22.75%	5.75%	8.37%	63.13%
铜陵	21.28%	15.42%	21.80%	22.31%	40.47%
池州	19.02%	12.03%	2.76%	11.93%	73.29%
安庆	28.44%	13.46%	3.56%	14.62%	68.37%
黄山	23.05%	24.03%	7.91%	8.34%	59.72%

3. 农民工回流势头明显。2013—2017年,我省农民工由1 782.9万人增加到1 918.1万人,年均增长1.84%。本乡镇就业的农民工由

495.4万人增加到502.6万人,年均增长0.36%。出乡镇就业的农民工由1287.6万人增加到1415.4万人,年均增长2.39%;占全省农民工比重由72.2%提高到73.8%,增加了1.6个百分点。在本省就业的农民工由344.6万人增加到422.9万人,年均增长5.25%;占全省农民工比重由19.30%提高到22%,增加了2.7个百分点。出省就业的农民工由943万人增加到992.5万人,年均增长1.29%;占全省农民工比重由52.90%下降到51.70%,降低了1.2个百分点。在江浙沪就业的农民工由758.4万人增加到815万人,年均增长1.82%;占全省农民工比重稳定在42.50%左右(见表17)。

表17 2013—2017年我省农民工数量、构成及流向分布情况

指标	2013年 农民工人数(万人)	占比	2014年 农民工人数(万人)	占比	2015年 农民工人数(万人)	占比	2016年 农民工人数(万人)	占比	2017年 农民工人数(万人)	占比
全部农民工	1 782.9	100%	1 850.2	100%	1 858.8	100%	1 878.4	100%	1 918.1	100%
本地农民工	495.4	27.8%	529.9	28.6%	487.4	26.2%	498.4	26.5%	502.6	26.2%
外出农民工	1 287.6	72.2%	1 320.3	71.4%	1 371.4	73.8%	1 380.1	73.5%	1 415.4	73.8%
(1)去往本省	344.6	19.3%	344.1	18.6%	384.4	20.7%	394.3	21%	422.9	22%
(2)去往省外	943	52.9%	976.2	52.8%	987	53.1%	985.8	52.5%	992.5	51.7%
去往江浙沪地区	758.4	42.5%	787.8	42.6%	779.7	41.9%	809.2	43.1%	815	42.5%

数据来源:历年安徽农民工监测数据。

(二)从资金资本要素来看,财政支农、金融和社会资本下乡力度不断加大

1. 农林水事务支出保持稳定增长。2010—2016年,我省财政支出由2587.61亿元增加到5522.95亿元,年均增长13.47%。我省农林水

事务支出由292.52亿元增加到624.83亿元,年均增长13.48%,略高于全省财政支出。农林水事务支出占全省财政支出的比重保持在11%左右,在全省财政支出21个项目中,仅低于教育(16.5%)、社会保障和就业(13.8%)、城乡社区事务(12.1%),处于第四位(见表18)。

表18 2010—2016年我省财政支出和农林水事务支出情况

	2010年	2011年	2012年	2013年	2014年	2015年	2016年
全省财政支出(亿元)	2 587.61	3 302.99	3 961.01	4 349.69	4 664.10	5 239.01	5 522.95
增长速度	20.8%	27.6%	19.9%	9.8%	7.2%	12.3%	5.4%
农林水事务支出(亿元)	292.52	351.87	430.47	478.17	502.69	577.74	624.83
增长速度	12.9%	20.3%	22.3%	11.1%	5.1%	14.9%	8.2%
占财政支出比重	11.3%	10.7%	10.9%	11%	10.8%	11%	11.3%

2. 金融支农力度不断加大。2012—2017年,我省涉农贷款由5 117.35亿元增加到11 118.47亿元,年均增长16.79%;占全省各项贷款比重由30.47%提高到32.92%,提升了2.45个百分点。其中农户贷款由1 304.25亿元增加到3 777.07亿元,年均增长23.70%;占全省各项贷款比重由7.77%提高到11.18%,提升了3.41个百分点。县域贷款由4 217亿元增加到9 847.34亿元,年均增长18.48%;占全省各项贷款比重由25.11%提高到29.16%,提升了4.05个百分点。政策性保险已决赔付由9.77亿元增加到16.4亿元,增加了6.63亿元,年均增长10.91%。"4321"新型政银担在保余额由2015年的281.87亿元增加到2017年的3 777.07亿元,年均增长高达84.30%(见表19)。

表19 2012—2017年我省涉农贷款和县域贷款情况

	2012年	2013年	2014年	2015年	2016年	2017年	年均增长
各项贷款(亿元)	16 795.17	19 688.18	22 754.66	24 677.5	30 774.51	33 774.52	15.00%
涉农贷款(亿元)	5 117.35	6 325.42	7 418.21	8 521.48	9 665.46	11 118.47	16.79%
其中：农户贷款(亿元)	1 304.25	1 723.11	2 152.5	2 503.33	3 067.22	3 777.07	23.70%
县域贷款(亿元)	4217	5 108.59	6 154.86	6 928.47	8 175.59	9 847.34	18.48%
"4321"新型政银担在保余额（亿元）	/	/	/	281.87	692.49	957.38	84.30%
政策性保险已决赔付(亿元)	9.77	13.39	10.17	10.65	26.02	16.4	10.91%

数据来源：历年安徽金融运行报告、安徽金融统计月报。

3. 第一产业固定资产投资增长较快。近年来，工商资本下乡与农民合作社、家庭农场、农户建立紧密的合作关系，通过建立优质种养基地、发展农产品加工和乡村休闲旅游和电子商务，联合打造品牌，实现利益共享。2012—2017年，我省第一产业固定资产投资由258.2亿元增加到775.8亿元，年均增长24.61%，比全省固定资产投资高10.45个百分点，分别比第二产业、第三产业投资高11.21和10.21个百分点。第一产业固定资产投资占全省比重由1.70%提高到2.70%，提升了1个百分点；第二产业则由46.10%下降到44.60%，降低了1.5个百分点；第三产业由52.20%提高到52.70%，仅提升了0.5个百分点(见表20)。

表20 2012—2017年我省固定资产投资分产业投资情况

	2012年	2013年	2014年	2015年	2016年	2017年	年均增长
投资总额(亿元)	15 055.0	18 251.1	21 256.3	23 965.6	26 758.1	29 186	14.16%
第一产业(亿元)	258.2	389.3	542	763.3	813.6	775.8	24.61%
第二产业(亿元)	6 939.7	8 265.6	9 417.8	10 699.4	11 742.1	13 016.4	13.40%
第三产业(亿元)	7 857	9 596.2	11 296.5	12 502.9	14 202.4	15 393.8	14.40%

续表

占全省比重	2012年	2013年	2014年	2015年	2016年	2017年
第一产业	1.70%	2.10%	2.50%	3.20%	3.00%	2.70%
第二产业	46.10%	45.30%	44.30%	44.60%	43.90%	44.60%
第三产业	52.20%	52.60%	53.10%	52.20%	53.10%	52.70%

更为主要的是工商资本返乡下乡,对农产品加工业和正在兴起的乡村休闲旅游、电子商务青睐有加。2017年,全省农业产业化龙头企业1.5504万家,规模以上农产品加工企业6789家,农产品加工业产值突破万亿元大关,与农业总产值之比2.2∶1;全省休闲农业和乡村旅游接待旅客人数达到1.8亿人次,营业收入达693.4亿元,从业人员达64.7万人,休闲农业经营主体达到1.7411万家;全省有2163家新型农业经营主体开展农业物联网建设应用和农产品电子商务营销,实现交易额387.4亿元,同比增长57%。

(三)从土地资源要素来看,改革显著释放了农业农村发展潜力

1. 承包地资源得到放活。我省认真贯彻落实中央关于推进农村土地"三权分置"改革部署,围绕"落实集体所有权、稳定农户承包权、放活土地经营权"制定了改革方案,在全国率先开展农村土地承包经营权确权登记颁证试点。至2016年年底基本完成试点任务,比中央要求提前1年。全省共完成农村承包地确权面积8057.1万亩,占应确权面积的95.9%;颁证农户1215.9万户,占应确权农户的98.1%。"确实权、颁铁证",让农民吃上定心丸。加强土地确权登记颁证成果的运用,鼓励采用土地股份合作、土地托管、代耕代种等多种经营方式,探索更多放活土地经营权的有效途径。2017年,我省耕地流转率达到45.5%。

2. 宅基地资源探索盘活。为贯彻"中央一号"文件精神,我省积极

探索宅基地所有权、资格权、使用权"三权分置",落实宅基地集体所有权,保障宅基地农户资格权和农民房屋财产权,适度放活宅基地和农民房屋使用权,在不以买卖农村宅基地为出发点的前提下,积极探索有效利用农村闲置宅基地的具体办法。2017年,我省创新农村集体闲置与废弃资产盘活体制机制,出台了支持利用空闲农房发展乡村旅游意见,支持对农村闲置宅基地、农房及其他资源,多渠道开发利用,特别要支持农村集体经济组织与社会资本或农户进行联合合作,发展乡村旅游共同体和农产品、手工艺品生产加工联合体,带动农民增收。

3. 脱贫攻坚土地利用模式不断创新。用足用好增减挂钩、计划指标、土地整治等政策,允许32个贫困县增减挂钩节余指标在省域内流转使用,为贫困地区增加收益达54.9亿元;单列国家、省级贫困县新增建设用地计划1.44万亩、安排增减挂钩指标8.04万亩专项用于扶贫开发,分别占全省的7.5%和61%;安排高标准农田建设项目282万亩,占全省的67.8%。

4. 永久基本农田划定任务基本完成。全面完成市、县、乡(镇)土地利用规划调整完善,建立"人地挂钩"机制,单列安排城镇用地计划,支持特色小镇建设。提前完成永久基本农田划定任务,总面积达7 393万亩,超出国家下达的任务——15万亩,城市周边划定保护比重由38.75%上升到55.28%。大力推进农村土地整治,落实高标准农田建设"五统一"制度,组织补充耕地指标交易1.26万亩,实现新增耕地15.5万亩,连续19年实现耕地占补平衡。

(四) 从科技要素来看,保障现代农业发展的服务能力明显增强

1. 农业科技进步贡献率不断提高。围绕种质资源创新、育种新技

术、新品种选育、良种繁育等科技创新链条,我省创制优异新种质,形成高效育种技术。瞄准农产品加工产业发展的重大需求,实施农产品加工重大科技专项,促进农产品加工科技创新,推动我省农产品加工业转型升级。实施生态环保、农机装备、智能农业等重大科技专项,促进产业结构调整,为优质绿色农产品生产流通提供科技支撑。2017年,我省育繁推一体化种业企业达到9家,农业科技进步贡献率达62%,高于全国平均水平4个多百分点。

2. 农业机械化水平稳步提升。深入实施农机农艺农信融合发展推进工程,大力推进综合性全程农事服务中心建设,目前全省已建设大中小型综合性全程农事服务中心110多个。率先发挥农机农艺农信融合示范应用平台作用,强化农业生产综合服务,推广应用增产增效型、资源节约型、环境友好型农机化新技术。创新农机购置补贴政策,推动补贴政策向秸秆粉碎还田、水稻育插秧、油菜机收、深松整地等关键环节农机具倾斜,农业机械化水平明显提高。2017年,全省农作物耕种收综合机械化率达75.3%,高出全国近9个百分点。

3. 农业农村信息化水平显著提升。积极实施信息进村入户工程,扎实推进农业物联网技术应用。加强"智慧农业"建设,实施"互联网+现代农业"行动。建设安徽农业大数据中心,基本建成集数据监测、分析、发布和服务于一体的省级数据云平台,提高农作物病虫预警及动物疫情监测信息化水平。组织开展农产品电子商务示范行动,完成中心村电网改造,实现光缆通达所有行政村。2017年,全省已全部实现县级公共服务中心、物流配送中心建设运营,1.4万余个行政村实现电商服务站点全覆盖;全省农产品电子商务交易额达387.4亿元,同比增长57%;全省农村电商累计直接带动农村群众就业超过17万人。

4. 农技推广服务能力明显增强。开展公益性与经营性服务融合发展试点,在放活公益性服务的同时,有力地推动了经营性服务的发展。试点探索政府购买农业公益性服务创新模式,规范了政府购买农业公益性服务的具体程序、购买方式、监管机制等一系列操作规范。2017年,全省近1.3万名农技人员联系13.6万个科技示范户和2.3万个贫困户的服务网络初步形成。调整优化15个省级农业产业技术体系,推广一批新品种、新技术和新成果。我省"三品一标"农产品总数达到4 758个,农作物良种覆盖率97%以上,农产品质量例行监测合格率99%以上,化肥农药使用量实现零增长,畜禽粪污综合利用率达69.2%,农作物秸秆综合利用率达87.3%。

二、存在的主要问题及原因分析

目前,我省资源要素下乡仍面临诸多障碍,农村资源要素存在明显短板,主要体现在以下几个方面。

(一)资源要素流动仍处于极化阶段

在城镇化快速阶段,资源要素总体上依然保持向城镇聚集的态势,城市在就业、商品供应、文化娱乐、教育、医疗等方面仍有巨大的吸引力,资源要素的极化效应十分明显。2012—2017年,我省城镇化率由46.5%提高到53.49%,常住人口由5 988万人增加到6 254.8万人,增长了266.8万人;居住在乡村的人口由3 203.6万人减少到2 909.1万人,减少了294.5万人。国际经验表明,城镇化率达到70%后会趋于平稳,资源要素极化效应明显减弱。综合各因素判断,未来10年我省农村人口向城镇流动的趋势不会改变,流出人口仍以青壮年为主。2016年,我省外出半年以上人口中,18—45岁占全省外出人口比重高达69.97%,0—17岁占12.74%,46—59岁占13.77%,60岁以上仅占3.52%(见图3)。

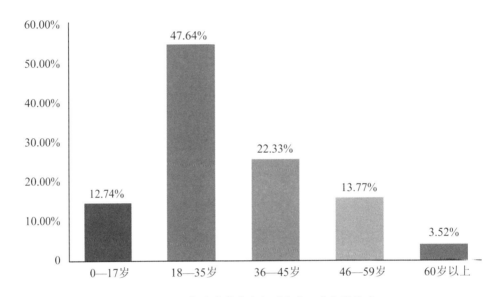

图3 2016年我省外出半年以上人口分年龄构成

(二)农业生产经营人员素质不高

随着农业生产力水平的提高,农村年轻人大量外出,农业生产经营人员在数量上有所减少,农村人口老龄化现象愈发明显,从业人员受教育程度不高,难以适应现代农业发展的要求。据安徽第三次全国农业普查,2016年我省农业生产经营人员1 557万人,比2006年减少3.6%。从年龄结构看,36—54岁年龄组人量最多,占比为48.6%,35岁及以下占比17%,比2006年减少了12.2个百分点,而36—54岁及55岁及以上比重则分别上升了3.5个和8.7个百分点。从受教育程度来看,小学和未上过学的占比48.6%,高中及以上仅占5.6%。从从业情况看,从事种植业的人员最多,占比高达94.7%;从事农林牧渔服务业的人员仅占0.8%,而规模农业经营户和农业经营单位占比较高,分别为3.1%、12.1%(见表21)。

表21　2016年我省农业生产经营人员数量和结构

指标	农业生产经营人员数量和结构	规模农业经营户农业生产经营人员数量和结构	农业经营单位农业生产经营人员数量和结构
农业生产经营人员总数(万人)	1 557	47	48.5
性别构成			
男性	51.30%	53.30%	58.10%
女性	48.70%	46.70%	41.90%
年龄构成			
年龄35岁及以下	17.00%	14.50%	16.30%
年龄36—54岁	48.60%	59.80%	57.30%
年龄55岁及以上	34.30%	25.70%	26.40%
受教育程度构成			
未上过学	11.80%	9.30%	7.20%
小学	36.80%	35.80%	27.70%
初中	45.80%	47.50%	44.80%
高中或中专	4.60%	6.10%	14.60%
大专及以上	1%	1.30%	5.60%
主要从事农业行业构成			
种植业	94.70%	72.70%	51%
林业	1.70%	2.80%	15.60%
畜牧业	2.10%	16.50%	14.90%
渔业	0.70%	4.90%	6.30%
农林牧渔服务业	0.80%	3.10%	12.10%

注:农业生产经营人员指在农业经营户或农业经营单位中从事农业生产经营活动累计30天以上的人员数(包括兼业人员)。

(三)乡村基础设施仍较薄弱

农村与城市最直观的差距就是基础设施落后。安徽第三次全国农业普查显示,2016年,我省只有8%的乡镇有火车站,17.7%的乡镇有高速公路出入口,大部分乡镇远离高铁、高速等现代化交通枢纽,交通不够便捷;只有6.7%的村通了天然气,34.8%的村有电子商务配送站点,多数村生活不够便利;83.9%的村对生活垃圾进行集中或部分集中处理,16.3%的村对生活污水集中或部分集中处理,48.1%的村完成或部分完成改厕任务,农村环卫设施有待改进。与全国相比,我省农村基础设施建设还存在明显差距。此外,农村商贸流通设施严重滞后,超市等零售网点不足,农贸市场和批发市场缺少专业的储存场所。国家信息中心的研究数据表明,我国农村只有41.7%的农产品批发市场建有冷库,11.1%配备了冷藏车,12.9%有陈列冷柜,导致70%的肉类、80%的水产品以及大部门牛奶及豆制品无法进入冷链系统(见表22)。

表22 安徽和全国农村基础设施情况

	有火车站的乡镇比重	有高速公路出入口的乡镇比重	通天然气的村比重	有电子商务配送站点的村比重	生活垃圾集中或部分集中处理的村比重	生活污水集中或部分集中处理的村比重	完成或部分完成改厕的村比重
安徽	8.00%	17.70%	6.70%	34.80%	83.90%	16.30%	48.10%
全国	8.60%	21.50%	11.90%	25.10%	73.90%	17.40%	53.50%

(四)公共服务水平相对较低

多年来,我省积极推进城乡基本公共服务均等化,但由于历史欠账较多,城乡差距仍然较大。农村教育、医疗等部分公共服务的水平和质量与城市相比还有很大差距。农村公共文化服务标准较低、选择面窄,加上对传统农耕文化挖掘创新不足,导致农村文化缺乏吸引力,尤其是对年轻人的吸引力。在就业、现代信息、医疗保险等公共服务方面,与城市相比也普遍存在差距。安徽第三次全国农业普查显示,2016年,我省有幼儿园、托儿所的村占比仅为49.2%,有剧场、影剧院的乡镇占比为11.1%,有体育场馆的乡镇占比为28.2%,有农民业余文化组织的村占比为37%;还有10.5%的乡镇本级政府没有创办敬老院,5.2%的村没有卫生室,19.1%的村没有执业(助理)医师;乡村建有市场的比重低,能开展旅游接待服务的村仅占6.6%,有营业执照的餐馆的村只占50.8%(见表23)。

表23 2016年我省基本社会服务情况

乡镇、村文化教育设施	比重	乡镇、村医疗和社会福利机构	比重	乡镇、村市场	比重
有幼儿园、托儿所的乡镇	99.00%	有医疗卫生机构的乡镇	99.90%	有商品交易市场的乡镇	76.60%
有小学的乡镇	99.60%	有执业(助理)医师的乡镇	99.90%	有以粮油、蔬菜、水果为主的专业市场的乡镇	44.30%
有图书馆、文化站的乡镇	99.10%	有社会福利收养性单位的乡镇	95.20%	有以畜禽为主的专业市场的乡镇	14.10%
有剧场、影剧院的乡镇	11.10%	有本级政府创办的敬老院的乡镇	89.50%	有以水产为主的专业市场的乡镇	9.90%
有体育场馆的乡镇	28.20%	有卫生室的村	94.80%	有50平方米以上的综合商店或超市的村	79.20%
有公园及休闲健身广场的乡镇	84.70%	有执业(助理)医师的村	80.90%	开展旅游接待服务的村	6.60%
有幼儿园、托儿所的村	49.20%			有营业执照的餐馆的村	50.80%
有体育健身场所的村	62.00%				
有农民业余文化组织的村	37.00%				

(五)农村金融供给不足

近年来,国家不断加大对农业农村发展的金融支持力度,出台了一系列具体政策,引导金融资源更多地向基层倾斜,但实际执行效果还有待提高,"融资难""融资贵""融资手续复杂"等现象未能得到根本改变,农村金融结构性供需矛盾突出。2012—2017年,我省涉农贷款增速呈明显下降趋势,由26.51%下降到15.03%,降低了11.48个百分点(见图4)。一些农业企业反映,近年来银行缓贷、压贷、只收不贷现象有所抬头,企业贷款融资利率居高不下。农村承包土地经营权和农民住房财产权抵押贷款还难以广泛运用,融资抵押物不足的问题依然困扰着广大经营户。"扶贫小额信贷工程"等金融扶贫政策覆盖面有限,缺乏普惠性。农村信用体系不健全,金融机构与企业、农户等涉农主体信息对接不畅。

图4 2012—2017年我省涉农贷款增速情况

(六)土地制度改革有待深化

龙头企业等用地难问题仍然没有得到有效解决,导致城市工商资本等资源要素下乡渠道不畅。据调研了解,农用地备案手续繁杂、周期长,加上少数部门借各种理由拖着不办理,导致一些龙头企业的设施农业用地不合法、不合规,存在较大隐患;少数家庭农场、合作社等就地就近申请晾晒、仓储、机库、加工、管理用房等设施用地难度较大。龙头企业普遍反映,国土资源管理部门下达年度用地计划指标的依据是企业税收、项目的投资强度等,加上土地使用税较高,入驻园区门槛过高十分困难;城乡建设用地增减挂钩结余指标,多数用在了城里,留给农村自用的少。宅基地制度改革有待深入,目前还难以让经营者放心地利用宅基地和农房开发民宿经济、乡村旅游等新产业新模式。

三、促进资源要素向农村劳动流动的主要任务

推进资源要素有效流向乡村,应坚持以制度建设为前提,以基础设施建设为支撑,以优化环境为关键,以产业发展为载体,以共同富裕为目标,加快构建城乡融合发展的体制机制,清除资源要素下乡的制度障碍,推动城乡要素自由流动、平等交换,促进公共资源城乡均衡配置,让资源要素下得去、留得住、可发展、能持续。

(一)完善城乡融合发展机制,畅通要素下乡渠道

进一步扭转重城轻乡、重工轻农的思维倾向,把城乡发展放在同等

重要地位,坚持新型城镇化和乡村振兴两手抓。清除阻碍资源要素下乡的各种因素,吸引资本、技术、人才等要素更多向乡村流动,为乡村振兴注入新动能。积极借鉴浙江城乡一体化发展经验,推进城乡规划一体化,加快完善城乡统筹发展的体制框架,按照市场配置资源的基本原则,推动资源要素自由流动和平等交换。加快建立全国统一、以身份证管理为主的新型户籍制度,逐步淡化城乡居民身份差异,畅通农民"进城"、市民"下乡"渠道,吸引更多的企业家、科技人员、退休干部、留学归国人员到农村投资兴业。健全城乡劳动者平等就业制度,让人人都有通过辛勤劳动实现自身发展的机会。深化农村土地制度改革,加快宅基地"三权分置"试点改革进度,探索农村建设用地"农地农用"的有效实现路径,全面开展农村"三变"改革,完善土地制度"三权分置"改革,明晰农村集体产权,激发农村自有要素活力,促进农村各类财产权有效配置。

(二)优化农业农村发展环境,补齐要素下乡短板

营造良好的发展环境,增强资源要素集聚的吸引力。对标城市基础建设水平,统筹生产、生活和生态规则,加快农村公路、供水、供气、环保、电网、物流、信息、广播电视等基础设施建设,推动城乡基础设施体系互联互通,进一步增强生产、生活的便利性,促进农村基础设施水平全面提升。以人的全面发展、全面需求为方向,加快推进农村医疗教育、体育卫生、文化娱乐、健康养老等配套公共服务建设,推进城乡公共服务均等化,营造良好的生活环境。加大农村生态环境保护开发力度,加强农村污染治理,推进农村"三大革命",让青山绿水成为农村最大的吸引力,让农村成为看得见山、望见得水,留得住乡愁的美好家园。进一步优化政务服务软环境,借鉴浙江"最多跑一次"的做法,深化审批制度改革,继续

推进我省"四送一服"成功经验,打造"四最"营商环境。

(三)推进农村产业高质量发展,增强要素下乡的吸引力

高质量的产业能够有效吸引资源要素集聚,从而加速乡村振兴的步伐。充分利用现有的农业示范园、科技示范园、农民工创业园等平台,提质改造现有的休闲农业与乡村旅游示范点(村)、农业观光采摘园、休闲农庄等小型园区,吸引城市资金、技术和人才等产业要素入驻。注重结合县域农村的特色,通过打造特色小镇、田园综合体等要素综合集聚载体,促进原有园区转型升级,进一步提升要素承载能力。大力推进农产品加工业发展,支持农产品就地加工转化增值。重点发展粮、油、肉、奶、蔬菜、水果、茶叶、中草药、食用菌等有基础的加工业,进一步促进专业要素的集聚。支持龙头企业实行基地建设、科研开发、生产加工、营销服务一体化经营,增强对行业要素的吸附能力。大力开发系列精深加工食品,加快建设特色明显、结构布局合理的现代食品加工产业体系,培育一批加工水平高、品牌信誉好的大中型食品加工及配送企业,实现要素有效集聚、优化组合和快速升值。推进农业新产业新业态新模式发展,支持各类市场主体基于互联网的新型农业产业模式,实施农村电商全覆盖巩固提升行动,加快推进农村流通现代化。打造工业品、消费品下乡和农产品、旅游纪念品进城双向流通渠道,着力加强农产品上行服务能力建设和农村电商品牌建设,扩大农村产品网络销售,构建符合电商行业及消费需求的农产品供给体系。实施休闲农业和乡村旅游精品工程。发展乡村共享经济、创意农业、特色文化产业。通过新业态的发展,加快形成吸引新产业要素进入农村、发展产业、振兴乡村的有效载体。

(四) 推进利益共享,保障要素下乡可持续发展

推动资源要素下乡的根本目的是加快农业农村发展,进一步缩小城乡差距。因此,加快构建利益共同体,增加农民收入,让承载要素的各类市场主体有利润可赚,实现城市资源要素持续流向农业农村。创造条件让农民参与乡村振兴,与下乡的资源要素共同分享乡村振兴红利。引导农民进行合理就业,实现就地就近就业。注重引导农民按照"依法、自愿、有偿"的原则,以土地承包经营权、劳动力、资金、技术等生产要素为股份参股经营,与各类下乡市场主体形成稳定的联结关系。引导龙头企业、各类企业等资源要素集聚,采取订单、股份合作、利润返还等形式,与农民合作社、家庭农场建立利益联结机制,形成紧密型经济利益共同体。大力推进农业产业化联合体发展,引导龙头企业领办农民合作社,支持农民合作社兴办农产品加工或参股农业龙头企业,支持发展"龙头企业＋合作社＋家庭农场"经营模式,实现新型农业经营主体融合发展。

(五) 强化全程监管,规范要素下乡健康发展

2018年中央"一号文件"提出要稳定粮食生产能力,对资本下乡提出了严格实行土地用途管制,不得违规违法买卖宅基地,严格禁止下乡利用农村宅基地建设别墅大院和私人会馆。这些都是禁止性的要求,推进要素下乡必须要把这些禁令作为红线,严格落实,强化监管。进一步加强土地流转监管,减少政府强推、下指标、定任务等现象。强化相关的法律意识和商业知识,保证资本进入乡村的过程中农民的主体地位不被削弱。建立健全风险保障金制度,让社会资本在缴纳保证金方能开始种植及相关开发。对企业出现拖欠苗头的,相关部门应及时协调解决,使

其按期足额支付租金,防止损害农民权益的现象出现。强化动态监管,定期对租赁土地企业的农业经营能力、土地用途及风险防范能力等开展监督检查,查验土地利用、合同履行等情况,细化农地用途甄别标准,防止"非粮化""非农化"现象发生。

四、几点具体建议

(一)打造新乡贤队伍

全面开展"引资、引智、引教、引文"活动,架起乡贤回归的桥梁,引导离退休干部、知识分子和工商界人士等新乡贤回归乡村,充分发挥他们的学识、名望、公信力、资源统筹力等优势,让其参与乡村治理与精准扶贫,参与乡村经济发展,传承乡村农耕文明。建议我省出台相应的政策措施,从宅基地、项目资金、环境营造等方面,建立农村"新乡贤"吸纳机制,特别应注重解决回得去、住得下、可持续的问题,鼓励他们"告老还乡",形成回乡光荣的社会舆论氛围,激励"新乡贤"到乡村发挥余热、施展才能,实现宝贵人才资源从乡村流出再返回乡村的良性循环。建议每年举办一次省级新乡贤论坛,评选全省十大新乡贤,荣获"新乡贤年度人物"称号的乡贤,在乡贤论坛上进行重点宣传。大力弘扬孝悌文化、节庆文化、民俗风情等传统乡村文化,让文化为"新乡贤"反哺乡村提供强有力的支撑。

(二)深化农村金融改革创新

借鉴浙江的经验做法,着力破解我省农村金融供给严重不足的问题。进一步加大土地承包经营权、农户住房、林地经营权和生态公益林补偿收益权质押贷款工作力度,提高贷款额度。加快推进全省农村信用体系建设,创新贷款方式,允许农民可依授信情况直接到相关银行柜台放款,或在手机银行、网上银行放款,实现足不出村办贷款。创新服务农民的贷款产品,从各类农作物种植、易地扶贫搬迁扩大到民宿建设、乡村旅游、光伏发电等多个领域。加强对金融机构进行涉农信贷政策导向效果评估,划分等次,并对全省金融机构农业贷款增量按不超过 0.5% 的比重给予风险补偿。推进农业政策性保险扩面、增品、提标工作,提高赔付精准性,为农民撑起抵御风险的"保护伞"。扩大农业保险范围,为农业产业链、服务链提供全流程保险,开发农村住房保险、家庭农场综合保险等服务"三农"的新险种。

(三) 保障乡村振兴用地需求

湖北针对农村建设项目"零星分散"等特点,专门制定新的政策,保障乡村振兴用地。借鉴他们的做法与经验,建议我省各级国土资源部门预留足够的建设用地规模用于乡村振兴,及时将乡村振兴用地纳入土地利用总体规划。同时落实乡村振兴建设项目耕地占补平衡,针对建设用地规模确实难以满足乡村振兴需要的,允许在省域范围进行统筹保障。在编制乡(镇)土地利用总体规划、村土地利用规划时,应当预留少量(不超过 5%)规划建设用地机动指标,用于零星分散的农业设施、乡村旅游设施等建设,建议在办理农用地转建设用地审批手续时直接使用,可不办理土地利用总体规划调整手续。乡村旅游项目确实要利用基本农田的,可以在确保农业功能不变前提下实施,如种植花卉,改善景观等。鼓励各地结合农村建设用地复垦潜力及乡村振兴用地需求,实施城乡建设用地增减挂钩项目,不受指标规模限制。对农村闲置危房,通过复垦成耕地,其面积都可以转化为乡村振兴的建设用地面积,能复垦多少就转化多少。

(四)加快推进农村产权制度改革

借鉴浙江农村集体产权改革经验,加快推进农村"三变"改革,统筹推进集体土地所有权、宅基地使用权、房屋所有权、集体林权、小型水利工程产权等确权登记颁证工作,进一步厘清和明晰农村各类资源资产权属。将集体资产(不包括农民依法占有的承包地、宅基地等)折股确权到人,实行按人表决、按股分配的"股份合作制",建立"确权到人(户)、权跟人(户)走"的农村集体产权制度体系,赋予农民更加清晰而有保障的集体财产权利。从资产量化范围看,资源性与公益性资产普遍不做量化,一般按经营性净资产量化折股。从股种设置类型看,普遍不再设置集体股,一般以人口股为主、农龄股为辅,按人配股、按户发证;人口股具有表决权和分红权,其他股种只有分红权。从股权管理方式看,一般实行静态管理"生不增、死不减、可继承",少数实行动态管理。从股权权能看,实行静态管理的村社,经股份经济合作社同意的可在社内流转。同时建立产权流转交易平台和多种形式的风险防范机制,促进顺畅交易和有效防范农村集体"三资"流失。

课题指导:季　翔
执 笔 人:张延明　王海林　唐二春
梅　琳　吴　豹
(完稿时间:2018 年 8 月)

安徽省营商环境问卷调查报告

一、调查的基本情况

2018年,省政府发展研究中心联合安策智库开展了全省营商环境问卷调查,调查范围包括合肥、马鞍山、安庆、池州、芜湖、宣城、淮北、阜阳、蚌埠、池州等10个市、31个县区、10个乡镇的1 050家企业。与此同时,调研组召开了多场座谈会,征询不同行业企业对于区域内营商环境的意见与建议。此次调查共发放问卷1 050份,回收有效问卷917份,问卷内容主要涉及企业概况、开办企业环境、市场经营环境、政府服务环境、营商环境总体评价以及问题和建议等六个方面。问卷分析表明,我省营商环境总体良好,企业对用工人才环境、投融资环境、运行成本环境、政策扶持环境、行政服务环境等方面均做出了肯定性评价,其中选择满意的占47.98%,比较满意的占33.04%,基本满意的为17.56%(见图5)。

二、所调查企业反映的主要问题

在座谈会和问卷调查过程中,企业反映了我省营商环境存在的一些问题,主要集中体现在政策落实、涉企收费、企业融资、人才招聘、政府服务等方面。

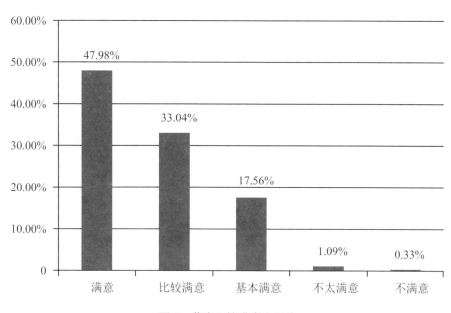

图 5　营商环境满意度评价

(一)政策落实有待改进

48.96%的企业认为扶持政策在企业的落实情况比较好,31.62%的企业认为落实一般、不太好或不好,总体落实情况良好(见图6),但也存在一些问题,影响了惠企政策的实施效果。一是扶持政策缺乏普惠性。11.9%的企业认为扶持政策"对少数企业有帮助,而对大多数中小企业没有帮助",也有企业反映一些政策照搬上级政策文件,有针对性、具体性的措施较少。各级惠企政策大多集中在大中型企业和新兴产业,对小微企业和传统行业企业的支持力度不足,如蚌埠禾泉农庄反映优惠政策大多倾向于国有企业和大中型企业,扶持小微企业的政策比较少。二是部分政策申报门槛较高、程序较为复杂。相关扶持政策在企业规模、税收等方面的条件要求严格,申报的门槛较高。所调查的企业认为"政策条件设置门槛高"与"办理手续复杂"的分别占16.03%、9.05%(见图7),一些企业表示"看的到机会,但无法把握"。申报程序复杂、申报时限较短,部分企业无法及时准备材料对接政策申报。例如,芜湖国风塑料科技有限公司提出部分优惠政策的申报门槛对于小微企业过高,且申报手续繁杂,需提交材料较多,小微企业真正享受到的优惠政策较少。三是相关配套政策跟不上。有52.28%的企业认为政策"缺乏相关配套措施,效果不明显",无法真正有效地扶持小微企业的发展。四是政策兑现不够及时,企业对政策了解不够透彻。部分企业反映优惠政策无法有效、及时兑现,或兑现周期较长;有25.84%的企业认为领导换届对相关政策的延续有影响(见图8);14.5%的企业认为对扶持政策的知晓度不高,严重影响政策的申报、对接以及落实。

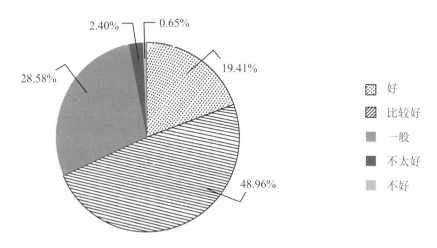

图6 扶持政策在企业的落实情况评价

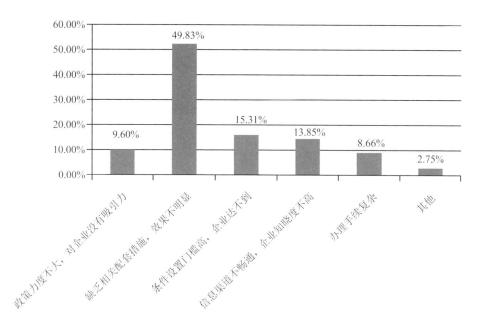

图 7 政策落实情况评价

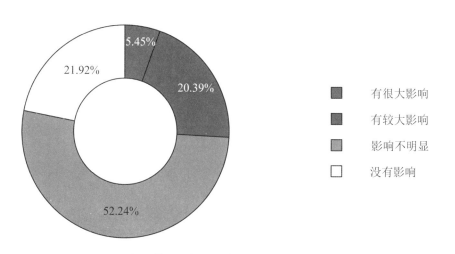

图 8 领导换届对相关政策的延续性影响程度评价

（二）经营成本仍然较高

从调查的情况来看，乱收费现象大大减少，行政事业收费等已不是企业负担的主要组成部分。企业反映的成本问题主要集中在税制改革导致税负加重、中介服务收费高、社保缴费高等方面。问卷调查结果显示,在企业的运行成本中,成本最高的分别是人力成本、税费负担、融资成本(见图9)。具体来说,一是税费负担较重。51.36%的所调查企业认为税费负担较重是企业运行成本居高的原因,如滁州汉通物流等物流企业普遍反映企业负担在"营改增"后一定程度上反而有所增加,企业进项税额抵扣少,改制后企业需缴纳11%的增值税(见图10)。南陵县华润苏果超市等企业反映综合电价取消实行峰谷分时电价的政策(《安徽省物价局关于进一步完善峰谷分时电价政策的通知》)缺乏对商业、服务业用电时限与范围的考虑,加大了商业、服务业企业的运营成本。二是中介服务费较高。各种认证、评估、检查、检测等中介服务收费不规范、标准不公开、专业度不足,且频率较为频繁,中介服务费用成为很多企业面临的主要问题。例如,潜山县天元电缆反映目前企业开业运营涉及的第三方收费较多、较高,实际作用较小;潜山县钟南防化公司反映环保评

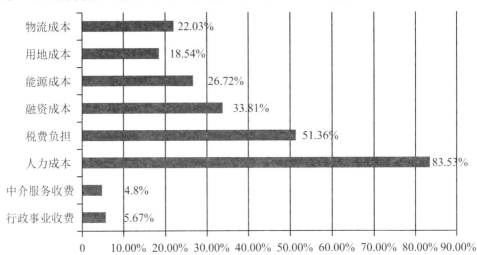

图9　企业运行成本分布情况

估频率过高,第三方评估机构收费高且专业度有待提升。三是企业人力成本负担较重。83.53%的受访企业认为人力成本是企业运行成本中最高的一项,44.82%的企业认为近三年年均人工费用涨幅在10%以上,企业人力成本不断增长(见图11)。

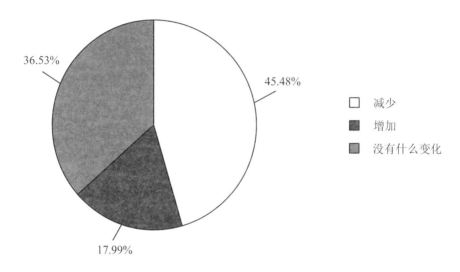

图10 "营改增"对企业税负影响程度评价

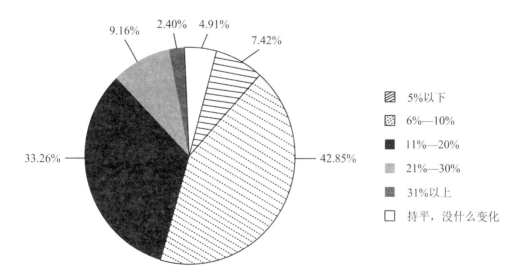

图11 企业年均人工成本涨幅情况

(三) 中小企业融资难、融资贵问题仍很突出

当前,我省金融服务体系仍然无法有效满足企业的融资需求,企业还是普遍反映融资难、融资贵。在融资的难易程度上,调查企业中仅有5.67%和17.12%认为融资"很容易"或"容易",大部分企业都认为融资比较困难(见图12)。一是小微企业融资难。17.55%的企业认为"小微企业融资渠道少"是融资难的主要原因,由于小微企业的资金需求具有"短、小、频、急"的特点,现有金融体系还不能有效地提供充足的金融产品和金融服务。16.90%的企业认为融资难的另一原因是可抵押物少,加之申请周期长、贷款门槛较高、担保机构发育不充分、"还旧贷新"等因素,导致小微企业融资难度加大。二是存在不同程度的融资贵问题。59.65%的企业在融资时最关注的是融资成本(见图13),42.53%的被调查企业认为企业融资成本偏高(见图14),大部分企业反映银行的贷款利率较高,增加了企业的融资成本。三是企业与金融机构间的信息沟通不太顺畅。银行、保险、证券、信托、期货等各类金融机构相互间分口

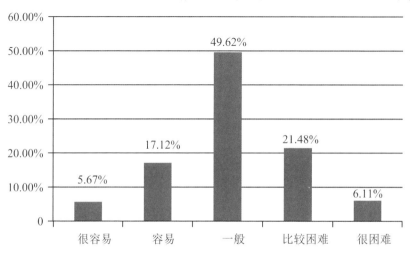

图12 融资难易程度评价

管理经营,横向之间沟通联系不够紧密,没有形成支持中小微企业发展的金融合力。金融机构与一些中小微企业之间开展直接的信息沟通较难,存在企业融资难与金融机构贷不出款的双重问题。

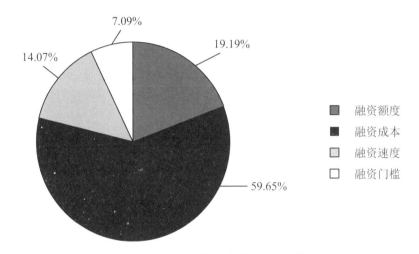

图 13 企业融资时最关注的因素分布情况

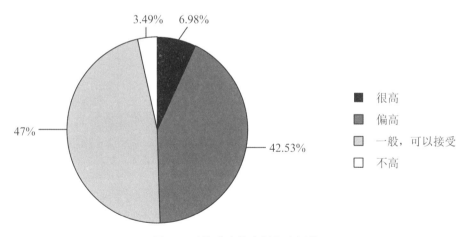

图 14 融资成本的高低程度评价

(四)用工难问题依然存在

68.92%的企业存在"用工紧缺"问题(见图 15),主要是中高端人才、一线工人与专业技术人员短缺。27.48%的企业认为企业招工难度很大(见图16)。14.39%的企业反映人才流失率在20%以上(见图17)。同时,有企业反映政府在人才引进方面多偏向高端人才,对于一线技术人员的引进力度较小。

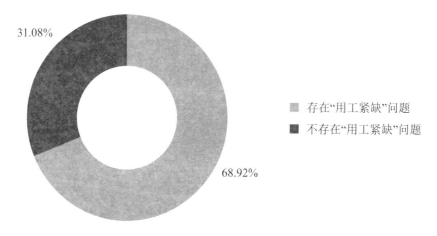

图15　企业对是否存在"用工紧缺"的评价

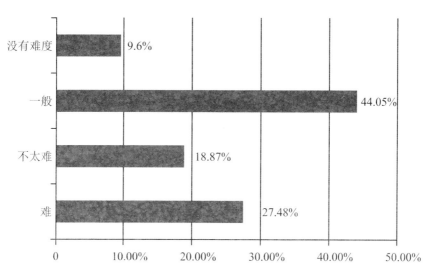

图16　企业雇佣员工的难度评价

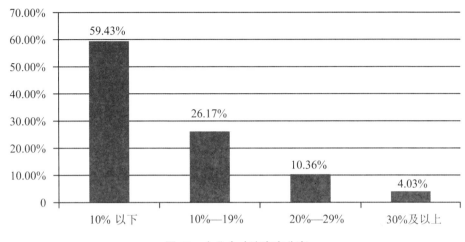

图 17　企业人才流失率分布

（五）政府服务效率有待进一步提升

调查显示，政府服务水平有了很大提升，企业对政府服务的满意度持续提高，在行政审批、办事效率、依法行政方面的满意度都超过 50％（见图 18）。另一方面，38.50％的企业认为政府部门办理业务"证明材料繁多、程序复杂"，31.62％的企业遇到"工作人员没有一次性告知需要补齐的材料清单"等情况（见图 19），问题主要集中在政府部门的政策申报手续复杂、效率较低，且政策兑现的周期较长。所调查企业认为主要原因是服务人员的专业度不高的原因。二是行政审批周期长、效率低的问题仍然存在。22.03％的企业认为政府部门"办事时间较长"（见图 19），一些本该直接放给市场和社会的审批事项，仍留在政府内部，审批事项涉及多个部门、多个环节的审批事项，权限下放机制不配套、不同步，导致审批效率低。一些地方存在新官不理旧事、推诿扯皮等现象。三是信息公开有待进一步完善。大部分企业反映政府信息公开不及时，企业无法有效及时地获取相关信息，如办事信息不公开，有 12.21％的企业认为政府"办事信息不公开,过程无法管控"(见图19)。

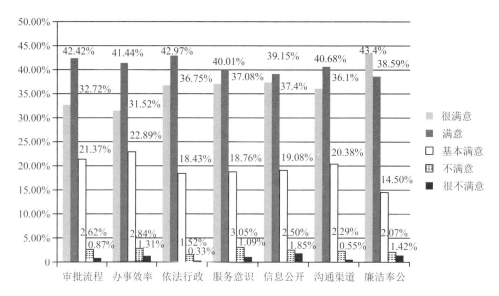

图18 对政府部门服务工作的总体评价

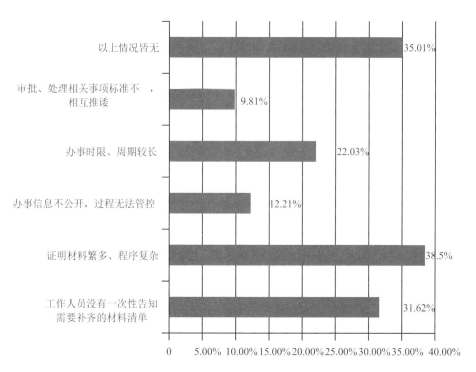

图19 政府办理业务时遇到的情况

(六)开发区建设急需进一步提升

一些企业反映所在园区缺少系统规划,基础设施配套无法满足生产生活需求,部分园区距离市区较远,道路交通、给排水等基础设施与城区对接存在问题,园区内食堂、商店等生活配套设施缺乏,企业职工日常生活不便。部分开发区管委会与当地党委政府、有关部门的职能交叉、权责不清,影响了办事效率,加大了企业办事的难度。

三、所调查企业对优化营商环境的相关建议

所调查企业在反映问题的同时,也对优化我省营商环境提出了建议,集中表现在以下六个方面。

(一)关于减轻企业税费负担

建议进一步深化涉企税费改革,落实涉企收费清单。希望政府开展针对企业特点的纳税培训,提供个性化的税务知识、政策等辅导。工业、商业等类型企业建议根据企业行业、规模、经营状况等适度调整征收标准,在用电领域进一步区分商业用电与工业用电使用区间与范围。建议出台政策规范中介服务市场,制定中介服务收费标准,严禁通过分解收费项目、重复收取费用、扩大收费范围、减少服务内容等变相提高收费标准,严禁相互串通、操纵中介服务的市场价格。

(二)关于解决融资难、融资贵问题

建议政府牵头组织"小而美"的融资对接会,包括十家左右企业和两三家金融机构,形成稳定的信息沟通机制,提高融资对接实效。建议搭建工商、税务、交易等综合信息平台,增强银行与企业间互信互通。降低银行利率,缩短贷款的周期,简化贷款手续。针对近年来"助保贷""政银担""税融通""续贷过桥"等融资产品,所企业希望进一步创新融资产品,提高融资产品的效益,可以将专利等无形资产、林权证、未上市公司的股权、知识产权、企业信用等纳入企业抵质押资产范畴。

(三)关于解决用工难问题

所调查企业希望针对不同层次人才制定不同引进政策,如高层次人才的引进,要完善人才引进后的保障体系,包括提供就业创业扶持、项目推介、专业顾问、生活配套等"全链条"服务,解决其落户、住房、子女教育等问题。一些企业建议职业院校可以根据区域特点、产业发展规划,动态调整学科专业设置,培养企业所需、为企业所用的人才。针对制造业企业用工难主要是一线普通工人短缺的问题,有企业建议当地政府加强与云南、贵州、四川等劳务输出大省的合作,缓解企业用工难的问题。

(四)关于推进优惠政策落地

所调查企业希望当地政府更加注重政策的针对性、普惠性、操作性,根据实际情况进一步明确政策落实的细则与标准。一些小微企业希望针对企业类型、规模、行业制定差异化的优惠政策,如融资、土地、税收

等,加大对小微企业的政策支持力度,落实扶持小微企业发展的各项税收优惠政策、融资政策、土地政策等。对符合条件的小微企业在补助申请等方面给予时限、标准、条件上的优惠,适度降低政策门槛。一些企业希望加大对本土企业与传统行业的政策扶持力度,鼓励、支持有发展潜力的本土龙头企业向集团方向发展,减少本土企业、传统行业企业与招商引资企业在政策支持、资金扶持等方面的差别,让招商引资的各项优惠政策和服务惠及本土企业与传统行业。

(五)关于优化政府服务

所调查企业普遍认为"互联网+政务服务"发挥了积极作用,应该持续推行,但在行政审批的效率上还可进一步提高。建议将部门行政审批权限最大限度下放,压缩审批时限,优化审批流程,减少前置审批,降低准入门槛,完善行政审批标准,规范审批依据、审批条件等,实现"阳光审批"。

(六)关于构建亲清新型政商关系

所调查企业普遍表示希望加强政府与企业之间的交流与沟通,加大对企业(家)的激励。一些企业提出可以组织评选科技创新、纳税等方面先进标杆企业,给予高规格表彰奖励;对评价优秀的企业主要经营者,政府可以授予"功勋企业家""杰出企业家"称号,并在子女就学和医疗保障上给予优惠政策,让企业家真真切切地感受到政府的关怀和重视。部分企业希望发挥工商联等联合会与人民政协的桥梁作用,通过联合会与政协以专题报告、建议提案等形式,多渠道、多层次反映企业的建议和呼声,与政府职能部门联络对接,共同帮助企业解决遇到的困难和问题。

附:各地市调查数据汇总情如表 24 所示。

表 24　各地市调查数量汇总

市	区(县)	数量	市	区(县)	数量
合肥	市属	52	蚌埠	市属	44
	高新区	31		经济开发区	29
	肥西县(含三河镇)	27		固镇县(含新马桥镇)	26
	长丰县(含双墩镇)	20		怀远县(含鲍集镇)	23
	合计	130		合计	122
芜湖	市属	60	马鞍山	市属	37
	经济开发区	33		博望区	20
	南陵县(含弋江镇)	21		当涂县(含黄池镇)	26
	繁昌县(含荻港镇)	24			
	合计	138		合计	83
阜阳	市属	45	淮北	市属	38
	界首市	21		濉溪县	8
	颍东区	28		相山区	19
	合计	94		合计	65
安庆	市属	33	宣城	市属	33
	经济开发区	27		宣州区	16
	怀宁县(含石牌镇)	24		广德县(含新杭镇)	13
	潜山县	20			
	合计	104		合计	62
滁州	市属	44	池州	市属	32
	琅琊区	22		合计	32
	全椒县(含古河镇)	21			
	合计	87			
总计		917			

课题指导:季　翔

课题组成员:陈千全　沈晓武　薛立勇

(完稿时间:2018 年 5 月)

安徽省国有文化企业高质量发展研究

国有文化企业是我省文化产业改革发展的主力军,是建设文化强省的重要力量。深化国有文化企业改革,推进国有文化企业高质量发展,是加快建设现代化五大发展美好安徽的有力支撑。根据要求,本课题组开展了安徽国有文化企业高质量发展专题研究,赴省出版集团等省属国有文化企业以及湖南、合肥、宣城等地实地调研,学习借鉴了北京、上海、江苏、山东等省、市的做法,形成研究报告,供参阅。

一、我省国有文化企业改革发展的主要成效

近年来,我省坚持以习近平新时代中国特色社会主义思想为指导,不断深化国有文化企业改革,大力实施文化精品战略,积极开拓文化市场,取得了较好的社会效益和经济效益。

(一)聚焦主业,稳步发展迈上新台阶

面对互联网加快发展、跨界融合与科技创新带来的一系列新挑战,我省国有文化企业坚持立足主业,骨干文化企业不断成长壮大,新型文

化业态加快涌现,成为推动我省文化产业发展的中坚力量。2017年,全省文化及相关产业实现增加值1 088.29亿元,增长11.50%,占GDP比重为4.03%;文化及相关产业实现增加值增幅比同期GDP名义增速高3个百分点。其中,安徽出版集团、安徽新华发行集团、安徽演艺集团、安徽广电传媒集团、安徽新媒体集团五家省属文化企业实现营业收入545.02亿元、同比增长12.23%,利润总额18.97亿元,资产总额达612.26亿元、同比增长1.59%。安徽出版集团和安徽新华发行集团均第九次入选"全国文化企业30强",安徽新华发行集团总体经济规模连续5年保持全国同行第一,并且连续3年入选"中国企业500强"。安徽广播电视台卫视频道综合实力居全国第6位,全台内容制作、影视剧投资、新媒体运营等产业蓬勃发展。

(二)融合发展,转型升级展现新面貌

近年来,我省国有文化企业在立足主业基础上,走文化与历史、产业、旅游、科技、金融、养老、城乡建设、社会管理等多领域融合发展之路。积极运用新技术、新业态、新模式大力改造提升传统产业,为企业转型升级另辟蹊径,尤其是在实现文化企业信息化、数字化、智能化发展方面,融合发展已成为推动产业转型升级和高质量发展的重要引擎。例如,安徽新华发行集团加大服务、产品与科技的融合力度,不断创新服务与产品,打造共享书店、智慧校园、数字化课程学习等平台,设立或参投产业基金,开展注重于泛文化、大教育及文化教育科技领域等产业投资及并购,聚集优质产业资源。安徽出版集团坚持创新驱动,推进"文化+旅游""文化+科技""文化+健康""文化+金融",打造了太湖县文博园、金寨县红色研学游、黄山屏山中国书画小镇等文旅融合的亮点工程,发起

设立了安徽安华创新风险投资基金。安徽广电集团重点围绕做强做大文化主营业态优化投资布局,积极探索文化与金融相融合,参与了上海最会保网络科技公司B轮融资。安徽新媒体集团着力布局"互联网+"产业,成立安徽新媒永晟传媒有限公司、安徽文汇传媒有限公司等新媒体公司,进一步拓宽业务领域范围。安徽海豚新媒体不断探索网站、客户端、IPTV、移动电视、微博、微信等新型融媒体综合业务,并于2017年启动IPO。合肥文广集团围绕广电文化产业,积极搭建融媒体网络平台,投资组建的合肥城市云数据中心有限公司已经成功在"新三板"挂牌。合肥报业传媒集团积极推动传统媒体与新兴媒体融合,积极构建全媒体传播体系。

(三)瘦身强体,轻装上阵实现新作为

为进一步激发企业发展活力,我省国有文化企业积极改革创新,坚持有进有退有止,实施"瘦身强体",推进自身资源优化整合,集中力量做强做大优势产业,提高国有资本经营效率。例如,安徽新华发行集团推进了集团控股子公司治理整合,集中力量发展效益优、前景好的核心产业,注销关闭长期亏损、扭亏无望的子公司,做好非主营业务的"减法"。其下属文化产业投资集团根据发展战略大幅瘦身,不再经营房地产开发业务,对非主业、亏损的子公司实施"关停并转",计划至2018年年底完成4家公司注销。安徽出版集团围绕主业及相关优势产业,整合归并同类业务资产,清理低效无效资产、不具备竞争优势的非主业资产及处于一般产业低端环节的资产,先后开展两轮子公司清理规范工作,全面清理"空壳企业""僵尸企业",已经注销了公司10家、合并同类业务公司5家、推动2家公司股权转让。

(四)完善管理,效率提升树立新形象

加强改革创新的同时,进一步加强党建工作,为企业发展筑根立魂。通过强化顶层设计、完善法人治理结构、严格风险防控、完善管理机制、加强队伍建设等措施,进一步提升了企业管理效率,增强了企业活力,树立了文化皖企新形象。例如,安徽出版集团进一步明确了企业的战略定位、主营业务和目标任务,并加强了国有资产重大风险防范。安徽演艺集团先后制定、修定管理制度33项,深化安徽黄梅戏剧院、歌舞剧院、杂技团、话剧院、安徽大剧院内部改革,全面完成了资产剥离、企业登记、离退人员社保接续、原事业单位人员身份转换等工作,推动安徽徽京剧院、安徽乐团两家事业单位企业化管理。省发行集团通过深化组织内部变革,压缩企业法人层级,合理归并同类企业,在"减""压"之间降本增效;推进薪酬与绩效改革,实施了全面预算管理。中国宣纸股份有限公司稳步推进股份制改革,历经4次股权结构优化、2次引进战略投资者,企业法人治理结构进一步完善。

二、存在的主要问题

我省是全国实施国有文化企业改革较早的省份,十多年来取得了积极进展,积累了许多宝贵经验。但在各省、市竞相发展的背景下,我省国有文化企业也存在后劲不足、总量偏小、效益下滑等问题。特别是随着文化体制改革进入深水区,剩下的都是"难啃的硬骨头",进一步发展也面临着一些困难和挑战,有的甚至是转折性的、颠覆性的。课题组在调

研中也深切感受到这些变化和冲击。具体来说，主要表现在以下五个方面：

（一）传统主业受到冲击

我省国有骨干文化企业主业集中在报纸、广电、出版、发行等领域，受互联网新媒体影响明显。从纸质媒体看，随着移动新闻、视频、微信等新媒体的快速发展，报纸、杂志等传统纸质媒体出现了生存危机，或者被迫转型。调研了解到，宣城市、县两级报刊企业生存困难，不得不停止纸质版的发行，改为网络办报。从电视、广播收视率来看，由于视频网站、社交网站、搜索等新兴终端吸引了大量网民，导致电视、广播收视率下降，特别是新媒体渠道的广告推广，不断蚕食传统电视广播媒体的广告份额，电视、广播业的收入锐减。例如，安徽日报报业集团旗下的新安晚报、安徽商报等纸质媒体因广告收入大幅度缩水，亏损严重。安徽广电集团受互联网、IPTV等因素影响，有线电视网络业务呈断崖式下滑。从阅读习惯来看，由于智能手机、平板电脑等电子产品的普及，大量图书被制作成电子书，数字阅读逐渐成为居民阅读的重要形式。特别是新闻用纸成本急剧上升，而数字阅读产品却廉价、便捷，对纸质报刊和图书的出版发行形成冲击。例如，安徽出版集团受数字化受冲击很大，发行集团图书、教材教辅主要依托地域发行，发展空间受限。在互联网新媒体、新业态冲击下，2017年安徽出版集团、安徽新华发行集团、安徽广电传媒产业集团的主业同比分别仅增长2.69％、6.90％、2.23％，远低于集团总营业收入增长率。

（二）转型升级遭遇瓶颈

制约我省国有文化企业转型升级的主要因素体现在"三个不够"上。一是融合发展不够。部分企业对行业资源依赖性较强，发展还主要依赖传统出版、文艺演出等原有资源渠道，"文化＋"融合发展能力和动力不足，与新媒体新技术结合不够，应对市场变化的实力、动力和竞争力有待增强。二是改革硬招不够。近年来，我省国有文化企业改革增量相对下降，突破性的改革举措相对较少。例如，国有文化企业与原来的事业单位仍然不能完全脱钩，国有文化企业事业职能和企业业务交织，没有真正理顺。国有文化企业习惯于依赖政府补助和财政投入，没有摆脱事业单位管企业的思维惯性。特别是演艺集团、新媒体集团公益性属性强，市场开拓能力较弱。三是金融支持不够。文化与金融合作已成为文化产业快速健康发展的重要动力，但我省金融对文化产业的发展支持力度不够。传统文化企业融资渠道单一、融资成本较高，无法像互联网新媒体在资本市场上便捷融资。国有文化企业行政色彩浓厚、盈利模式特殊、盈利点分散、投资风险大，金融资本很难或者不愿开拓这类市场。另外，财政部门对国有文化企业的支持力度也有限，仅就文化产业专项资金规模而言，我省与发达地区差距也不小。

（三）跨区域发展障碍重重

从全国范围来看，由于报业、出版、广电等行业具有鲜明的地域特征，产品和渠道已经固化，各省、市的龙头企业已经形成了垄断性市场，跨区域发展空间非常有限。从国有文化企业的意识形态属性来看，广电、报业、出版扮演着政府价值导向和舆论宣传的作用，导致地方政府对于其他区域的广电、报业、出版企业入驻干预较多,区域之间的界线天然地形成。这种条状分割的体制加大了市场交易成本,使跨地区发展面临较大的阻力,如安徽出版集团反映,由于图书、书、报刊、广播及电视等各类媒体资源区域分割、条块保护的状况一直存在,虽然一直致力于推动跨地区跨媒体发展,但收效甚微。

(四)人才短板相对明显

人才是制约我省国有文化企业高质量发展的关键,突出表现在三个方面:一是人才激励机制不健全。调研中了解到,我省国有文化企业的管理人员仍然参照事业单位体制进行管理,激励机制不完善,在一定程度上还存在"大锅饭"现象。而湖南影视集团除了集团领导外,采用全员聘用制,实施了薪酬制度改革,该集团中层管理人员年薪有的可高达80万元,极大激发了员工的积极性。二是融合型、创新型人才缺乏。以数字技术、互联网技术为代表的高新技术推动了文化产业的融合发展,原有的产业界限模糊,懂科技、懂文化、善整合、能创新、会经营的文化产业人才是十分稀缺的资源。但总体来看,我省融合性、创新型人才相对缺乏,高端人才和复合型人才尤其匮乏,特别是文化创意设计人才"引不来、留不住",难以形成人才集聚效应。三是人才流失现象较为严重。在文化类专业性人才培育周期长、成本高的背景下,培养人才、留住人才就是国有文化企业发展的关键。但实际上,我省文化企业人才流失情况不容乐观。据统计,2010—2017年我省黄梅戏剧院、歌舞剧院、杂技团、话剧院等4家转企文艺院团共新进人员340名、离职161名,离职人员占新进人员比重为47.35%。2017年,合肥电视台有近20人辞职,大多数是一线骨干。

(五) 内部管理亟需优化

改制重组以来,我省国有文化企业开展一系列外拓市场、内强管理的改革举措,但与建立现代企业管理制度的要求相比,还存在一些突出问题。一是管理体制尚未理顺,多头管理现象仍然存在。例如,合肥广播电视台、文广集团是一套班子、两块牌子,同时具备事业、企业两种属性,新闻宣传上由市委宣传部直管,经营创收上又由市国资委监管,在实际运行中存在一些关系不顺、责任不清的情况,无法完全实现"事企分开"。二是资源整合不够。从文化产业发展全局看,我省国有文化企业集团的形成有其历史背景和现实需求,也在一定程度上激发了活力,释放了优质资产增效能力,但在新的形势下,各管一块、独立作战不利于全省文化产业做大做强,难以形成国有文化企业各有核心主业,互相构成关联、业务互为补充的局面,很难在激烈的市场竞争中脱颖而出。从企业内部管理看,"拼凑式"改革的做法也无法真正建立现代企业制度、完善企业管理。据安徽演艺集团反映,"集团所属的几个公司当初只是拼凑在一起",企业内部整合各类优质资源、相互借力的力度不够,在产权、资本、业务、渠道等多种形式进行"内合"不深,未能充分发挥"1+1>2"的协同效应。

三、推动我省国有文化企业高质量发展的原则、目标与思路

当前,互联网新媒体蓬勃兴起,文化相关新兴业态不断涌现,对传统

文化产业和文化企业发展产生了重大而深刻的影响,也对国有文化企业高质量发展提出了新的要求和挑战。北京、上海等发达地区国有文化企业改革发展势头迅猛,文化产业已经成为国民经济的重要支柱。湖北、江西等地文化产业改革力度不断加大,大有后来居上之势。面对新形势、新任务,我省要充分认识到建设文化强省,必须在国有文化企业改革上有更大的力度,在做强文化产业发展上再闯新路。根据研究,课题组提出我省国有文化企业高质量发展的基本原则、主要目标和相关思路举措。

(一) 基本原则

我省国有文化企业要实现高质量发展,必须牢牢把握以下"四个坚持、四个统一"。

坚持加强党的领导与完善公司治理相统一。充分发挥党委在深化国有文化企业改革和企业治理中的领导作用,把党的领导融入国有文化企业经营管理各环节,为企业改革稳定发展当好"火车头"。

坚持政府引导与市场调节相统一。在确保导向正确和文化安全的前提下,充分发挥市场在文化资源配置中的决定性作用,促进国有文化企业发展成为市场竞争的先行者。深入推进"放管服"改革,进一步优化、细化、实化文化经济政策,营造有利于国有文化企业改革发展的市场环境。

坚持实现社会效益与经济效益相统一。始终把社会效益放在首位,正确处理文化的意识形态属性与产业属性之间的关系,明确文化企业特殊的市场主体特征,着力推动国有文化企业实现社会效益最大化、经济效益最优化。

坚持管人、管事、管资产、管导向相统一。在落实财政部门切实履行对国有文化资产的监管职责基础上，探索建立党委和政府监管有机结合、宣传部门主管主导的国有文化资产管理模式，实现权利、义务、责任相统一，管资产与管人、管事、管导向相结合。

（二）主要目标

我省国有文化企业高质量发展必须深入贯彻党的十九大及十九届二中、三中全会精神，贯彻落实习近平总书记关于文化产业发展的一系列重要指示，按照建设社会主义文化强国的总体要求，健全现代文化产业体系和市场体系，创新生产经营机制，完善文化经济政策，培育新型文化业态，着力做强主业、瘦身强体、改革创新、服务安徽，在省属五大集团基础上，打造一批具有国际影响力，在国内具有核心竞争力的大型骨干文化企业。

产业规模不断壮大。到2020年，省属国有文化企业五大集团总体经济规模居全国同行领先地位，经营收入、利润总额年均增长15%以上，文化市场份额占比逐年提高，安徽出版集团、安徽新华发行集团力争在国内文化企业30强排名中提升名次。全省国有文化企业增加值占GDP比重稳步提高。文化主业占据绝对主导地位，文化产业经营风险管控科学合理，企业社会效益和经济效益实现双提升。

企业改革持续深入。深入推进文化投融资改革，事业职能与企业职能脱钩分离改革，企业人才和薪酬制度改革。聚焦文化主业，清理注销非主业经营公司和投资项目。积极探索新模式、新产品、新领域，推动文化产业融合发展、创新发展。

资产管理更加科学。进一步规范文化企业国有资产监督管理，实现政企分开、政资分开、政事分开,所有权与使用权相分离、行政权与经营权相分离、管办相分离。探索形成党委和政府监管国有文化资产的管理机制,实行管人、管事、管资产、管导向相统一,监管部门主要通过管资本为主加强国有资产监管。建立国有文化资产交易中心,推动国有文化企业的产权转让、企业增资、实物资产转让等国有资产交易行为公开透明。

内部管理继续优化。加强企业内控制度建设,强化国有文化企业预算管理,防控经营风险。推动国有文化企业公司制股份制改革,建立有文化特色的现代企业制度,支持和引导企业始终把社会效益放在首位、实现社会效益和经济效益相统一。

(三)主要思路与举措

当前,我省国有文化企业面临新一轮改革发展新机遇、新挑战,要完成国有文化企业高质量发展的新任务,必须以省属五大文化企业集团发展为重点,带动促进全省国有文化企业活力实力竞争力不断提升。

1. 进一步增强主业聚焦发展。着重抓好两个重点:一方面,要强化文化属性,突出文化主业。推动文化企业把握正确导向,突出文化特色,形成文化企业特有的经营理念和治理结构,确保把社会效益放在首位,突出社会效益和经济效益相统一。在内容供给上,突出我省出版、发行、广电、演艺、新媒体等文化主业地位,加强内容建设,精准选定,细分市场,不断优化内容供给,逐步完善内容供给体系;在经营理念上,强化文化企业意识形态属性,把社会效益的要求体现在企业宗旨中,贯穿到生产经营和管理的各个环节;在治理结构上,推动企业建立更加科学合理的治理体系,突出社会效益,持续推出优质文化产品。另一方面,要推进企业"瘦身强体",做强优势板块。推进企业内部资源优化整合,提高资本运营效率,重点发力,集中力量发展效益优、前景好的优势产业。对能够创造业绩和符合战略转型方向的板块加强资源保障;对短期内难以做强做大的企业要谋求转型升级;对经营有困难、生存有压力的企业要通过外联内合延长产业链条;对与文化产业关联不紧密且不具备竞争优势的企业探索引入混改、股权出让等方式逐步实现退出;对长期亏损、扭亏无望的僵尸企业和空壳企业要推进关停并转。

2. 进一步创新思路融合发展。努力适应文化发展趋势,不断创新思路,促进融合发展。一要积极倡导用新理念引领文化产业新发展。在发展理念上要寻求不断更新突破。借鉴浙江横店影视城、北京"798"、成都"东郊记忆"等用新理念促进文化产业发展的成功经验,克服"等、靠、要"的守成求稳思想,弘扬敢为人先精神,以新发展理念开启我省国有文化企业改革的新实践。二要不断促进文化产业融合共赢发展。贯彻以文融产、以文兴产的发展理念,坚持创新驱动,充分发挥我省文化历史资源丰富等优势,对各地富有特色的文化资源进行深入挖掘整理,提升文化内涵,把我省文化资源优势转化为产业优势,不断培育新兴文化业态,开展"文化+"服务,加快推进文化与旅游、教育、金融、体育、科技、信息、医疗、智慧产业等多元融合的新兴业态。三要积极鼓励文化企业跨界融合发展。顺应当前数字化时代媒体大融合、产业大融合的新形势,将国有文化企业分类改革与鼓励文化企业跨界融合发展有机结合,在国有文化企事业改革的大框架下,依据企业战略定位、功能作用、发展现状及其主营业务和核心业务,鼓励和促进我省出版和发行等文化企业跨界融合发展,深入推进国有文化企业的分类改革。学习借鉴湖南的改革经验,可有序推进省、市相关资源整合重组。对文化领域具有发展潜力或具有引领性、前瞻性的业态和模式要给予高度关注,并适时介入和融合,以实现文化企业跨越式发展。四要加快推进文化产业金融政策创新。促进金融改革与文化创新发展有效结合,探索适合文化产业特点的新型金融产品、服务及配套政策办法。支持商业银行创新信贷服务,加大对文化产业信贷投放。

3. 进一步深化改革、推动发展。继续向更深次、更广领域推进我省国有文化企业改革,创新体制、转换机制、面向市场、增强活力,以深化改革释放发展潜力。一要推进国有文化资产和资源整合。充分发挥安徽出版集团、安徽新华发行集团、安徽演艺集团、安徽广电传媒集团、安徽新媒体集团五家省属文化企业的主导和引领作用,推动国有文化企业强强联合,促进优势互补,引导文化资源和要素向优势企业集中,及时处置没有经营活动的国有文化企业,对没有经营活动的国有文化企业要及时进行清理整顿。推进国有文化企业资源的横跨和纵深式整合。通过协议划拨、资产转让、资源置换、交叉持股等方式,推动出版发行、广播电视、演艺、新媒体等行业同质资源向优质企业集中。整合广播、电视及新媒体传媒资源,实现广播电影电视节目生产、制作、发行、传输全产业链生产运营。在加快推动同质资源集中整合的基础上,通过增加投资、引进战略投资者、项目合作等方式,促进同质资源的科技化提升和多元化开发,提升资源的集约化开发利用水平。推动行业主体业务明确的国有文化企业开展产业链条延伸协同式整合。通过业务合作、兼并重组等方式,推动出版发行、广播电视、演艺、新媒体等优质国有企业依托其主导业务,向产业链上下游关联业务延伸。二要倡导建立企业的股权激励机制。在政策允许范围内,支持符合条件的国有文化企业探索员工持股、股权激励制度,鼓励符合条件的国有文化企业推行让员工持股混合所有制的试点,并给予政策支持,把国有文化企业经营团队的自我激励变成制度激励。三要完善企业治理结构。在国有文化单位分类改革基本完成的基础上,加快推动国有文化企业公司制股份制改造,进一步建立健全现代企业制度,不断完善法人治理结构,推进国有文化企业成为合格市场主体。完善党委领导与法人治理结构相结合的机制,不断健全企业党委成员以双向进入、交叉任职的方式进入董事会、监事会和经营管理层的企业管理结构,形成体现文化企业特点、符合现代企业制度要求的资产组织形式和经营管理模式。四要健全企业经营机制。按照国有文化企业发展的新要求,健全企业经营机制,把社会效益第一、社会价值优先的经营理念体现到企业规章制度中。广开纳贤之路,积极探索公开遴选、竞聘上岗、机构推荐等市场化方式,吸纳市场充分认可的职业经理人到国有文化企业干事创业。鼓励国有文化企业高管从市场中来到市场中去,成为真正意义上的职业经理人。加大文化产业专业技术人员的培育力度,做好专业人才贮备,使更多懂文化、懂经营的专业人才加入到我省国有文化企业建设中;深化企业内部劳动、人事和收入分配等制度改革。健全绩效考核办法,建立社会效益与经济效益相结合的考核及激励体系。从事内容创作生产传播的文化企业,要建立和完善专门机构,强化内容把关岗位的职责。

4. 进一步完善管理保障发展。紧紧围绕当前我省文化产业发展的新特点,不断优化国有文化企业管理监督及支持的方式方法,使国有文化企业发展行稳致远。一要推进内部管理的提质增效。坚持精简层级、归并同类,压缩企业法人层级,合理归并同类企业,在"压""减"之间降本增效,持续推进管理提升。推进并完善企业产业板块的业务整合和组织架构调整,实现产业板块专业化、垂直化、一体化运营。二要完善风险管理体系。加强对投融资及跨地区或行业收购等法律行为风险、外贸进出口等带来的多样化市场风险及金融类业务风险的控制,全面完善企业风险防控体系,增强企业抗风险能力。三要建立健全两个效益相统一的评价考核机制。完善国有文化资产监管模式,建立健全两个效益相统一的评价考核机制,进一步明确和强化出资人制度。积极借鉴外省的做法,健全国有文化资产管理机制。建立国有文化企业社会责任报告制度,开展国有文化企业的社会评议。建立容错纠错机制和激励机制,形成良好的干事创业制度环境和价值导向,使国有文化企业的管理者、经营者、决策者能够放下包袱,轻装上阵,能作为,敢作为。四要加强对文化企业发展的财税支持。提高文化支出占财政支出的比重,适当扩大文化强省建设专项资金规模,适度扭转当前资金支持偏重传统固定资产投资的倾向,积极探索以市场化方式组建文化产业发展基金。对新闻出版、广播电影电视、动漫等重点行业,对文化产品(服务)出口、图书批发零售等重点环节,实施相应的税收优惠政策。

5. 进一步对标前沿竞争发展。随着文化多元化、社会信息化不断推进,文化市场竞争日趋激烈,我省国有文化企业只有瞄准前沿,才能在当前激烈的文化市场竞争中得以前进和发展。一要加强品牌建设,提升市场竞争力。结合我省文化产业发展重点,借鉴湖南、上海等地打造享誉全国乃至全球的文创品牌的经验,支持企业培育和建设自主品牌,多方位多角度加强我省文化品牌的市场宣传,全方位提升我省文化企业品牌形象,引导和鼓励社会资源向文化品牌企业积聚,推动我省重点文化企业由区域发展走向全国乃至世界。二要提升文化消费,强化竞争引领力。增强国有文化企业在文化消费中的引领和带动作用,提升我省国有文化企业文化产品及服务供给能力,不断扩大文化演艺消费,升级广播影视音像消费,培育设计创意消费、古玩艺术品消费、动漫网游消费,做大文化旅游及休闲娱乐消费。鼓励我省文化企业参与国内外文化市场竞争,输出具有徽风皖韵特色的文化产品。充分发挥国有文化企业的引领作用,带动我省民营文化企业的发展。三要发挥平台作用,促进集群协同发展力。积极发挥行业引导功能,以平台模式规划文化产业集群,打造并不断完善文化产业发展生态,为文化企业创造更多的发展机会,营造更好的发展环境,形成大型文化企业带动中小文化企业协同发展的良好氛围,提高我省文化企业在国内的综合竞争力。

课 题 指 导:孙东海
课题组成员:陈干全　杨仕奎
　　　　　　沈晓武　薛立勇
执　笔　人:陈干全　沈晓武　薛立勇
（完稿时间:2018 年 12 月）

推进以市场化方式发展我省养老服务业研究

养老服务问题是广大群众普遍关注的热点问题,由此带来的养老服务事业和产业空间巨大。近年来,随着人口老龄化程度不断加深及人民生活水平逐步提高,我省老年群体对多层次、多样化的养老服务的需求持续增长,为老年人提供多层次、高质量的养老服务需求显得更加重要,这也对扩大养老服务有效供给提出了更高要求。近期,课题组围绕以市场化方式推进养老服务发展问题赴省直有关部门及合肥、池州等地开展调研,形成报告。

一、推进养老服务市场化意义重大

我省是未富先老的发展中省份,也是全国较早进入老龄化的省份之一,加快推进养老服务市场化,是进一步完善我省养老体系、促进养老事业发展的重要步骤。

(一)推进养老服务市场化是贯彻中央重要决策部署的现实需要

近年来,党中央、国务院对我国人口老龄化问题高度重视,在养老服务领域出台了许多政策,为我省养老服务发展明确了方向和任务。2012年,民政部下发《鼓励和引导民间资本进入养老服务领域的意见》,明确了国家支持民间资本拓展居家养老服务、社区养老服务和机构养老服务,并鼓励境外资本在境内投资设立养老机构。2014年财政部、商务部联合发布《开展以市场化方式发展养老服务产业试点的通知》,在江西、安徽等八个省区开展市场化养老试点,每年中央财政下拨24亿元资金予以支持。2015年,国家发改委、全国老龄委联合发布《进一步做好养老服务业发展有关工作的通知》,鼓励各地结合实际,按照市场化原则推动养老服务业创新发展。2016年,习近平总书记在中央政治局集体学习时强调,要着力发展养老服务业和老龄产业。2017年,全国民政工作会议指出要促进养老服务市场化改革。我省实施的相关做法推动养老服务市场化是符合和紧跟中央决策部署的重要工作。

(二)推进养老服务市场化是解决老有所养问题的重要途径

2016年发布的第四次中国城乡老年人生活状况抽样调查显示,全国有2亿多老年人口,其中失能、半失能老年人大约4 063万人,占老年人口的18.3%,养老服务发展不平衡、供求矛盾等突出问题依然严峻。我省从1998年开始步入老龄化社会,截至2016年年底,60周岁及以上人口为1 102.2万人,占总人口的17.8%;65周岁及以上人口为743.5万人,占总人口的12%,均高出全国平均水平2个百分点。2015年抽样调查数据显示,我省户平均规模仅有2.55人(全国平均为3.02人),家中全是老人的家庭占比为20.9%(全国为14.9%),空巢老人占比为57%。老年抚养比的不断增长、家庭规模结构的小型化,严重削弱了传统家庭养老的人力资源和物质基础,传统的家庭养老服务已经无法满足日趋增长的养老服务需求。推进养老服务市场化，构建多层次养老服务体系，为老年人提供社会化、专业化的养老服务，是摆在各级政府面前的一项紧迫任务。

（三）推进养老服务市场化是扩大养老服务供给的必然选择

人口老龄化带来的社会保障资金和医疗福利需求的不断增加，养老事业的投入正在不断增加政府的财政负担。当前，我省的养老服务产业仍以公办机构养老为主，一个拥有100张床位的养老院，建设并运行10年的总计费用至少是800万元，而800万元可以支持400个老人的居家养老服务。吸引社会资本打开养老服务市场，不仅可以有效扩大养老服务供给渠道，还可以带动上下游产业的发展。充分利用社会资本开展多样化的养老服务是世界各国养老服务发展的主流趋势，也是减少政府对养老服务投入的有效手段。

二、我省养老服务市场化稳步推进

近年来，我省围绕供给侧改革，充分发挥政府职能，引导社会力量参与养老服务事业发展，通过政府补助、财税优惠、投融资扶持等措施，优化养老市场环境，激发养老市场活力，统筹利用社会资源，增加养老服务有效供给，市场化养老服务逐步发展。

（一）养老服务市场化相关政策加快落实

我省结合贯彻落实国务院《关于全面放开养老服务市场提升养老服

务质量的若干意见》和《扩大旅游文化体育健康养老教育培训等领域消费的实施意见》等文件精神,全面放开养老服务市场,利用闲置社会资源发展养老服务,进一步完善和细化实化政策措施,推动市场化养老服务业发展。为鼓励社会资本投资养老产业,推进"公建民营"等模式,在确保公益性的前提下,鼓励项目通过公开招投标、竞争性磋商等形式选择各类专业化机构负责运营管理。坚持能放尽放的原则,将养老服务体系建设项目审批备案权限全面下放到属地管理,减少审批环节,简化审批手续。全面实施网上申报和政务窗口受理,避免项目单位来回奔波。目前,全省共有社会办力量兴办养老机构845家,拥有床位近11万张,入住老年人4.4万人。以合肥夕阳红、阜阳红叶林、六安信德、宿松温馨等为代表的一批规模化、连锁化民营养老企业逐渐发展壮大。

(二)养老服务市场化政策环境逐步优化

一是强化财政扶持。建立并有效落实社会办养老机构一次性建设补贴、运营补贴、贷款贴息、政府购买服务补贴制度。对民间资本兴办的养老机构,给予每张床位2 000—10 000元不等的一次性建设补贴;按照入住老年人失能程度,分别给予200—600元每月的运营补贴;对民办养老机构的贷款,给予不低于同期利率30%的贴息补助;对于承接政府保障对象入住服务的,给予政府购买服务补助。积极培育扶持规模化、专业化、连锁式的居家养老服务企业发展。二是强化人才支撑。省民政厅、人社厅、财政厅联合出台《安徽省养老服务机构从业人员培训实施办法》,建立了养老服务从业人员岗前培训和在职提升培训制度,2015年以来全省各级培训从业人员2万余人。宣城、铜陵、马鞍山等地还出台了养老从业人员入职奖励和学费减免政策。三是加强行业监管,营造公平投资环境。建立养老机构准入、退出机制,规范许可程序,降低准入门槛;规范服务价格管理,对社会办养老机构提供的照护服务实行市场定价;加强养老服务行业标准化建设,全省制定发布15项地方标准。

(三)养老服务市场化产业发展迅速

2014年,商务部、财政部在全国部分省(区)开展设立基金方式发展市场化养老服务产业试点,安徽被列为八个试点省(区)之一。以此为契机,我省积极开展以市场化方式发展养老服务产业试点,以中央引导资金6亿元为基础,专门搭建养老服务产业基金平台,完成了基金管理公司登记注册及首期养老试点产业基金15亿元的募集,撬动社会投入12亿元,投资11个项目,投资预算3.1亿元,引导基金投向居家养老、社区综合服务、大众化集中养老等养老服务产业,推进养老服务业便利化、特色化、智能化以及融合创新发展。突出区域特色和比较优势,引导社会和民间资本进入养老服务产业,对民间资本兴办的养老机构,在各种预算内投资补助上,享受与公办养老机构同等政策,培育养老服务品牌,促进养老企业连锁化、集团化发展。引进一些民间资本开发老年宜居住宅和老年社区,如合肥太阳湾、泾县月亮湾等一批"全龄宜居社区"已见雏形。会同国家开发银行、农业发展银行等单位,组织各地积极编报养老服务体系专项建设基金项目,共签约实施养老项目38个,安排专项建设基金6.51亿元,带动社会资本投资104亿元。通过养老服务与产业联动机制的建立,养老服务供给产品逐步多元,养老服务市场也逐步向良性方向发展。

(四) 民营资本助推公办养老机构逐步升级

我省逐步通过公建民营、委托管理等方式,充分发挥社会主体作用,引入社会资本,推进公办养老机构改革改制。公办养老机构可以利用闲置床位向社会开放养老服务,允许公办养老机构以设施设备等作价入股,与社会力量共同建设和运营养老机构。农村敬老院实施转型升级,在满足特困人员集中住养需求的前提下,逐步向社会开放,为当地低收入、农村留守、空巢、高龄、失能失独等其他困难老年群体提供养老服务支持。全省 2 622 个养老机构中,734 个由社会资本管理运营(其中公建民营的 262 家),护理型床位达到 12 万张。目前,全省 262 家农村敬老院以公建民营的方式,引进社会资本参与农村养老,面向留守、空巢等老人群体开展服务,共计入住其他农村老年人 1 万多人。

(五) 养老服务市场化方式趋于多样

通过政府引导、社会力量参与,市场化养老服务方法不断创新,服务方式也不断优化。我省安庆、铜陵、合肥、马鞍山等地积极探索通过政府购买服务的方式,引导社会资本和力量,办好居家养老服务。例如,安庆的"贴心之家"模式,引导社会力量参与养老服务,采取公建民营的方式,建设"贴心之家"居家养老服务站,不仅为大量的社区老年人家庭提供了高标准的生活服务保障,还为社会创造了大量的就业机会,开辟了居家养老的新型养老模式。例如,铜陵因地制宜引导社会多方参与,通过政府购买服务的方式,为困难老年人购买居家养老服务,通过招标择优选取了铜陵夕阳红居家养老服务中心、铜陵品质家政服务有限公司作为服务承接单位,为市区 70 周岁以上、低保(低收入)、空巢独居的老年人提供居家养老服务,得到了社会各界的肯定和服务对象的欢迎。例如,合肥庐阳区将建成的51个社区居家养老服务站及社区食堂,由街道根据自身实际,将服务项目捆绑打包进行统一招标,最终选取乐年健康养老产业公司等专业养老机构运营。科学化、专业化、规范化、人性化的养老服务受到社区老人们的广泛欢迎。

三、养老服务市场化存在的主要问题

我省以市场化方式推进养老服务发展虽然取得了积极的进展,但仍处于起步和试点阶段,还存在很多问题亟待解决。

(一)对养老服务市场化认识仍存偏差

认识偏差主要表现在两个方面:一方面是思想转换难。在相当长的一段时间里,养老服务都是由政府包办或主导的,主要针对鳏寡孤独等弱势老年人,将其纳入政府供养范围,养老服务属于福利产品的观念也已深入人心。一些基层领导认为,养老服务是政府的事,人口老龄化问题还比较遥远。调研中,一些民间组织和企业承办的养老机构负责人反映,国家给予民办养老机构的许多优惠政策,但到地方相关部门那里,即使跑断了腿,政策也往往难以兑现,使民营养老机构的发展举步维艰。这种认识上的偏差,在很大程度上影响了社会化养老服务供给数量和质量。另一方面是重视程度严重不足。近年来,由于城市化进程加快,房价上涨,城市土地越来越紧张。民办养老服务业又是一个没有多少税收回报的行业。因此,一些地方对建设养老基地,发展市场化养老服务产业这些事积极性不高,认为城市土地紧张,拿出珍贵的土地资源发展养老,对当地政府没有多少税收回报,感到得不偿失。诸如此类的认识上的偏差,使我省许多地方市场化养老产业的发展至今仍处于起步阶段。目前,全省民办养老机构规模在养老行业的占比仅为20%左右。

(二)市场化养老服务发展要素支撑的基础仍较薄弱

发展市场化养老急需的土地、资本、技术、人才等支撑要素的基础仍需强化。在土地要素上,全省还有很多地方没有制定养老服务设施专项规划,难以实现养老服务设施的均衡布局。在资本要素上,目前养老服务企业在融资上还存在障碍,尽管政府部门出台了一些措施,但由于抵押物、投资回报率、贷款企业性质等多方面限制,效果还不明显。在技术要素上,养老服务企业还没有形成核心竞争力,互联网、物联网等新技术在养老服务上的应用和集成也不成熟。在人才要素上,人才缺口大、专业素养低,与市场化养老产业发展的需求之间矛盾突出。目前,全省从事养老服务人员总数仅有2.4万人,其中获得养老护理员职业资格的仅5 200人,获得其他专业技术资格的仅3 800人,与18万人的专业护理人员需求相比,缺口巨大。

(三)养老服务市场公多私少现象仍然普遍

我省共有养老机构3 801个,其中,公办养老机构3 009个,占79.16%;养老床位27.003万张;私营养老机构792个,占20.84%。公建民营养老机构260个,占公办养老机构的8.64%。占比超过全省养老床位一半以上的敬老院,虽然有3.107万张床位实现了公建民营,但仅占敬老院床位的13.43%。社区日间照料中心公办972个,占

92.57%；社会办 78 个，占 7.43%。老年养护院公办 54 个，占 14.17%；社会办 327 个，占 85.83%。统计数据显示，我省养老服务业市场化程度较低，私营养老机构床位数仅占全省养老服务市场的 23.8%。养老市场结构公多私少，养老市场化、产业化难以形成规模。

（四）公建闲置养老床位市场化利用程度仍然较低

截至 2017 年年底，全省公建养老床位 27.003 万张，入住老人 10.895 万人。我省虽然出台政策允许闲置床位较多的农村敬老院实行公建民营，消化了公建养老机构闲置床位 3.449 万张，但仅占公建养老机构闲置床位的 21.28%，全省公建养老机构仍有 12.758 万张床位闲置，造成了养老资源的严重浪费。加强政策引导，引进民间资本，用好、用活闲置养老床位，让公建养老闲置床位进入市场、发挥服务效益是缓解当前我省养老服务压力的当务之急。

（五）养老服务市场化行业监管仍需加强

随着各类市场主体进入养老服务市场，一些新形式、新业态不断涌现，行业管理短板明显。一方面，养老服务市场行业标准需要规范。养老服务行业的标准化建设刚刚起步，尚未建立全省统一的养老服务质量标准和评价体系，一些如服务质量评判、企业或组织的信用评定的核心和重要标准存在缺失，行业自律的氛围还没有形成。另一方面，行业管理中风险隐患仍然存在。全省 2585 家养老机构中，获得消防许可的仅有 1001 家，占比不到 40%；仍有一大半的养老机构未获设立许可，无证经营，游离于政府监管范围之外，存在风险隐患；有的市场主体以养老服务的名义开展与养老服务无关的活动；个别养老机构存在欺老、虐老现象。

四、推进我省养老服务市场化的几点建议

积极推进养老服务市场化必须坚持以人民为中心的理念,按照投资多元化、服务多样化的原则,积极推进养老服务供给侧改革,鼓励和引导社会资本进入养老服务市场,切实增强养老服务业发展的活力和动力。

(一)不断深化改革,破除制约养老服务市场化的羁绊

必须在以下三个方面下功夫:一是全面放开养老服务市场。大力推进养老服务业"放管服"改革,破除束缚发展的体制机制障碍,让更多的社会资本进入养老服务业。切实放宽市场准入,能放给市场的,必须放开放活,能转移给社会组织的要坚决让渡。全面清理、取消申办养老机构的不合理前置审批事项,优化审批程序,简化审批流程。没有法律法规明令禁入的养老服务领域,对境内外资本、省内外资本要实行开放,施行同等政策待遇,实行统一市场准入,加快建立以市场形成价格为主的养老机构服务收费管理机制,让更多社会资本进得来、留得住、发展得好。二是做抓好政策制定和落实。分级制定养老服务体系建设相关规划,出台有利于社会力量参与养老服务业发展的配套政策和实施细则。加大政策执行力度,切实解决政策落地问题,持续做好政策落地最后"一公里"工作。重新审视以前制定的规划,对不符合新形势要求的,要修改完善;没有规划的,要抓紧制定。在规划编制后,也要重新审视相关的配套制度政策,对落实不下去的,要找出症结所在;缺少的,要抓紧出台。

三是强化服务保障力度。将社会养老服务设施建设纳入城乡建设规划和土地利用规划,合理安排、科学布局,保障养老服务业合理用地需求。发挥资金叠加效应,统筹整合资金支持发展养老服务业,推进养老产业发展基金、PPP模式,鼓励金融机构创新金融产品和服务方式,撬动社会资本投入,支持发展面向大众的社会化养老服务产业。加强在税收减免以及用水、用电、用气优惠等方面的对民营养老机构的政策落地,着力解决养老机构运营成本高等问题,主动为社会力量参与养老服务体系建设排忧解难。

(二) 加大社会资本引进,发挥公建养老床位服务效益

引进社会资本,用好、用活全省15.493万张闲置床位,是缓解当前养老压力的当务之急。对面向提供经营性养老服务的公办养老机构,加快推进公建民营或转制为企业,鼓励社会力量通过独资、合资、合作、联营、参股、租赁等方式,参与公办养老机构改革改制,推进养老服务市场化。一要盘活公办养老服务中心床位。积极推进市、县养老服务中心管理营体制改革,实行"管办分离"。加快公建民营步伐,充分发挥社会资本在人才、技术、管理、服务等方面的优势,大力推动16个市公办养老服务中心5.419万张床位社会化运营。二要提升敬老院养老服务功能。优化整合敬老院床位,对空置率高的农村敬老院老人实行就近集中供养,将其他床位在保障五保老人的基础上用于农村社会化养老服务。推动敬老院转型升级,采取硬件改造提升、软件引入社会服务的方式,加大服务外包力度,将敬老院供养服务以县为单位打捆外包。这样既能减轻基层财政负担,又能解决农村老人养老无处去的问题。三要鼓励和推动社区养老社会化连锁经营。社区养老服务中心点多、线长、面广、高度分

散,仅靠社区工作人员管理运营非常困难,要以市、县(区)为单位打捆招标,购买社会化服务,通过规模化、专业化运营,提升管理运营效益,化解社区养老床位运营难题。

(三)持续做优质量,提高市场化养老服务水平

主要从以下三方面努力:一是提升养老从业人员素质。建立以补代奖机制,支持社会资本创办养老服务培训机构。建立校企、政企联培联训机制,依托学校、养老企业开设养老服务业实训基地。整合高校、中职和培训机构等资源,加快培养老年服务与管理、医疗保健、护理康复、营养配餐、心理咨询等专业人才。二是建立养老服务就业激励机制。鼓励大专院校毕业生对口从事养老服务工作。社会养老机构从业人员在职称评定、技能培训等方面与公办养老机构享受同等待遇。三是培育养老服务社会组织。综合运用政府补贴、设立公益基金、开展公益捐赠等多种方法,鼓励社会组织开发养老综合服务包。支持社会开展养老服务教育培训、研究交流、咨询论证和第三方认证等服务工作。鼓励社会组织开展养老服务行业标准制定、服务质量评估、服务行为监督及专业职称评定等事务,发挥其在行业自律、监督评估、沟通协调、服务中介、风险分担等方面的作用。

(四)注重加强监管,履行政府对养老事业的特定职责

政府的有效监管和支持是市场化养老服务发展的重要保障。一要加快制定监管制度规范,明确监管内容、方式,落实监管责任,延伸监管范围,及时查处侵害老年人人身财产权益的违法行为和安全生产责任事故,坚决打击涉老犯罪,严惩欺老、虐老行为,提升服务管理水平。二要

积极培育和发展养老服务行业协会,搭建社会监管平台,发挥行业自律、标准制定、社会监督、第三方评估等方面的作用,塑造"安全、诚信、优质"的服务品质,让养老机构中的每一位老年人都能生活得安心、静心、舒心。三要加大财政支持力度,明确政府在养老服务中的主体责任,加大对养老服务市场的优惠政策扶持力度,设立专项资金支持各地示范试点。及时推广发达地区先进经验,推动政府与市场合作共赢的互利模式形成。

课 题 指 导:李　翔

课题组成员:陈干全　沈晓武　薛立勇

执　笔　人:薛立勇　陈干全

(完稿时间:2018年9月)

我省创新政策落实情况的评估报告

受省政府办公厅委托,本课题组组织开展了省政府印发的《支持科技创新若干政策》(皖政〔2017〕52号)、《加快建设创新发展四个支撑体系实施意见》(皖政〔2017〕76号)、《关于进一步推进大众创业万众创新深入发展的实施意见》(皖政〔2017〕135号)和省政府办公厅印发的《安徽省促进科技成果转化实施细则(修订)》(皖政办〔2017〕77号)等四个创新政策文件(以下简称"四文件")落实情况的专项评估。评估采取自评自查、问卷调查、座谈访谈、实地走访等形式进行。在省直相关部门和16个市自评的基础上,评估组又赴合肥、芜湖等市和8个县(区),召开市县相关部门、企业座谈会50余场,实地走访企业180余家,开展线上线下问卷调查,回收有效问卷444份,并组织两场由省直部门和高校院所负责人参加的座谈会。现将评估情况报告如下。

一、基本情况

从评估情况看,"四文件"出台后,各级、各部门迅速反应、积极行动,形成了宣讲政策、落实政策的浓厚氛围,有力推动了技术和产业、平台和企业、金融和资本、制度和政策创新体系的加速形成。问卷调查结果显示,受访企业和高校院所对政策落实情况总体评价为"很好"和"较好"的占94.8%。

(一)主要做法

1. 注重政策宣传。省直相关部门及各市结合"四送一服"双千工程,广泛开展了多种形式的政策宣讲、政策解读和政策培训,送政策进园区、进企业、进高校院所。例如,省科技厅召开政策座谈会、宣讲会十多次,举办了专题培训会,400多人参加培训。芜湖、淮南、马鞍山、池州等各市成立了创新政策宣传组,通过举办报告会、高新技术企业培训会、R&D统计培训会、科技计划项目管理培训会,编印宣传册、政策"明白纸"等方式,加大政策的宣讲和解读力度,并广泛利用广播、电视、报纸等媒体提高政策的知晓度。问卷调查结果显示,80%以上的受访企业对创新政策"非常了解"和"比较了解"。

2. 出台配套政策。各级各部门结合自身实际,及时制定配套政策、实施细则、工作方案。例如,省科技厅联合省财政厅等部门出台政策兑现工作方案,印发兑现补助申请等相关细则。省经信委制定省制造业创新中心建设管理办法、新一轮技术改造推进方案。合肥、芜湖两市全面梳理需要配套和先行补助的条款,分别制定了"1+3+5"和"1+5+6"政策体系。铜陵配套出台"科技创新36条"。亳州、宿州、阜阳等皖北各市制定出台了政策落实文件,明确了县区、园区资金配套比重,实现了与省科技创新政策的有效对接。

3. 落实扶持资金。围绕皖政〔2017〕52号文件,省科技、财政、发改、经信、人社五部门进行政策会审,确定2017年省级补助项目和经费,共兑现13亿元,涉及单位2100多家。各市按照程序和标准,确保各项扶持资金兑付到位。例如,合肥获得省科技创新政策补助资金2.1亿元,其中1.4亿元需要本市配套,已按1:1配套拨付到位;芜湖兑现省级配套资金0.8亿元、市级科技创新政策补助2.5亿元;蚌埠拨付市级配套资金0.56亿元,并将资金支持延伸至众创空间(孵化器)。滁州在两年内将市级财政创新投入从1 070万元提高到1亿元。

4. 构建工作机制。各市切实加强组织领导,严格落实工作责任制和考核评价机制,确保政策落地见效。合肥成立由市长牵头、覆盖全市的"双创"工作领导小组,建立"双创示范"责任落实双重机制,细化岗位职责。滁州成立市委、市政府主要领导为组长、15位市领导为副组长、40个相关单位为成员的科技创新领导小组,制定了科技创新综合考评办法,将财政投入资金增长作为考核各县市区重要指标,并将省市创新政策兑现情况纳入考核。宣城成立市长为组长的创新城市领导组、国家高新区建设领导组、分管市长为组长的宛陵科创城领导组,加强工作调度,统筹各项政策落实。阜阳出台县(市、区)科技创新工作综合考评方案和实施细则,推动创新政策在县域落实。

(二)主要成效

总的来看,受访企业对"四文件"的落实情况满意度较高,普遍认为各项政策措施在引导和推动创新发展方面发挥了积极作用。在"四文件"重点任务分工中,牵头单位包括23家省直部门和合肥,共116项任务大类。时限要求在2017年完成的有54项,除安元创新风险投资基金因涉及协调证券监管基金出资比重限制问题,基金未能在当年完成工商注册;"强化知识产权创造、保护和应用"中专利权质押贷款贴息、发明专利补助等少数细类任务因客观原因未能执行,其他的均已完成。时限要求在 2018 年完成的有 24 项,正在按时间要求推进。时限要求在 2020 年完成的有 38 项,各项工作正在筹划或已经启动。问卷调查结果显示,受访企业认为系列创新措施成效"非常明显"和"比较明显"的占 93.7%。

1. 促进了科技成果转化。"江淮双创汇"品牌活动已实现 16 个市全覆盖,有力推动了创新创业成果路演展示。科技成果转化的渠道更加顺畅,一批科技成果落地生根。围绕新型显示、智能语音、机器人、高性能专用集成电路、高端医疗器械等领域,布局实施了 19 个省科技重大专项,累计实施重大专项项目 650 个,争取国家支持和带动企业投入 80 多亿元。截至 2017 年年底,"三重一创"共认定第一批和第二批重大工程 16 个、重大专项 18 个,安排 3.1 亿元支持 40 多家企业开展关键技术研发和产业化建设。2017 年登记的 346 项应用技术成果中,实现产业化应用的有 276 项,占成果总数的 79.8%。其中,252 项成果共实现转化收益 25.34 亿元,分别为自我转化收入 24.05 亿元、技术转让与许可收入 0.28 亿元、合作转化收入 1.01 亿元。例如,芜湖完成技术合同交易 26.4 亿元,完成科技成果登记 63 项,中联重机、恒利增材等四家企业购买省外先进技术成果获得补助。蚌埠以公司化运作服务科技成果转化、以财政资金参股化扶持项目建设、以股权化激励核心技术团队,先后成功转化 MEMS 传感器、柔性显示薄膜、空心玻璃微珠等科技成果。铜陵支持境外高层次科技团队开展科技成果转化,亚纳米扫描探针技术、奇点新能源汽车、氮化镓圆片等一批项目成功落户。滁州完成技术合同登记 44 项,认定登记的技术交易金额 5.25 亿元;从市外吸纳技术成果 782 项,技术交易金额 8.09 亿元。

2. 推动了创新创业平台建设。期间涌现出一批市场化、专业化、集成化、网络化的创新创业平台。2017年,全省新建各类众创空间35家,总数已达260家,其中国家备案42家、省级备案97家。新增备案省级科技企业孵化器20家,目前总数已达151家,其中国家级25家、省级59家、专业孵化器31家,孵化器面积342万平方米,在孵企业5 274家,累计毕业企业2706家。各市在推进创新创业平台建设中,探索和积累了一些好的做法,取得了明显成效。例如,合肥在与中国科大、中科院、清华大学等知名院校协作建设中国科大先研院、中科院合肥技术创新工程研究院、清华大学合肥公共安全研究院等新型协同创新平台的基础上,又与北航、哈工大、澳大利亚阿德莱德大学等建立创新平台或开展深度合作,累计投入30亿元,孵化企业261家。滁州推动实现县(市、区)科技孵化器、众创空间全覆盖,14家省级以上园区建立了各类科技孵化器,并与清华大学、上海工程技术大学等共建众创空间。马鞍山初步建成首个科技企业加速器——富马智速科技园,项目总建筑面积约5.6万平方米。铜陵联合高校、科研院所组建了我省第一个众创空间联盟,为创业者提供创业项目、创业培训、金融投资、法律援助等服务。

3. 催生了一批科技型企业。2017年,全省高新技术企业净增450家,总数达4 310家,居全国第8位,成为全省产业创新主导力量。各市涌现了一批科技创新型企业,合肥净增高新技术企业310家,滁州净增56家,马鞍山净增38家,阜阳、蚌埠、安庆分别净增29家、21家、17家。从净增高新技术企业数量来看,合肥是我省科技创新的领军力量,在各项政策的引导下,其他市也呈现出竞相发展的势头。

4. 集聚了一批创新创业团队。创新创业主体向往汇聚的势头明显。截至2017年年底,全省在皖"两院"院士32人,建成院士工作站209

家,柔性引进院士 234 人次,引进国家"千人计划"人才 250 人、"万人计划"人才 61 人,院士经济、人才经济亮点纷呈。在"人才＋成果＋金融＋基地"引进模式的带动下,已累计扶持 115 个海内外高层次科技人才团队,2017 年省遴选 48 家在皖转化成果人才团队,并给予股权或债权扶持 3 亿元,带动市县和企业投资 12.6 亿元。在这一过程中,各市形成了一些特色和亮点。例如,芜湖共招引高层次科技人才团队 268 个,已有 5 个团队创办企业进入挂牌上市重点后备企业。铜陵对每个引进的高层次科技人才团队各出资 500 万元参股支持,目前已招引 14 个团队,新注册成立科技型公司 14 家。界首的"院士经济"独树一帜,已建立院士工作站 6 家,总数居全省县域第一方阵。

5. 引导和撬动了金融资本投入。多层次、多元化的金融资本对科技创新的支撑作用初步显现。至 2017 年年底,省级股权投资基金共设立母基金 4 只、子基金 16 只,到位资金分别达 33.73 亿元、16.21 亿元。省级股权投资基金累计投资项目 78 个,投资金额 6.3 亿元。省投资集团将 2015 年以来联合相关地市共同发起设立的 14 只创业投资基金整体转型为风险投资基金,规模达 19.16 亿元。科技融资担保业务已纳入新型政银担风险分担机制,有 67 家政策性融资担保机构开展了科技融资担保业务。创新券试点积极推进,马鞍山、阜阳、铜陵、滁州和合肥高新区、芜湖县已全面推开,2017 年发放 1.43 亿元。在科技金融创新方面,合肥走在最前面,全市产业、创业投资引导基金共计规模 45.29 亿元,参股设立基金 28 支,实际到位资金 73.18 亿元,已投 62 个重点企业(项目),投资额 21.92 亿元。特别是合肥设立的天使投资基金规模已达 4.94 亿元,已投各类创业型小微企业(项目)47 个,金额 2.18 亿元。此外,合肥还大力引进社会股权投资基金,已入驻 52 支,管理公司 43 家,资金总规模达1174亿元,累计对外投资项目187个,协议投资总额99亿元。

6. 调动了高校院所科技创新积极性。作为"三权"改革试点单位,中国科大、合工大科技成果转化取得积极进展。两校已累计处置成果24项,累计处置收入近2亿元,成果转让收益分配比重分别为6∶2∶2(成果完成人、学校、所在学院)、7∶1∶1∶1(成果完成人、学校、所在学院、转移中心)。合工大通过设立国家级合肥工业大学转移中心天长分中心,实现企业出题、高校解题、政府助题,初步形成"成果转化＋转移中心＋公共平台＋科技金融"的"天长模式",并在安庆、长丰县、临泉县等地推广。安徽大学光电感测科技成果以5022万元作价入股,联合社会投资机构共同组建科技企业。中科院合肥物质科学研究院2017年以来实现技术转移400多项,技术合同额超过3亿元,有61项技术成果作价3.1亿元入股27家公司,吸引外部投资近7亿元。中电科38所组建太赫兹公司,核心团队获得科技成果无形资产作价奖励540万元,出资现金1100万元,并持有公司20%股份。

二、存在的问题

从评估结果看,落实"四文件"虽然取得明显成效,但也存在一些不足和问题。

(一)财税优惠奖补力度还不够到位

1. 科技创新政策兑现刚性需求加大。省科技厅反映,2017年实施的"科技十条",当年兑现13亿元。2018年在此基础上,增加了"一室一中心"奖励资金、提高省科技奖奖金标准、与大院大所合作扶持政策兑现资金以及新设立省科技成果转化基金、科技融资担保资金等,共计7.5亿元需要落实,政策刚性需求与实际经费预算缺口较大,兑现难度加大。

2. 财政奖补政策受益面较窄。省财政厅介绍,目前享受到科技扶持政策的中小微企业占比仅为21%。大量中小微企业特别是处于孵化中的种子期、初创期企业反映,由于标准层次、经费支持数量等条件限制,财政扶持政策只能优中选优,很多创新主体可望不可及,"听得着、看得着、但是摸不着",与政策设定的初衷存在偏差。

3. 企业研发投入主动性不够。安庆、淮南等市反映,部分中小微企业创新意识较弱、研究政策不够,创新动力不足,不愿在创新上下工夫,特别是在研发投入上,存在着"等、靠、要"思想。省财政、经信等部门反映,我省部分企业存在研发投入过度依赖政府性资金现象。在评估中了解到,有些企业享受的科技创新财政奖补资金已占其研发投入的40%左右,有的甚至占一半以上。

4. 现行税收政策影响科研单位成果转化积极性。中国科大先研院反映,现行税收政策将科技成果作价入股视同销售行为,单位按规定需要即期缴纳增值税和所得税,不能缓缴。一旦成果转化为产品后没有达到预期的市场收益,前期所纳税额会成为资产损失,单位承担的风险与可能获得的收益不相匹配。且按当前的政策,作价入股的股份首先为单位持有,然后奖励给个人,单位即期缴纳的增值税包含了个人应缴部分,与单位的受益不成比重。

5. 相关配套政策还未及时跟进。主要表现为"四文件"要求制定的配套政策还没有全部出台,一些实施细则的操作性仍不够强,政策指南内容未能实现业务全覆盖,部分企业诉求没有得到及时的政策回应。例如,安徽华东光电技术研究所反映,"科技十条"中提出"对获授权的发明专利,依据专利质量、产业化前景等绩效情况,省给予一次性补助",表述过于笼统,无法实施。中科院合肥物质科学研究院和中国科大等反映,"科技十条"中关于"推进大型科学仪器设备共享共用"没有明确仪器操作人的补助标准,影响了政策实施效果。安徽大学、合肥学院等高校反映,皖政办〔2017〕77号文第九条提出"免除在成果定价中因成果转化后续价值变化产生的决策责任"没有具体细则不具备操作性。合肥、马鞍山、宁国等地企业反映,对于服务我省企业发展但注册地在省外的"离岸"研发中心,"四文件"中没有明确的支持条款。凤台县反映,目前省、市未出台农业科技孵化器专项支持政策,该县水稻原种场无法享受政策扶持。

(二)金融资本支撑作用发挥还不够充分

1. 政府基金作用与预期差距较大。省金融办反映,资金募集、项目投资进度缓慢。2018年上半年,省级股权投资基金母基金累计到位资金24.33亿元、子基金到位资金1.42亿元,投资金额6.01亿元,对标2018年度完成资金募集110亿元、项目投资66亿元的预期目标,差距很大。天使、风投基金发育不充分,投资机构、投资人严重不足,种子期、初创期科技型中小微企业"融资难"问题非常突出。阜阳、马鞍山、宣城等地多家在孵企业反映,面临毕业后融资难问题。2017年,我省备案创业投资企业仅30家,与江苏省的113家、浙江省的83家相比差距较大。

2. 科技信贷支持力度偏弱。省银监局反映,截至2018年6月末,全省银行业新设或改造完成科技特色支行仅9家(中国银行4家、徽商银行3家、杭州银行1家、中国农业银行1家),科技型企业贷款余额959.8亿元,占全省贷款余额2.5%左右,与市场需求和预期相差较大。阜阳、六安、宣城、天长县等地反映,科技型企业融资渠道单一,专业科技金融机构和专项的产品较少,特别是专利权质押贷款几乎都与有形资产捆绑,专利融资抵质押方式创新的政策未能有效落实。另外,马鞍山反映,政银担业务代偿余额较高,业务风险较大,易出现政策性亏损。

3. 直接融资工作推进难度较大。省金融办介绍,2018年全省直接融资和企业上市挂牌面临较大压力,皖政〔2017〕76号文件相应条款落实有较大难度。从企业上市挂牌看,截至2018年7月份,全省新增全国中小企业股份转让系统挂牌企业仅18家,而2017年是82家;预计2018年全省新增境内外上市公司数量比2017年将减少2家。这一情况在市县评估中也得到了印证。例如,滁州反映龙利得等企业上市被否,浩森科技、天大新材等企业撤回上市申请,主要原因是IPO过会率持续低位徘徊,IPO净利润等指标门槛显著提高,企业上市挂牌信心不足、积极性不高、观望情绪加重。从企业债券看,2018年上半年,全省发行债券130亿元,平均发行利率6.5%,较去年同期提高0.9个点,比银行同期贷款基准利率高1.6个点。

(三)平台服务带动能力还不够强

1. 平台专业性不够。省科技厅介绍,省内孵化载体多数定位为综合型的,专业性孵化器偏少,尤其是围绕24个战略性新兴产业基地精准建立的特色平台更少,而江苏、浙江等省份的孵化器与区域产业发展方向和当地技术、市场等优势资源结合紧密。评估调研中发现,许多孵化器和众创空间产业方向、发展规划不清晰,引进的入孵企业科技含量不高,与本地主导产业发展契合度较低。

2. 平台服务功能不健全。总体上看,我省孵化器服务水平较低,尤其缺乏技术咨询、专业指导、金融支持等方面的增值服务,多数尚处于为在孵企业提供办公场所、硬件设施、物业管理及税收优惠服务等低端阶段。宣城开发区科技园反映,企业孵化毕业后面临土地、能耗等要素指标制约,从孵化器转到加速器的链条中存在服务空白。中科院合肥技术创新工程研究院反映,孵化器毕业年限设置为三年等指标不完全符合初创企业的成长规律,很多企业面临着"毕业等于死亡"的困境,一些毕业企业被迫从一个孵化器跳到另一个孵化器,反复"镀金"。

3. 平台建设政出多门。评估调研中各地反映,发改系统有"工程研究中心""工程实验室",科技系统有"工程技术研究中心""重点实验室",经信系统有"企业技术中心",这些创新平台的建设和管理政策交叉、功能重叠,易产生政策兑现脱节和推诿现象。

4. 地域发展不协调。据省科技厅专题调研,全省的科技企业孵化器在数量与运行效果方面地区差异过大,合肥、芜湖两市孵化器总数占全省的44.4%,皖北六市仅占19.2%,发展不充分、不平衡问题比较突出。

(四)创新人才政策效应还不够明显

1. 科技人员离岗创业政策收效甚微。省人社厅介绍,2017年省直科研院所和省属高校办理离岗创业手续人员仅28人,且半数以上为多年前已在创业,只是在今年才办理离岗手续。这一情况在市县调研中也得到印证,如六安、马鞍山、宣城等市反映,目前为止尚未有一例高校院所科技人员离岗创业案例。究其原因主要是技术人员有创业意识、无离岗意愿，担心离岗后与原单位的信息、人脉、研究等资源脱钩，失去创业之源。

2. 外籍人才引进政策落实还不到位。合肥、铜陵等地反映，目前我省在落实外籍人才政策方面还存在不足，居留和出入境、落户等方面的政策条款执行不够到位，外籍人士申报永久居住身份证审批时间较长，有的甚至超过一年。省公安厅反映，七项出入境政策在省级层面没有形成统一的协调机制，五年以内的长期工作类居留许可签发量较低，外籍人才不能最大限度享受到新政。

3. 科技人才团队管理条款仍需完善。马鞍山、宣城等地反映，"科技十条"实施细则中关于"支持科技人才团队在皖创新创业"规定，团队申报条件设置不合理、扶持资金跟踪问责难度大。例如，细则规定"科技团队创办的公司在皖注册成立三年以内，团队累计占其创办公司的股份不低于20%"的申报条件，多数团队因资金不足占比不到20%被拒之门外。细则规定的"科技团队的奖励形式主要包括上市奖励、业绩奖励和回购奖励"，对五年内未上市的企业，如何收回部分扶持资金缺乏细则指导。

（五）创新创业发展环境还亟待优化

1. 项目申报监管仍存在"短板"。评估调研了解到，皖政〔2017〕135号文件中的一些政策措施是原则性、粗线条的，办理部门不明确，申办流程不具体，可操作性较低。一些企业反映，申报购置用于研发的关键仪器设备奖补，程序复杂、所需材料较多、第三方机构反复评估，增加了企业项目申报的财务和时间成本。安徽华东光电技术研究所反映，在申报过程中不能及时得到条件不达标或不符合规定的信息反馈，无法及时补充材料，影响政策兑现。合肥、宣城等市科技部门反映，一些奖补政策留给企业申报、市县科技部门审查的时间过短，影响项目推荐质量。安庆反映，有些项目后期监管存在着多部门频繁检查、内容重复、标准不统一等问题，企业疲于应付。

2. "三权"改革政策落实不力。中国科大等高校反映，科技成果转化后形成的国有资产，按照现有国资管理要求必须保值增值，没有考虑到科技成果转化的风险，保值增值压力较大，既给项目负责人带来了决策风险，也给单位带来了业绩考核的压力，影响科技成果转化的积极性。省人社厅和合肥学院反映，目前纪委、监察、组织、审计等部门均未参与"三权"改革政策的制定，担任领导职务的科研人员不敢享受职务成果转化的相关奖励，担心在审计、巡视、纪律检查中解释不清。

3. 科技成果信息渠道不够通畅。合肥、黄山等市反映，科技信息处于分散、孤立状态，"信息孤岛"现象严重，企业无法及时、有效、精准获取科技成果信息，资源捕捉寻找机制不健全。安庆等市反映，企业、高校科研院所、金融机构之间数据信息共享不畅，影响了科技资源开发利用。芜湖虽然运用了大数据和"互联网＋"技术，较好解决了市域内的证照、许可、处罚、信用和投诉举报等信息共享问题，但与国家和省级部门数据对接不畅，目前仅共享了两个国家部委、六个省级部门的数据信息。

三、相关政策建议

总结一年来各级、各部门落实创新政策的做法和经验，针对存在的不足和问题，在吸收各方面意见的基础上，评估组提出以下建议。

（一）持续加大政策落实力度

评估的四个文件中，加快建设创新发展四个支撑体系属于顶层设计的纲领性文件，对时限要求在2018年年底完成的工作任务部署得比较具体。从评估来看，执行效果也较好，下一步关键要抓好"回头看"，运用评估和督查结果，进一步完善相关细则、加大兑现力度，提高政策效应。对时限要求到2020年需要完成的任务，多数还处于起步阶段，这些任务对构建完备的支撑体系具有牵引性作用，必须从更高的站位、以更大的力度加以推进。其中，牵头责任单位非常明确的任务，如建设一批规模化综合性加速器、打造一批具有核心竞争力的产业集群、支持省股权托管交易中心完善金融服务功能、完善区域创新分类发展机制、营造崇尚创新的文化环境等，必须要求相关责任单位逐年排出推进计划，并在年度工作安排中予以明确，以年度任务的完成确保最终目标的实现。对诸如完善重大技术研发转化、创新创业资源捕捉寻找、成果路演展示、主体向往汇聚等12个机制建设任务，因涉及多个部门、多类工作，要尽快明确牵头抓总部门，统筹谋划，协同推进，避免各部门只盯着机制建设的细类任务各自为战，而忽略了机制建设的联动性和整体性。

（二）着力提升财政投入效率

鉴于2018年支持科技创新的财政投入方式有所调整，执行2017年的兑现标准存在较大资金缺口，科技、发改、经信、财政等部门要做好政策调整解释说明工作，在奖补资金总额和奖补对象基本不变的前提下，适度调整奖补项目、标准和方式，尽量保持原有政策的覆盖面，让企业切实感受到政策的稳定性和延续性。着力推动科技财政投入方式改革，逐步实现"资金变基金、拨款变股权、无偿变有偿"。针对部分企业研发投入过度依赖政策性补助等问题，要加强财政投入绩效考核，尽量避免政策的重复支持，提高资金使用效率。

（三）大力增强科技金融实效

一是推动省级股权投资基金加快投资运营。省证券监管部门要加强与国家证券投资基金业协会沟通协调，跟进推动省级股权投资基金备案登记工作，省直相关部门要督促省级股权投资基金加快资金募集和投资进度，推动更多省级股权投资基金实质性运营。尽快出台支持私募基金发展专项政策，可借鉴深圳近期出台的"鹏城英才计划"政策，对投资技术研发的，政府收益部分100％奖励社会资本，对投资初创期、种子期科技企业的，政府收益部分50％奖励社会资本。加强省级股权基金运行情况调度考核，将考核结果列入牵头设立的省属企业及其领导班子考核内容。引导基金管理公司围绕战略性新兴产设立一批子基金，尽快实现战新基地基金全覆盖。积极筹备组建省科技成果转化引导基金，推进以市场化方式设立中试创新基金，引导各类科技成果在皖转移转化。二是完善科技贷款扶持政策。出台省里支持、市县主导的科技型中小微企业专利权质押贷款风险补偿专项政策，鼓励更多商业银行设立科技支行或信贷专柜，建立知识产权登记、评估、拍卖、转让、交易平台，探索建立"专利质押＋银行贷款＋风险补偿"专利质押贷款模式。大力培育专利评估机构，降低企业专利评估成本。三是建立科技型中小微企业贷款过桥专项资金。借鉴山东、浙江等地经验，设立中小微企业融资周转资金，主要用于初创期科技型企业贷款风险补偿和续贷转贷，有效缓解科技型中小企业资金压力。

（四）切实提升各类平台功能

立足全省战略性新兴产业发展方向，建设一批专业孵化器，推动一批综合孵化器转型为专业孵化器。引导孵化器加大提供技术研发、产品设计、数据资源、专利代理、检验检测、金融资本等增值服务。借鉴浙江等地经验，将在孵企业纳入政府首购（订购）、创新券等政策扶持对象范围。针对皖北及县域孵化器建设薄弱现状，重点鼓励地方行业龙头企业建立专业孵化器。尽快研究制定孵化器评价考核细则、加速器专项支持政策，完善促进科技成果产业化的政策链条。抓紧落实国家科技创新基地优化整合方案，尽快出台我省具体实施办法，对目前分属发改、科技、经信部门的各类创新平台，实行归口管理、政策统筹、联动审批。

（五）加快推进科技成果转移转化

总结推广合工大的"天长模式"经验，支持高校在地方建立技术转移分中心，联合攻关关键共性技术难题。积极探索"揭榜挂帅"机制，将拟定攻关的关键核心技术项目进行张榜公示，吸引领军人才、科研团队前来"揭榜"。开展技术类国有资产管理试点，消除技术转移过程中的国有资产绩效考核后顾之忧。借鉴湖北等地经验，大力发展科技成果转化中介服务机构，以政府购买服务的形式支持中介服务机构从事科技成果捕捉寻找和推广转化活动。建立健全省、市、县三级专业化技术转移网络，鼓励高校、科研院所建立专业化技术转移机构，加快发展民办技术转移机构。重点支持高校院所研究人员、管理服务人员、退休人员从事技术转移活动。支持境外机构在皖设立具有独立法人资格的技术转移机构。建立双向奖励制度，地方政府和高校分别按照年度技术合同成交额的一定比重,或者按科技成果转化产生经济效益的一定比重给予中介服务机构或技术经纪人奖励。借鉴江苏做法,探索推行科技镇长团制度,鼓励高校研究人员担任科技副镇长,主要负责科技成果对接转化工作。

(六)持续激发科研人员积极性

放宽横向合作课题经费报销限制、提高课题间接经费比重、在职研究人员可列支劳务费,切实发挥科研经费的正向激励作用。放宽高层次科技人才团队在皖创办企业的条件,建立省、市、科技团队所出资金的退出机制,真正落实尽责免责政策。借鉴江苏做法,可明确规定采取作价入股方式转移转化科技成果,对已勤勉尽责、但发生投资损失的,经审计确认后,主管部门不将其纳入资产增值保值考核范围。省人才办、人社、公安、外事等部门要配合协调,进一步落实公安部七项出入境政策,完善外国人才由工作居留向永久居留转换机制,实现工作许可、签证和居留有机衔接,畅通外籍人才来皖居留渠道。在继续执行鼓励科技人员离岗创业政策的同时,将政策的重点转向支持高校科研院所研究人员兼职创业或在职创办企业,允许到企业、社会组织等兼职从事技术开发、咨询服务和成果转化活动并取得合法报酬。

课题指导:孙东海

执 笔 人:凌宏彬　蔡的贵　丁胡送

周四贵　王　瑶

(完稿时间:2018 年 7 月)

关于进一步提升皖台集成电路产业合作发展水平的调研与建议

集成电路产业是国民经济的基础性、关键性和战略性产业,是衡量一个国家或地区现代化程度以及综合国力的重要标志。我国台湾地区是全球集成电路产业发达地区,目前正处于向大陆产业转移时期。为进一步提升皖台集成电路产业合作水平、推进我省集成电路产业发展,我中心联合省台办赴合肥、马鞍山等地以及江苏、福建等省外台资企业集中地区开展深入调研,现形成调研报告,以供参考。

一、推进皖台集成电路产业合作发展的重要意义

我省与台湾地区集成电路产业合作具备良好的基础和条件,抓住当前产业转移机遇,大力推进皖台集成电路产业合作,对加快我省集成电路产业发展具有重要意义。

(一)突破产业核心技术的理性选择

习近平总书记指出,核心技术是国之重器,要加速推动信息领域核

心技术突破。我国集成电路核心技术缺乏,2017年集成电路进口额2600多亿美元,中兴事件进一步显示了核心技术受制于人的窘境。随着中美贸易摩擦的加剧,美国、日本、韩国以及欧洲等国家地区加大了对我国的技术限制,而台湾地区作为全球集成电路产业重要基地,已成为大陆合作发展集成电路产业重要选择。面对这一形势,我省应发挥与台湾地区联系紧密的优势,利用多种渠道和机制加强与台湾地区产业合作,为国家在突破集成电路产业核心技术上作出安徽贡献。

(二)促进我省产业升级发展的现实所需

当前全球产业正处于加速变革和调整的新阶段,集成电路产业因其关联度高、涉及面广、辐射力强、带动性大而成为经济社会发展中最具活力的新兴产业之一。据测算,集成电路每1元的产值,可带动电子信息产业10元产值。经过几十年发展,台湾地区集成电路产业从无到有进入世界领先行列,2017年半导体晶圆代工世界第一(市场占有率77%)、设计第二(占18%)、封测第一(占54%),总产值超过5300亿元人民币,占其GDP比重达14%左右、出口比重达四分之一。我省集成电路产业还处于刚刚起步阶段。加强对台集成电路产业合作,有利于推动我省白色家电、液晶显示、装备制造、新能源汽车、光伏等产业智能化升级,进一步提升产业层次和核心竞争力。

(三)做强我省集成电路产业的重要途径

从其他省份实践经验来看,强化对台合作是发展集成电路产业的有效途径。例如,南京借助台湾积体电路制造股份有限公司(以下简称"台积电")项目,快速集聚了一大批集成电路企业,预计直接带动集成电路产业上下游产业 300 亿美元投资,使南京在国内城市激烈竞争中脱颖而出。福建厦门引入台联电,集聚了厦门元顺、海芯科技等 70 多家集成电路企业,着力打造千亿产业集群。从我省情况看,合肥、芜湖、马鞍山等地把自身政策、资源和市场优势与台湾项目、人才和技术有机结合,形成了良好的合作平台和基础。下一步要坚定不移地加强皖台合作,着力做大做强我省集成电路产业。

二、皖台集成电路产业合作现状

我省长期致力于推动皖台集成电路产业合作,已成为台湾集成电路产业的重要转入区、集聚地,合作成效显著,发展潜力巨大。

(一)引进了一批台湾地区龙头企业

随着与台湾地区集成电路企业合作的不断深入,一批台资龙头企业纷纷布局我省。目前,台资在我省投资的集成电路项目超过 40 个,研发中心 1 个,涉及投资总额 200 亿元以上。已落户的有晶圆制造行业全球排名第 6 位的力晶科技、集成电路设计行业全球排名第 3 位的联发科技、在国内车载系统芯片市场占有率超过 70% 的杰发科技、台湾地区第二大集成电路设计企业群联电子、电源管理芯片领军企业矽力杰、芯片封装龙头企业顾邦科技等知名企业,初步形成了覆盖上下游的产业链条。联发科技将其第二大研发中心设立在合肥。晶合晶圆是安徽省首家 12 英寸晶圆代工企业,2017 年 12 月已实现量产。台湾顾邦科技与有关方面合作,在合肥设立中国大陆最大的半导体显示芯片封测公司总部,并在合肥打造中国大陆最大的半导体显示芯片封装 COF 卷带生产基地,实现 COF 卷带本地化生产。新汇成晶圆凸块封测项目填补了国内同类产品空白。

(二) 吸引了一批台湾地区技术人才

集成电路产业的发展关键是人才。一批大项目在我省落地,吸引和带动了一批台湾地区技术人才积聚我省。晶合晶圆制造项目由全球第六大晶圆代工企业台湾力晶与合肥共同投资建设,吸引了近 300 名台湾地区技术人才落户。合肥与北京兆易创新合作投资的项目,吸引了 484 名台湾地区技术人才在企业工作,平均行业从业经验超过 15 年,预计一期达产后在皖台湾地区技术人才将达到 1 000 人。截至目前,以联发科技、晶合集成等为代表的两岸合作集成电路企业集聚台湾地区技术人才已超过 1 500 人。

(三) 搭建了两岸产业交流平台

为推进两岸集成电路产业互利共赢,加深合作与交流,从 2015 年起我省发起主办海峡两岸半导体产业(合肥)高峰论坛,已成功举办四届。论坛已经发展成为两岸半导体产业界一年一度的高端盛会,累计吸引 500 多名两岸行业领袖、专家学者出席,2 000 人次业内人士参会,在业内形成了较强影响力。2012 年,我省发起组织了海峡两岸(马鞍山)电子信息博览会,至今已举办六届,已成为海峡两岸加深经贸交流合作、展示电子信息产业成果的重要平台。特别是 2018 年 9 月,合肥获批全国首个海峡两岸集成电路产业合作试验区,为我省集成电路产业加速发展拓展了战略空间。

（四）形成了产业集聚发展态势

借力新型显示、家电、汽车等优势行业，我省大力推进"屏—芯—端"一体化协同发展，全方位推动台资、陆资及外资企业在我省融合发展，初步形成了产业集聚发展态势。2017年，我省集成电路产量同比增长133％，居全国第2位，产量居全国第9位；产业链产值达260亿元，增长近30％。从产业集群看，在面板驱动芯片领域集聚了晶合集成、新汇成、奕斯伟等企业，在家电芯片领域集聚了联发科技、君正科技、工大先行等企业，在存储和电源领域集聚了矽力杰等企业。从产业链条看，初步形成了从设计、制造、封装测试、材料、设备等较为完整的产业链条，代表性企业有联发科技、群联电子、杰发科技、台湾昱泉、台湾钰祥等。从区域布局看，初步形成了以合肥为核心，芜湖、蚌埠、滁州、马鞍山、铜陵、池州为产业弧的发展格局。合肥发展集成电路全产业链条，完善产业配套设施，全力打造"中国IC之都"。

三、当前皖台集成电路产业合作发展中存在的主要问题

虽然我省在推动皖台集成电路产业合作上取得积极进展和明显成效，但仍面临一些亟待解决的制约因素和问题。

（一）产业总体规模小层次低

我省半导体产业产值总体规模偏小，只相当于江苏的15％、上海的22％。省科技厅反映，我省芯片设计产品方向分散，档次较低，围绕家

电、汽车、平板显示等主导产业的核心芯片产品和高端芯片产品很少,通用制造工艺与国内外先进水平还有一定差距。终端产品市场拉动作用偏弱。例如,杰发科技反映,企业自主研发的汽车电子芯片已占据国内后装芯片市场60%以上,并被大众、福特等众多国外车企采用,但尚未打开本地汽车市场。合肥晶合反映,由于我省供应链体系不完备,该企业虽进驻合肥发展,但还是在与以前合作方做原有业务。

(二) 重大台资合作项目缺乏

近年来,虽然落户我省的台湾地区集成电路企业数量逐年增加,且不乏联发科技、群联电子、墩泰科技等优质企业,但项目的牵引和带动效应明显不足,还不能有效提升我省集成电路产业的质量和规模。目前,我省与台资合作的最大集成电路项目晶合集成,投资额仅128亿元、项目全部达产后年产值约35亿元。合肥半导体协会反映,落户我省的联发科技虽是台湾地区第一大、全球前三的设计公司,但与我省开展的合作领域主要是研发,对上下游企业尚未形成显著的辐射带动效应。相比之下,南京浦口经济开发区反映,先期投资30亿美元台积电项目预计将引来众多上下游配套企业,几年内有望形成以台积电为龙头、上千家配套企业的千亿级半导体产业集群。

(三) 资金供求矛盾突出

集成电路行业属于资金密集型高风险行业,项目一落地,就会产生巨大资金需求,资金供给压力大。例如,合肥晶合晶圆、维信诺OLED等一批百亿级集成电路产业项目落地,在产业快速发展时产生了巨大的资金需求,其中某项目远期规划投资就达1 500亿元。合肥晶合反映,该企业仍有5亿元以上的资金缺口,获得银行贷款难度较大。合肥新汇成也反映,企业资金投入大,政府协助的银行担保贷款进展不顺。从资金供应来看,我省设立300亿省集成电路产业投资基金,首期募集100亿,其中国家大基金投资10亿、省级配套10亿、合肥投入30亿、引入社会资本50亿。目前,仅合肥到位约10亿资金,社会资本引入进度缓慢。另外,我省向国家集成电路产业投资基金二期150亿元的出资工作尚未完成,风险投资基金发育也不充分。

(四)人才支撑明显不足

人才是半导体产业的核心要素。我省集成电路产业人才明显不足,难以适应产业发展需求。一是数量不足。根据《中国集成电路产业人才白皮书(2017—2018)》,到2020年前后,我国行业人才缺口为30万左右。从调研情况看,这一现象在我省表现也比较突出。合肥天钰公司反映,企业在测试、版图设计、现场管理、品质管理等工程师岗位缺20人。合肥新月成反映,目前企业一线普通工人缺150人、专业技术人员缺100人。二是结构不优。据相关资料反映,2017年到2018年上半年期间,国内集成电路设计业人才需求数量增幅趋于稳定,但高端设计人才紧缺的状况并没有得到很好改善,该情况在我省与台湾合作集成电路项目中也同样存在。调研中企业普遍反映,关键岗位和掌握核心技术的高端人才缺乏。合肥天钰反映,我省高校集成电路相关专业设置晚、课时少,已开设相关专业的中国科大、合工大等院校,在人才培养方面与台湾工研院等研究机构相比,还存在差距。三是流失严重。由于省内集成电路人才与国内外发达地区同行之间、与互联网及金融等行业人才之间存在着较大薪资差距,加之近年来国内集成电路项目纷纷上马引发各地人才争夺,导致我省集成电路人才流失严重。合肥天钰反映,企业多名工程师被江苏、上海、深圳的同行企业挖走。合肥新月成反映,企业一线普通工作、专业技术人员流失率分别达55％、29％。

(五) 服务支撑体系仍不完善

一是生活配套服务不完善。与江苏、福建等地比较,我省国际医院、国际学校、国际社区等设施比较缺乏,医疗、教育、居住、交通等服务难以满足台胞需求。合肥晶合、合肥兆芯电子等企业反映,一些台湾籍高管和技术人员将子女送到南京等地的国际学校就读。二是生产性服务跟不上。合肥新汇成、迅喆微电子和捷达微电子等反映,集成电路企业的生产设备及动力设备均是自动控制高精设备,对供电品质及其稳定性的要求严格,但企业常受到供电异常的困扰。合肥新汇成反映,往来两岸航班偏少,尤其缺少适用于集成电路产品及设备运输的机型。马鞍山反映,为集成电路企业配套的危化工品不能直接运输到我省港口码头,需要从上海转陆路运输,且进化工园区难度很大。合肥某企业反映,公司的生产设备、材料等大多来自美国和日本,在中美贸易摩擦背景下,海外采购面临困难。三是个税激励力度不够。合肥晶合等企业反映,由于两岸税率差异较大,台湾地区技术人员年终扣减个税的收入与在台相差不大,体现不出明显的薪酬优势。

(六) 获得国家战略支持相对不足

一是缺乏国家"大基金"直接支持。国家已成立集成电路产业投资基金("大基金")支持集成电路产业发展,湖北武汉长江存储等项目获得"大基金"的资金支持。其中,"大基金"联合福建共同发起设立福建安芯产业投资基金,目标规模达500亿元。同时,"大基金"还与紫光集团、湖北政府共同出资成立长江存储科技有限责任公司,项目总投资240亿美元。但截至目前,我省合肥晶合等集成电路大项目均未获得"大基金"出资支持,仅仅合肥通富微电获得了间接支持。二是未获得国家集成电路"十三五"产业重大生产力布局规划(以下简称国家"910工程")国家"910工程"实质性支持。是国家重点支持集成电路工业项目的战略安排,目前已支持上海华力12英寸先进生产线等项目。我省合肥某项目虽已进入国家"910工程"项目库,但未列入重大项目,尚未获得国家资金、税收、人才等方面的特别性专项支持。

四、提升我省与台湾地区集成电路产业合作发展水平的建议

下一步,要坚持以习近平新时代中国特色社会主义思想为指导,认真落实《关于促进两岸经济文化交流的若干措施》,充分发挥已有的基础和优势,尤其是借助海峡两岸集成电路产业合作试验区这一国字号平台和载体,突出发展重点,破解合作难题,全面提升皖台集成电路产业合作发展的层次和水平。

(一)加大对台招商力度

一是聚焦重点企业。继续加强对龙头企业的招商,将台积电、富士康、世界先进等晶圆制造企业作为重点招商对象,积极引进华邦、旺宏、南亚科、华亚科、汉民等制造、装备、材料产业龙头企业,做大做强我省集

成电路产业链。二是瞄准重点区域。台湾新竹科技园是全球最大的集成电路产业集聚地,该园区集成电路产业占比超过70%,拥有顶尖的产学研体系,包括台湾清华大学、交通大学、工研院等高校院所和台积电、联电、联发科等世界知名上下游IC企业。台中市以半导体、光电业为主,集聚了大批半导体电子化学材料、精密装备、设备企业。在招商区域选择上,要瞄准新竹科技园、台中市等重点区域开展招商工作。三是持续推进重点项目。着力推进世界先进的12英寸晶圆制造(总投资300亿元)、环球晶圆硅片生产(总投资130亿元)、冠捷的大尺寸显示器整机制造(总投资10亿元)、仁宝服务器制造、新能源动力电池材料、台塑大硅片、久元电子的电子标签生产基地、日月光先进封装测试、泰能新能源等一批台湾地区在谈的重大项目。四是积极拓展招商渠道。加强与行业协会、中介机构的联系,举办各类招商推介会、论坛,参加SEMICON Taiwan集成电路设备展览会、台湾集成电路行业协会会议等活动。重点组织好"国家集成电路重大专项走进安徽暨珠峰论坛"等重要活动,继续支持"海峡两岸(合肥)半导体产业高峰论坛""海峡两岸(马鞍山)电子信息博览会"等皖台产业对接交流品牌活动。鼓励各市以适当方式设立驻台机构或派驻人员,在台湾地区开展常态化经贸活动。

(二)充分发挥产业聚集效应

一是优化区域布局。结合省内各地产业特点和优势,进一步明确区域产业分工定位,深化皖台合作,促进错位发展。全力支持合肥打造"IC之都",全面推进海峡两岸集成电路产业合作试验区建设,在全国乃至全球集成电路产业发展中争取重要一席;支持马鞍山重点以半导体材料为突破口,与南京、合肥等地合作,发展配套产业;鼓励芜湖、铜陵、滁州等地,立足自身优势,创建各具特色的集成电路产业集聚区。二是支持台资龙头企业做强做大。支持晶合集成等集成电路产业行业龙头企业开展横向或纵向的兼并重组和资源整合,充分发挥其带动作用,提升产业集中度和重点企业竞争力。

(三)强化政策资金支持

一是优化政策供给。抓紧落实《支持集成电路产业加快创新发展若干政策》,在皖台集成电路产业合作领域要全面贯彻落实好此项政策。抢抓合肥"海峡两岸集成电路产业合作试验区"获批机遇,大胆探索,改革创新,量身打造适合试验区发展的先行先试政策,在土地、财税、融资、人才等方面提供政策支持,将试验区建成为合作机制创新先行区、产业转移升级引领区、科技成果转化先导区。二是加大资金支持。发挥财政资金杠杆作用,优化整合省级科技、产业、人才等财政资金,采取合同管理、绩效挂钩、以奖代补、贷款贴息、创业投资、担保等多种方式,引导带动企业、社会增加对皖台集成电路产业合作的资金投入,合肥尤其要加大资金支持力度。鼓励各类金融机构加强对皖台集成电路产业合作企业的信贷支持,对具有先进工艺项目的创新企业探索实施长期、低息贷款。加快省集成电路产业基金募集进度,在资金投入上向皖台集成电路合作企业倾斜,激励国内外创业投资、股权投资参与皖台合作。支持符合条件的台企通过境内外挂牌上市、公开发行股票、发行债券等方式筹集资金。

(四)做好台湾人才引进培育工作

一是加大高端人才吸引。福建省泉州市制定五类人才引进认定标准,量化操作;江苏南京引入市场认可机制,将上年度薪酬水平作为人才层次认定标准。我省可借鉴上述经验,制定皖台合作优秀人才认定标准,籍此对各类人才在工作津贴、住房、子女就学、就医等方面给予政策支持。二是抓好人才培育。在做好本地高校微电子专业的人才和培养的同时,积极探索皖台两地高校、院所、校企等合作。支持中国科大、合工大与台湾清华大学、交通大学、工研院等合作,共同搭建研发平台、培养人才。三是强化人才技能培训。支持台企在我省设立集成电路产业研发中心、生产中心和运营中心,对从大陆招引的技术人员,开展集成电路设计、制造、装备、封测等领域的实训或技能培训。

(五)优化产业合作发展环境

一是强化生活配套保障。加快建设一批高端的国际社区、国际医院、国际学校。南京在浦口开发区建立专门的华东台商子女学校,解决了台商子女就学问题;福建省有的地方引进浙江省树兰医院与本地医院合作,国际保险业务可实现兑付,这些做法值得借鉴。二是提升服务水平。对于落地的台资企业进行跟踪服务,及时掌握企业发展动态、了解企业需求,努力为企业的发展排忧解难。针对调研中企业集中反映的用电、用水、物流等方面的问题,要精准对接、及时解决。三是完善公共服务平台。鼓励和引导相关园区围绕皖台合作,打造专业化水准高、共性需求强、开发高效的公共技术服务平台。重点推进合肥集成电路设计分析验证公共服务平台建设,有效发挥其对全省集成电路行业的示范服务带动作用。

（六）积极争取国家支持

皖台集成电路产业合作发展离不开国家支持。一要争取国家大项目支持。力争将我省更多集成电路项目列入国家"910工程"。在中国制造2025分省市指南、"芯火"双创基地（平台）建设、重大科研专项、人才培育、重大项目以及创新中心建设等方面，继续积极争取国家发改委、工信部、科技部等部委的支持。二要争取国家大基金支持。积极对接国家大基金、华芯基金、国家开发银行等，争取更多国家资金投入我省集成电路产业。尽快落实150亿元出资，争取获得董事席位，推动国家大基金对我省投资。三要深化省部合作。全面梳理相关政策，拿出政策需求清单，加强与国台办、工信部等部委对接，争取国家层面最大限度的支持。

         课题指导：倪胜如

         执 笔 人：凌宏彬　蔡的贵

              丁胡送　王　瑶

         （完稿时间：2018年12月）

关于江苏省、深圳市近期出台的创新政策分析与建议

近期,江苏省、深圳市围绕破解制约科技创新的体制机制性障碍,出台一系列具有创新性、突破性的政策措施。具有代表性的有江苏省委、省政府印发《关于深化科技体制机制改革推动高质量发展若干政策》(苏发〔2018〕18号),深圳市委、市政府印发《关于实施"鹏城英才计划"的意见》(深发〔2018〕10号)。这些政策举措所针对的难点痛点问题,也是我省科技创新急需解决的问题,其创新举措值得我省参考借鉴。

一、江苏省的做法

江苏省委、省政府印发的《关于深化科技体制机制改革推动高质量发展若干政策》,针对深化科技体制改革过程中出现的一些新的、急需解决的突出问题,紧扣创新主体反映最强烈、最迫切需要破解的堵点难点,推出四个方面共30条政策,主要涵盖"着力改革科研管理""扩大科研院所、高等学校科研自主权""着力推进科技与产业融合发展""着力营造激励创新宽容失败的浓厚氛围"等内容。

其主要特色和亮点有以下几点:

(一)推进科研管理机制改革

核心是从"重过程"管理向"重结果"管理转变。提出的创新性举措有:改革项目经费预算编制,大幅度缩减归并直接费用和间接费用预算科目,科目预算只需测算总额;拓宽项目直接费用列支范围,编制外人员工资性支出、退休返聘人员费用、固定岗位或事业编制人员可列支劳务费;自由探索类基础研究项目和实施周期三年以下的项目,一般不开展过程检查,实施周期三年以上的项目,原则上只开展一次现场监督检查;全面实施科研诚信承诺制等。这些做法符合科研规律、强化结果导向,精简了项目经费使用中的条条框框,让科研人员不再为杂事琐事分心劳神。

(二)聚焦高校院所科研改革

关键是扩大高校院所科研自主权。提出的创新性举措有:科研院所、高等学校等事业单位取得的横向委托项目经费,不纳入单位预算,差旅费、出国费、会议费不纳入单位行政经费统计范围,不受零增长限制;教学科研人员国际学术交流合作,不纳入国家工作人员因公临时出国批次限量管理范围;对省级科研项目经费中列支的国际合作与交流费用,不纳入科研院所、高等学校等事业单位"三公"经费统计范围;省属科研院所、高等学校等事业单位引进博士等高层次人才或急需紧缺人才,可采用直接考核方式公开招聘等。这些做法扩大了高校院所在经费使用管理、人才引进、国际学术交流等方面的自主权,把政府放给高校院所的自主权依法放到位,使高校院所在科研上放开手脚。

（三）推进科技与产业融合发展

重点是扩大支持覆盖范围，更大力度地鼓励企业创新，加快构建自主可控的现代产业体系。提出的创新性举措有：推进重大科研设施建设，以"一事一议"方式予以资助；职务发明成果不仅在省内转化可获得奖励，在省外转化也可获得奖励，比重不低于转让收益的50%；由财政资金支持的科研项目形成的科技成果两年内未转化的，采取挂牌交易、拍卖等方式实施转化；加大财政科技投入等。这些举措力度大、含金量高，着力解决科技与经济结合中的痛点问题，从源头创新、收益分配、科技投入等层面构建更加顺畅的科技成果转化机制。

营造激励创新宽容失败氛围。目标是建立勇于创新创业的良好环境。提出的创新性举措有：鼓励推行高层次人才贡献奖励，奖励金额可相当于所缴个人所得税地方留存部分；对解决人才企业"首投"问题的基金，可给予基金管理人最高5%的风险奖励；建立创新尽职免责机制，在勤勉尽责、没有牟取非法利益的前提下，免除在科技成果定价中因科技成果转化后续价值变化产生的决策责任，不纳入资产增值保值考核范围等。这些举措树立了鼓励创新、宽容失败的鲜明导向，有利于形成激励人才创新创业的良好氛围。

二、深圳市的做法

深圳市委、市政府印发的《关于实施"鹏城英才计划"的意见》，内容包括五个部分40条，在高标准实施重点领域人才培养专项、高质量打造人才培养集聚平台、全周期给予人才创新创业激励、全链条深化人才发展体制机制改革、全方位营造更具吸引力的人才发展环境等方面推出了突破性的人才政策,致力打造基础研究＋技术公关产业化＋科技金融的全过程创新生态链。

其主要特色和亮点有以下几点:

(一) 在人才培养方面

力度大、举措实,不惜重金培养和争夺人才。例如,A 类人才(杰出人才)每人每个培养周期(5 年)给予 1 000 万—2 000 万培养经费。基础人才每人每个培养周期(2 年)给予 200 万培养经费,可提供不少于 5 个周期(10 年)。关键行业核心技术人才团队可给予最高 1 亿元研发经费资助。建设博士创客驿站,可给予最高 100 万元资助。加强金融人才培养,每年单列 5 000 万元。

(二) 在发展平台方面

定位高端,特别注重基础研究、源头创新,高水平、新型化平台建设。例如,市财政投入不少于 100 亿元,建设 10 个左右重大科技基础设施。规划布局 10 家诺贝尔奖科学家实验室、10 家基础研究机构,对诺贝尔奖科学家实验室给予首个建设期(5 年)最高 1 亿元资助。每年安排不少于 10 亿元经费资助,与世界一流大学共建特色学院。建设海外创新中心,给予最高 2 000 万元支持。

(三) 在创新创业方面

加大金融资本支持,强化激励机制创新,推进科技成果转化和科技型企业发展。例如,建立首期规模 50 亿元天使母基金。人才创新创业基金总规模扩大至 100 亿元,对投资技术研发的,市政府收益部分 100% 奖励社会资本,对投资初创期、种子期科技企业的,市政府收益部分 50% 奖励社会资本。以市场化方式设立 100 亿元的中试创新基金。留学回国人员凭本人护照和留学人员资格证明可以成为公司股东、注册登记企业。

(四) 在人才体制改革方面

强化简政放权,打破体制壁垒,进一步激发体制机制活力。例如,与江苏的做法类似,大力简化科研资金预算科目管理,对于市财政资助 1 000 万元以下的项目,项目预算只要求编列一级预算编制科目。支持制定符合科研实际需要的内部报销规定,切实解决无法取得发票或财政性票据等问题。除了鼓励离岗创业外,提出了支持事业单位专业技术人员在职创办企业。事业单位引进高层次人才,可突破岗位总量、等级和结构比重限制,可采用协议工资、项目工资等分配方式,不纳入工资总额基数,实行单列。改进青年人才举荐办法,建立当然举荐人制度。

(五) 在人才发展环境方面

充分体现问题导向和需求导向,努力解决一些实际问题,真正满足人才事业发展的需要。例如,建立人才住房封闭流转制度,完善人才安居办法。建设高水平国际学校或在符合条件的中小学校开设国际部。开设优诊通道和特需门诊,为高层次人才和外籍人才提供预约诊疗和外语服务。来深圳市创业的外籍华人,符合条件的可直接申请五年有效的居留许可。外籍人才凭护照可办理驾照申领和转换业务、办理银行卡业务。

三、政策建议

根据前期本课题组开展的全省创新政策落实情况评估过程中发现的问题,借鉴江苏、深圳的做法,提出以下政策建议,以供参考。

(一)加大财政科技投入力度

江苏计划2019—2021年省本级财政科技拨款保持年均10%以上增幅,2020年省、市、县三级财政科技总投入达500亿元。2017年,我省财政科技支出260.4亿元,较上年增长0.3%。建议应建立健全财政科技投入增长机制,制定年度增长计划,确保全省财政科技投入持续稳定增长。

(二)加强科研经费管理创新

根据前期评估中高校院所反映的科研经费预算过细、预算调剂空间偏小、报销程序烦琐等突出问题,建议进一步简化科研资金预算管理,对省财政资助1 000万元以下项目,项目预算只要求编列一级预算编制科目。进一步扩大科研项目预算调剂权、经费使用自主权和技术路线决策权,特别是对顶尖人才领衔开展的科研项目可在科研选题、使用方向、投入方式、开支标准和成果分配等方面,实行五年内由其自主决定。进一步拓宽直接经费列支范围,可借鉴江苏做法,将劳务费列支范围扩大至退休返聘研究人员和特定研究领域的事业编制人员。进一步提高项目间接费用核定比重,明确间接费用的绩效支出不计入项目承担单位绩效工资总额。

(三)强化金融支持创新创业

目前,我省省级股权基金发展还存在资金募集难、投资进度慢、机构发育不充分突出问题,建议出台支持私募基金发展专项政策,完善投资收益分配机制,对投资技术研发的,政府收益部分100%奖励社会资本,对投资初创期、种子期科技企业的,政府收益部分50%奖励社会资本。制定省里支持、市县主导的科技型中小微企业专利权质押贷款风险补偿专项政策,鼓励更多商业银行设立科技支行或信贷专柜,探索建立"专利质押+银行贷款+风险补偿"专利质押贷款模式。鼓励政府类产业基金投资创新创业项目,对解决企业"首投"问题的基金,可给予基金管理人一定比重的风险奖励。以市场化方式设立中试创新基金,加速推进创新科研成果转化应用和产业化。加强金融人才队伍建设,每年组织金融人才研修班,重点培育金融科技、创业投资、融资担保、资产管理等紧缺人才。

(四)突出科技成果转化激励

评估发现,影响我省高校院所科技成果转化积极性的突出问题是现有财政税收政策激励不够。为此,建议加快运行省科技成果转化基金,主要支持高校院所到我省企业转化科技成果。高校院所科技人员转化职务创新成果,取得转化收入后三年内的现金奖励,减半计入科技人员当月工资薪金所得征收个人所得税。同时,完善理工农医类高校的科研评价体系,在省内开展科技成果转化或承担省内企事业单位委托项目权重不低于30%,并与相关支持政策挂钩。

（五）鼓励企业加大研发投入

评估发现，企业特别是中小微企业创新意识较弱、风险承担能力不强、研发投入过度依赖政府性资金等现象依然突出。建议对企业自主研发并实施转化的具有自主知识产权的科技创新成果，由省科技成果转化专项资金给予同等力度资助。企业开展研发活动实际发生的研发费用，形成无形资产或未形成无形资产的，同样享受相应的税前加计扣除政策。特别是，要支持初创期科技创新型企业发展，五年内对地方经济发展的贡献全部奖励给企业和个人；对国有企业的科技研发投入、收购创新资源支出、转型发展项目三年内耗资等，考核视同利润。

（六）实施重点领域人才培育专项

针对我省重点领域高层人才数量不足、结构不优、分布不均等突出问题，建议围绕国家战略、立足我省实际，主动策应长三角发展一体化，建设G60人才创新走廊，推动沿线各地人才规划对接、人才工程互认、人才资源共享，构建区域差异化、发展协同化的人才创新共同体。可借鉴外省市做法，分类制定五类人才培养专项政策，即杰出人才、基础研究人才、核心技术研发人才、创客人才、创新型企业家，在资金支持上加大力度。

（七）创新人才评价和管理机制

针对评估中企业反映的人才认定评审问题，建议扩大相关单位组织的认定评审自主权，对符合条件的行业领军企业、新型科研机构和社会组织，可开展职称、技术技能人才自主评价和高层次人才认定；符合条件的用人单位可自主开展职称评审实施事后备案管理,政府不再审批评审结果。针对评估中反映的人才流动障碍问题,建议支持省外具有事业单位编制身份的高层次人才来皖创新创业,可在五年内继续保留其事业单位编制身份;支持事业单位专业技术人员离岗创业和在职创办企业,允许到企业、社会组织等兼职并取得合法报酬。针对评估中反映的外籍人才来皖创业政策落实不到位问题,建议重点提供海外人才停居留便利,全面落实"江淮优才卡"政策,符合条件的可直接申请五年有效的居留许可,同时简化住宿登记、健康体检、银行卡办理、驾照申领等业务手续。

(八)建立创新尽职免责机制

评估发现,国有资产保值增值的决策风险影响高校院所科技成果转化积极性。建议由纪委、审计、国资等部门联合出台有别于一般国有资产保值增值考核办法,单位领导和部门勤勉尽责,在科技成果转化过程中后续价值发生变化、发生投资损失的,可不纳入国有资产保值增值考核范围,不追究领导决策责任。同时,建立重大创新补偿和援助机制,对因技术路线选择有误、市场风险影响等,未实现预期目标或失败的省级重大科技成果转化项目,可继续支持其选择不同路线开展研究,或采取财政补助、风险补偿、社会资本引入等多种途径支持其开展产业化开发。

课 题 指 导:孙东海　倪胜如
课题组成员:凌宏彬　蔡的贵　丁胡送
　　　　　　周四贵　王　瑶
执　笔　人:凌宏彬　蔡的贵　周四贵

(完稿时间:2018年12月)

对中美贸易战的若干认识与政策建议

以2018年3月22日美国发布"301调查"报告并宣称对中国部分商品加征关税、限制中国企业对美投资并购为导火索,以"中兴事件"为重要标志,2018年以来,中美贸易摩擦不断,虽偶有峰回路转,但总体上呈加剧升级之势,直至7月6日正式打响贸易战。面对中国政府的反击,7月10日美国政府进一步升级,公布拟对中国输美2 000亿美元商品加征10%关税。如何看待当前愈演愈烈的中美贸易战?未来走势如何?如何积极应对?根据分析与研究,本课题组提出以下若干认识和建议,以供参考。

一、保持良好心态和必胜信心

面对日益严峻的中美贸易摩擦形势,保持良好心态、树立必胜信心是非常重要的。当前,有两种社会心态值得关注:一种社会心态认为,中美差距特别是科技差距太大,特朗普又特立独行,中美贸易战将以中国遭受巨大损失并最终不得不作出重大让步告终,存在过度担忧和恐慌心理,主张不与美国"硬碰硬";另一种社会心态认为,面对美国的恫吓与威逼,必须毫不让步,针锋相对,见招出招,决战到底。我们认为,这两种社会心态都有失偏颇。正确的心态应是:既不过于担忧与恐慌,也不过于逞强言狠,保持淡定、从容与坚定,讲究策略与战术,积极应对,妥善处置,有理有节打赢这场贸易战。我们预判,中美贸易战经过一段时间的小幅、中幅甚至大幅震荡,会逐步缓解并最终回归合作多于冲突的常态。理由如下:

(一)经济全球化是客观规律、势不可挡

近代以来,特别是美国主导世界以来,经济发展全球化的规律日益显现并呈强劲发展态势,世界范围内的产业分工与细化不断增强,相互间的合作日益加深并密不可分。虽然经济全球化发展也带来一些问题,如对一些国家传统产业造成冲击,贸易规则不公平、不平等、不平衡等,但权衡利弊、比较得失,任何一个国家都不愿意也无法离开全球贸易的大家庭。这是客观规律、大势所趋、人心所向,任何国家、任何人都无法逆转。

(二)中美之间存在广泛的共同利益和合作领域

改革开放以来,特别是中国加入世界贸易组织(以下简称"WTO")后,中美之间经贸深度交融,你中有我、我中有你,你离不开我、我离不开你。虽然中国获益颇多,但美国也受惠不少。特别是一些美国跨国公司在华拥有广泛的、关乎公司发展根基的重要利益,美国享受美元霸权体系红利亦需要中国的支持和参与。同时,中美两国在反恐、全球环境治理、核武器安全与控制等领域,必须保持和加强相互合作与支持。

（三）中美两国发展战略具有一定的替补性

以特朗普为代表的崇尚孤立主义的"传统美国"试图"减仓"，即减少国际贸易，减少全球治理参与和责任承担等；而新时代的中国更加积极参与国际贸易体系与国际治理，更加主动扩大对外开放。美国正在实施的"减仓"，正是新时代中国所希望的"加仓"。从这一层面上分析，中美两国发展战略具有一定的替补性。

（四）中方应对和处置危机的能力显著提升

较为平稳地度过2008年席卷全球、目前还在持续影响的美国次贷危机，成功应对加入WTO对我国部分产业的冲击，就是最好、最有力的例证。有理由相信，中国一定能够以史为鉴，保持战略定力，精准管控分歧，不给极端派、挑衅者任何可乘之机，避免发生大规模的全面冲突，有理有节地打好这场中美贸易战。

二、中美贸易战走势研判

就短期而言，我们认为，中美贸易战可能会进一步加剧，2018年7月10日美国政府宣布的2 000亿美元加征关税大单，会大概率落地，且不排除美方继续扩大输美商品总量至5 000亿美元等加码措施。理由如下：

(一) 美对华贸易战得到了美国国内较为一致的支持

特朗普挑起贸易摩擦,对他来说是选了个好时机。其一,经过上任以来几次执政班底的调整,特别是经济管理团队的换血,特朗普的执政地位基本巩固,其在国内政策的话语权明显强化。其二,2018年以来,在"美国优先"战略等诸多因素作用下,美国经济呈现出较为强劲的复苏态势,特朗普的民众支持率显著提升,增强了特朗普打贸易战的底气。2018年1—5月份,美国零售同比增长6.43%,为2012年以来同期最高;5月份综合PMI(采购经理指数)为56.6,创造了近年来新高;失业率3.8%,为近18年来的新低。一些机构预测,美国二季度经济增速可能接近4%,对比欧盟和日本的弱复苏势头,在发达国家中美国可谓是一枝独秀。根据盖洛普最新民调显示,特朗普的民众支持率升至45%,为2017年1月特朗普上任以来的新高;共和党党内对特朗普的支持率则达到90%。路透社最新民意调查也显示,共和党全民支持率大幅提升至41.4%,首次超过民主党。

(二) 两国对贸易失衡原因的认知存在巨大差异

中方认为,中美贸易失衡的主要原因在于,美元国际储备货币地位、美国过度消费的低储蓄模式、全球价值链分工及美国对华高新技术出口限制、统计口径不同等。美方认为,中方违背WTO规则,向美国倾销商品,造成美对华巨额贸易逆差,导致美国大量工人失业,侵犯美国知识产权等。在美对华逆差数额上,两国也存在较大分歧。这些认知上的差异与分歧,双方难以弥合。同时,美国在对华战略上做出重大调整,将中国视为其全球主要竞争对手,"中国威胁论"在美有较大市场。虽然美国国内"精英的美国"与"传统的美国"博弈激烈,但双方均把中国列为唯一的打压目标。

(三)美国总统特朗普的独特个性与处事风格

特朗普是美国历史上的一个特殊的总统,其一改美国总统"竞选前说一套,选胜后做一套"的传统。减少贸易逆差、重振美国制造是特朗普竞选时对选民的承诺,竞选期间他就曾经多次声称要对中国出口美国的商品征收高额关税。2017年1月特朗普正式就任总统,中美贸易摩擦并没有马上升级,特别是两国领导人海湖庄园会晤后,中美经贸关系似乎进入了平稳期。然而风平浪静是表面的,实质上暗流涌动。2017年年底美国税改法案正式实施之后,贸易转而成为特朗普政府的重要议题。2018年初,特朗普开始启动对华贸易战。特朗普的独特个性和处事风格给此次中美贸易战带来了很大的不确定性。

(四)民意、舆论及媒体对交战双方政府的"绑架"

面对业已打响的中美贸易战,中美两国民众、舆论及媒体都给予极大关注,纷纷通过各种途径和形式表达自己的观点与主张,其中不乏民粹主义极端思想。同时,由于两国民众在价值观、对中美贸易失衡认知上存在巨大差异与分歧,总体上双方均持强硬立场,进而对各自政府施加压力。如此较为广泛和一致的民意背景,给两国政府谈判与决策加大了难度。尤其是中国民众,普遍认为美国违背WTO协议,破坏世界贸易规则,擅自用国内法调查中国企业,对中国商品增加关税,打了中美贸易战第一枪,是赤裸裸的贸易霸凌主义,是非正义的,中国是被迫反击的,强烈要求和支持政府与美血战到底。

三、中美贸易战对我省的影响

分析中美贸易战对我省的影响,不能脱离省情。作为"长三角群"的后来者以及中部重要省份,必须正视以下两个基本省情:其一,我省经济外向度较低,2017年全省进出口总额为536.4亿美元,不及江苏南京(611.87亿美元);其二,我省以金融业为代表的现代服务业发展滞后,美国的最大强势以及支撑贸易战的主要工具,正是高度发达的金融业。基于以上两个基本省情,我们认为,中美贸易战对我省的影响可以概括为"四个不大、四个较大"。

(一) 总体影响不大,局部影响较大

中美贸易战对我省产生一定的负面影响是毋庸置疑的,因为在市场经济条件下,全球经济巨头美国出现异常行为,任何经济体包括我国的任何省份都不可能独善其身。但由于我省经济对外依存度相对较低,总体影响不会太大。对照美国公布的两批清单,累计涉及出口额18亿美元左右。据省统计部门分析预测,即使对美贸易全部中断,影响我省GDP大约只有0.1个百分点。虽然总体影响不大,但对我省部分市县、部分行业和重点企业影响较大,如合肥、芜湖等少数经济外向度较高的市县,家电、机电、光伏、计算机等一些产业,以及部分重点企业、部分产品、部分零部件等。

（二）生产影响不大，生活影响较大

从美方业已公布的对华商品加征关税清单，以及中方反制清单看，除部分产业、企业生产经营受到较大影响外，对一般制造业影响总体不大，比较而言，中美贸易战对我省居民生活影响较大。突出的是两大部分，一部分是居民食品特别是以大豆为基础原料的食品及衍生品。我国大豆90%依赖进口，而尤以来自美国的进口量最大。我国对来自美国的大豆实施加征关税反制措施，势必抬高大豆价格、减少大豆进口量，不仅影响以大豆为原料的直接为居民提供食品的市场供应，还会对以大豆为基础原料的畜禽生产产生负面影响，并最终影响居民生活。另一部分是医疗设备。与全国一样，我省高端医疗设备主要依赖进口，其中相当一部分来自美国的进口，限制高端设备进口，将对居民健康及医疗保障产生一定的负面影响。

（三）近期影响不大，长期影响较大

中美贸易战刚刚开打，直接影响、后续影响、连锁反应有一个时间延滞和市场传导过程，不会马上产生大面积、高强度的影响，但随着时间的推移以及强度的加大，商品短缺、价格上涨、企业产能受限等负面影响会不断显现和加重，对我省产业的长远发展带来较大影响，特别是光伏等正处于转型升级中的新兴产业，将可能遭受重创。还有一个值得高度重视和关注的影响是，沿海受牵连企业的限产停产，将导致一批职工失业，由我省输出的部分农民工会出现回流，可能引发一些社会问题。

(四) 直接影响不大,间接影响较大

如前所述,由于我省经济外向度不高,居民人均收入相对较低,居民医疗消费水平不高,因此除食品对居民生活直接影响较大外,中美贸易战对我省生产和生活直接影响不大。但是,必须清醒地看到,随着贸易战的持续与加剧,全球及沿海发达地区负面效应将进一步溢出,势必波及和连累我省与之相关联相配套的上下游产业和企业,进而对我省产业发展、居民生活、资金流动、城乡居民就业以及社会稳定等诸多方面产生较大的间接影响。

四、危机与挑战中蕴藏的机遇

任何事物事件都具有两面性,中美贸易战也不例外。在全面评估和充分认清中美贸易战的危机与挑战,加强底线思维,做好各类应对预案的同时,也要看到隐藏其间的机遇,牢牢把握和有效抓住机遇,提升自我、促进转型,推动我省经济高质量发展。主要面临三个机遇:

(一) 外出务工人员回流

我省为劳务输出大省,全年输出总量在 800 万人以上,输入地主要为沿海发达地区,包括长三角、珠三角和北京等,且相当一部分集中在外贸企业。出口萎缩,用工必然减少,外出农民工一定规模的回归,应该是预料之中的。当前,我省用工不足是普遍矛盾和突出矛盾,外出务工人员回流,可以在一定程度上缓解这一矛盾。

（二）汽车、农业等优势产业发展

实施加征关税反制措施后，汽车进口量会减少，我省是汽车生产大省，可以部分弥补这一市场空缺。限制大豆等农产品进口，对于农业大省安徽，无疑也会带来一定的发展机遇。

（三）倒逼企业加快转型与科技进步

中美贸易战是令国人震撼的清醒剂，教训极其深刻，让我们更加真切地感受和看到了与美国的差距，特别是在科技创新和高端制造业上的巨大差距。这将倒逼各级政府、企业，更加重视科技创新，加大研发投入，组织科技人员开展核心技术和关键零部件攻关，全面推进科技进步，加快产业转型升级步伐，缩小与美国等发达国家的差距。

五、若干政策建议

基于以上分析与研判，结合我省实际，从有力有效应对当下与即期、着眼谋划好长远与根本两个方面，提出如下建议：

（一）最大限度地保持我省出口商品在美国的市场份额

美国是当前世界第一经济大国和经济强国，中国的发展离不开美国，我省的发展也无法与美国切割开来。美国是我省第一大贸易伙伴，也是我省重要的投资来源地，应积极采取有效措施，最大限度地缓解中美贸易战对我省的影响,最大限度地保持我省出口商品在美国的市场份额。加快建立重点产品安全生产"双向"预警机制,包括电子、机械、交通运输等对美国"出口依存度"高的产业,也包括大豆、玉米、计算机芯片等对美国"进口依存度"高的产业,防止这两类企业因"出口"或"进口"受阻而受巨大冲击。

(二) 积极化解中美贸易战给我省带来的负面影响

密切关注国家应对策略和产业救济政策,坚持"进出"双向并重、内外多措并举,积极主动、超前谋划我省的配套政策和相应举措,切实帮助重点地区、困难企业去难解困。要注重政策措施的针对性、有效性、具体性,对特殊行业、重点企业可以实行一业一策、一企一策。例如,针对我省光伏、部分机电产品、家电等产品出口美国受限,加大政策奖补力度,鼓励继续抢占美国市场,支持他们向"一带一路"沿线国家扩大出口、转移产能,规避美方贸易制裁。又如,抓紧制定鼓励农民种植大豆的政策,及早部署安排,引导适宜种植大豆的皖北地区、江淮丘陵地区,扩大大豆种植面积,推进农民与本省的农产品加工企业签订产销订单,努力填补因自美大豆进口减少而形成的市场空缺。还如,制定进一步扩大内需的政策措施,激发内需潜力,消化因出口受阻而形成的过剩产能。

(三) 进一步深化改革、扩大开放

改革开放是强国之路,也是应对中美贸易纷争的不二法门。面对全球范围内贸易保护主义的抬头,特别是美国发起的对华贸易战,必须进一步深化改革、扩大开放,矢志不渝地推进世界一体化、经济全球化。各国经济依存度越高,打贸易战的可能性就越小。就我省来说,一方面,要

继续深化"放管服"改革,进一步完善各类清单,不断提高行政效能,着力打造"四最"营商环境;另一方面,要进一步清理和降低制约外商外资进入的门槛,全面落实准入前国民待遇加负面清单制度,打碎"玻璃门",吸引更多外商外资来皖投资兴业,支持和鼓励省内企业"走出去"。当前,要重点借助我省建材、汽车、钢铁等优势产业的国外生产基地、产业联盟,加强与这些国家的经贸合作,扩大对"一带一路"沿线、欧盟、非洲等国家和地区的开放,倒逼美国开放市场。

(四)推进企业加快技术进步、提升创新能力

汲取中兴事件的深刻教训,坚定不移地实施创新驱动发展战略,是实现经济发展方式转变、提高我国综合国力和全球核心竞争力的必由之路。随着我国经济发展进入新常态,人口、资本、资源等传统生产要素的红利逐渐消退,"高端受压"与"低端受挤"并存,全面提升我国自主创新能力势在必行、别无选择。核心技术是买不来、换不来、求不来的,必须走中国特色的自主创新道路,积极发展核心技术。我省创新资源丰富,创新平台众多,要紧紧抓住建设合肥综合性国家科学中心等机遇,充分利用"四个一"创新平台,打造"产学研"紧密合作的创新生态,提升全社会创新能力,推动外经外贸外资转型发展。

(五)引导返乡人员就地就近就业创业

针对外出务工人员较多的地区,要主动到外出务工人员集中的地方和企业去,把家乡当地党和政府的关心送到外出务工人员心坎上,同时要仔细梳理本地用工需求信息、福利待遇等,引导即将失业待业的外出务工人员返乡就业创业。受贸易战影响返乡的外出务工人员虽能一定

程度上缓解我省用工难的问题,但短期内也会对我省就业造成一定的压力。各地要大力实施就业优先战略,不断强化就业服务,努力扩大就业规模,坚持招商引资,采用大项目建设扩大就业、中小企业吸引就业、专项活动服务就业、开发公益性岗位安置就业、创业带动就业等措施,缓解或解决因中美贸易战带来的失业就业问题。

(六)加强法治建设、保护知识产权

市场经济本质上是法治经济。一个不容回避的事实是,我国少数企业存在轻视或无视世界贸易规则、契约精神淡薄、法治思维不强、知识产权保护不够等问题,以致被美方抓住把柄、理屈词穷、被动应对。必须汲取深刻教训,加强法治建设。要教育和引导全体社会成员、各类市场主体,加强法律知识包括对世界贸易规则的学习,强化规则意识,自觉遵从规则、守法经营。各级政府要把打造公开透明、开放高效、廉洁奉公的法治政府作为一项十分紧迫的任务,完善法律体系,坚持依法办事,采取更坚决、更有力的措施,尊重和保护知识产权,促进各类市场主体持续健康发展。

执笔人:王尚改　王　瑶
(完稿时间:2018年7月)

我省工业设计发展对策研究

工业设计作为"中国制造2025"的重要元素,在推动新型工业化和经济高质量发展中的地位和作用日益突出。近年来,我省积极推进工业设计发展与创新,工业设计产业发展较快、成效明显。一是工业设计产业初具规模。已拥有6家国家级工业设计中心、115家省级中心。二是工业设计园区建设稳步推进;已形成中国(合肥)工业设计城、马鞍山工业设计中心、芜湖弋江区青年创业园、蚌埠曹山工业设计小镇等四个设计服务集聚园区;三是工业设计成果转化成效显现。荣获安徽省工业设计大奖的江淮新能源汽车、奇瑞艾瑞泽已成为市场畅销的主力车型,华米科技智能手环、"智能钢琴"、美亚光电三维数字化口腔CT机已成为企业核心盈利产品,企业产品竞争力显著增强;四是工业设计创新的氛围日益浓厚。我省成功举办四届安徽省工业设计大赛,积极开展境内外工业设计专题培训活动,制作"设计美化生活,创新创造未来"安徽工业设计巡礼片等。

一、我省工业设计存在主要问题

与先发地区相比,与工业发展现状与态势相比,我省工业设计产业发展相对滞后,存在一系列亟待解决的问题。

(一)全社会认知程度不高

总体上,工业设计运用的水平较低,工业设计的普及程度不高,许多企业还未真正重视设计创新。部分企业对工业设计认识模糊,仍停留在"外形改善""外观美化"等初级阶段,还未提升到系统创新和核心竞争力的高度。工业设计理念尚未在相关部门、社会和设计从业者中得到普及和重视,设计与科技、创新、创意的跨界融合仍是明显短板。

(二)工业设计发展不充分

一是机构总量偏少。多数工业企业没有建立独立的设计中心,设计职能主要由企业技术中心或研发中心承担。现有专业工业设计企业集中在合肥、芜湖、马鞍山等经济较发达地区,且普遍存在规模不大、营收不高、介入产业程度不深等发展不充分问题。二是缺少行业领军企业。近年来,我省从广东、上海、深圳、杭州、大连等地引进一些知名设计机构,但业务拓展较为艰难,难以做大做强,年营业收入多在百万元以下,达到千万元以上的很少。三是企业设计投入少。制造企业过度压低外包设计费用,致使一部分专业工业设计公司只能勉强维持正常运转,有的甚至难以为继。调研发现,我省制造企业设计费用单价仅为深圳等地的百分之三四十。

（三）政策支持体系不健全

目前，我省支持工业设计政策，零散分布于《中国制造2025（安徽篇）》《安徽省推进文化创意和设计服务与相关产业融合发展行动计划》《安徽省关于加快发展生产性服务业促进产业结构调整升级的实施意见》《关于印发支持制造强省建设若干政策的通知》《安徽青年创业园建设管理办法》等文件中，缺乏省级层面的、较为系统的、全面的支持工业设计的专项政策措施，尤其在加强工业设计供给、激发市场需求、促进设计创新、加大宣传普及等方面，政策支撑明显不足。据工业设计产业集聚区反映，先发地区如广东工业设计城，省、市、市辖区三级政府和所在园区均有支持政策。

（四）人才引进难留住难

由于工业设计氛围不浓、政策支持力度不够、职称评定无章可循等诸多原因，我省工业设计人才流失现象严重，难以引进高端人才，特别是大师级人才。据某设计公司问卷调查，我省高校设计专业在校生毕业后愿意从事工业设计专业的不多，愿意留在本省从事设计专业的更少，占比不到毕业生总数的10%。省内一些设计公司的高水平设计人员外流到上海、杭州等地的现象也时有发生。相比之下，国内先发地区引进设计人才奖励力度较大，在激烈的人才争夺战中往往处于优势地位。例如，深圳规定，引进获得国际大奖的人才，一次性给予200万元奖励。

二、工业设计产业市场空间巨大

随着工业经济转型升级步伐的加快,工业设计以其投资少、周期短、风险少等优势,越来越受到现代企业的青睐,成为制造业竞争的源泉和核心动力之一。

(一)工业设计范围极其广泛

工业设计作为点石成金的"金手指",贯穿于从构思到设计制造直至市场销售的整个产业链,既能创造出产品外观、颜色等外部变化,又能推动从工艺流程、用户体验到产品核心竞争力的变革,促进产品迈向价值链的中高端。近年来,随着工业设计概念的不断完善、发展和延伸,工业设计的领域不断扩大,范围日益拓展,不仅包括传统意义上的以产品概念设计、形态设计、界面设计为核心的设计过程,也包括面向未来的产业设计与规划、交互与信息设计、数字内容设计、原创产品开发设计、商业模式设计、服务设计等领域的融合发展,涵盖的内容和范围非常广泛。

(二)工业设计增值效应显著

工业设计是制造业的先导产业,被称为现代制造业的"支点",是制造业价值链中最具增值潜力的环节。工业设计还可以促进企业实现差异化发展,避免同质化竞争,以提升产品本身的竞争力取代价格战。在美国,工业设计每投入1美元,销售收入增值可达2 500美元。日本日立设计的统计数据显示,每增加1 000万日元的销售收入中,来自工业设计的贡献占 52%,来自技术改进的贡献仅占 21%。相关研究显示,广东工业设计每投入 1 元钱,对经济的拉动超过 100 元。2017 年,广东工业设计城的设计服务收入达 6 亿元,拉动经济产出超过 600 亿元。

(三)工业设计能够促进消费升级

我国工业设计与发达国家存在巨大差距,一个重要的原因是我国消费层级比较低,功能性需求占据主导地位,深层次需求开拓不够。随着人们对美好生活的向往,人们的消费观念、文化理念、生活生产方式随之改变,工业设计从注重对材料和技术的利用、功能的优化,上升为对美的追求,人性化、个性化、多样化的用户体验,以及对人文道德、生态环境的关怀。工业设计可以赋予产品和服务更丰富的物质、心理和文化内涵,满足和引领市场和社会需求,提升价值,增强产业竞争力和可持续发展能力。在消费升级的大趋势下,消费者多元化需求被有效激活,也为工业设计提供了巨大的发展空间。

三、国内工业设计先发地区的基本做法及特点

上海、广东、浙江等省、市率先制定工业设计发展战略和产业规划,在组织管理、人才引进和培养、财政税收、融资等扶持政策方面进行积极探索,工业设计发展走在全国前列。河北工业设计起步晚,但起点高,将工业设计作为深化供给侧结构性改革、撬动传统制造业升级的有力抓手,通过政府大力度的政策支持引导,突破制约发展的关键瓶颈,重塑产业竞争新优势。

（一）上海

工业设计产业起步早。2004年,上海在全国率先提出推动创意产业发展;2008年,出台《上海工业设计产业发展三年规划(2008—2010)》;2010年,上海加入联合国教科文组织"创意城市"网络,成为全球第七个设计之都;2013年,上海设计之都促进中心成立;2016年,上海品牌之都促进中心成立;2017年,上海时尚之都促进中心成立。设计之都、品牌之都、时尚之都的成立,为促进上海工业设计等产业的发展提供了强有力的抓手。上海工业设计产业的特点包括:一是拥有数量最多的文化及创意产业园区,成为我国工业设计较发达的地区之一;二是产业融合度高,工业设计产业和其他产业深度融合;三是工业设计和城市环境建设融为一体。

（二）广东

工业设计总量规模居全国第一。该省自2008年起,每年坚持举办"中国国际工业设计创意博览会""广东工业设计活动周""广东工业设计展""粤港工业设计合作会""省长杯"等重要展览活动。截止2016年年底,全省工业设计机构达5 000家以上,从业人员超过10万人,工业设计对经济增长的贡献率达28%,制造企业每年对工业设计投入达50亿元以上,企业有接近40%的利润和25%的销售增长来自工业设计。广东工业设计产业快速发展的原因包括:一是其具有雄厚的制造业产业基础;二是靠近香港的地理区位优势;三是具有面向产业的设计教育优势;四是国际市场合作以及市场竞争所带来的设计意识的不断提高;五是政府各级部门对工业设计的重视。

（三）浙江

仅次于广东的工业设计产业大省。目前,浙江拥有工业设计公司3 800余家,近15%的大中型制造企业设立了工业设计中心或设计院。截至2016年年底,浙江全省16家省级特色工业设计示范基地集聚工业设计企业817家,累计实现设计服务收入77.8亿元。通过抓企业、抓市场、抓网络,浙江走出了一条工业设计特色之路,其突出之处在于:第一,突出企业的主体作用,培养一批在国内外有影响、有竞争力的工业设计企业;第二,发挥市场的决定性作用,通过培育设计市场,引领工业设计产业发展和工业设计提质升级;第三,重视网络技术和产品带来的新机遇,支持设计与制造的对接网络平台建设。

（四）河北

起步虽晚,但起点高,着眼于全球资源服务制造业转型升级。2017年10月,河北出台了《关于支持工业设计发展的若干政策措施》,以工业设计为抓手,引导该省工业由基础原材料、中间产品向整机、终端产品延伸转变。该政策措施有四个亮点:一是服务转型升级,把工业设计作为加快全省工业转型升级的突破口;二是定位高端、面向未来,重点围绕工业机器人、可穿戴设备、通信产品等高端产业加强设计创新;三是开放合作、借力发展;四是措施实力度大,以问题为导向,政策的指向性和可操作性强。河北工业设计与国际接轨的步伐不断加快,已有芬兰库卡波罗艺术馆、日本K&K设计事务所等50余家国际知名设计机构落户河北,与河北上千家制造业企业开展深度合作。

四、我省工业设计发展对策建议

在供给侧结构性改革和消费升级的大背景下,各级党委、政府和有关部门越来越深刻地认识到,实施创新驱动战略,推动"安徽制造"向"安徽创造""安徽智造"跨越,必须高度重视并采取有力措施加快工业设计发展。为此,提出以下参考意见:

第一,大力宣传工业设计的重大意义,营造加快工业设计产业发展的浓厚社会氛围,切实增强各级、各部门,尤其是各级领导干部高度重视工业设计、精心谋划工业设计、积极发展工业设计的紧迫感、责任感和使命感。可着重从以下三个方面入手:

1. 将工业设计列入各级党委(党组)理论学习中心组学习内容。针对工业设计知识普及不够、一些领导干部对其地位和作用认识不足、社会舆论氛围不浓等现状,抓住"关键少数",邀请国内外工业设计专家学者和工业设计大师,通过各级党委(党组)理论学习中心组平台,开展工业设计知识普及,阐述工业设计重大意义,全面提升各级领导干部对工业设计的认识,进一步增强加快工业设计发展的紧迫感、责任感和使命感。

2. 提升规格,借力造势,精心组织和办好安徽工业设计大赛。由省经信委组织的安徽工业设计大赛已连续举办多年,对于营造社会氛围、推动我省工业设计快速健康发展发挥了积极的促进作用。为进一步扩大工业设计大赛的影响,建议商请国家工信部,由工信部和安徽省政府联合主办我省工业设计大赛,努力实现我省工业设计"后来居上"。

3. 支持鼓励各类工业设计大讲堂进企业、下基层、入校园。全面普及和推广工业设计知识,强化工业设计企业和制造型企业无缝对接。带动全社会近距离了解工业设计、互动参与、体验设计创新,把设计融入民生,实现工业设计发展的全民参与。

第二,借鉴广东、上海、浙江、河北等省、市的做法和经验,抓紧出台我省支持工业设计产业发展的政策措施,引导、激励和推动我省工业设计产业快速发展,为我省工业特别是制造业转型升级提供完善的制度供给和有力的要素支撑。主要政策要点如下:

1. 人才培养引进政策。鼓励我省高校与国外知名设计学院联合办学,引导院校与企业、园区、社会培训机构共建人才培训基地,加快培养工业设计应用型人才。积极引进国内外优秀工业设计人才,重点引进一批有较大影响力的工业设计领军人物。将工业设计人才纳入高层次人才培养和选拔范围,探索建立工业设计人才评价、培养、激励、流动机制。加强与国内外工业设计领域的合作与交流,组织工业设计师赴境外著名院校、设计企业进行学习培训、考察交流,邀请国内外工业设计大咖走进安徽,举办讲座、交流会和对接会。围绕以上目标,抓紧制定和完善我省工业设计人才培养引进和激励政策体系。

2. 工业设计专业化的公共服务平台建设政策。制定和完善支持扶持政策,如对面向全省开放共享的公共服务平台重点项目,省财政按专项设计核定投资额的规模给予一定补助等,鼓励和支持各地建立健全以推进工业设计成果转化为主要职能的公共服务平台。加快造型设计辅助平台建设,为各类工业设计企业提供快速成型、虚拟制造、活动测试等基础性技术服务。加快产业信息咨询平台建设,建设专业化图书馆、数据库和网站,创办工业设计专刊,促进国内外工业企业沟通与交流。加快展示博览平台建设,以中国(合肥)工业设计城以及专业性的高层论坛为载体,加强产业信息交流,推进与先进省、市建立战略联盟。加快知识产权交易平台建设,完善成果评估机制、市场交易机制、知识产权保护机制和监督管理机制。

3. 扩大工业设计服务供给政策。借鉴国内外先进经验和成功做法,出台扩大工业设计服务供给政策。支持企业加大工业设计投入,建立相对独立的工业设计中心,设立首席设计师,提升设计创新能力,对设计产品取得显著经济效益的给予一定补助。扶植专业化的工业设计公司,支持工业设计企业加强设计和服务能力建设,创新服务模式,创建服务品牌,培育一批具有较强竞争力的优势企业。对成立两年以上、服务企业50家以上,经评估达到省级工业设计示范企业标准的,给予一定奖励。鼓励引进国内外知名设计机构和设计大师工作室,对在我省注册并运营一年以上、第三方评估认定的知名设计机构分支机构、知名设计大师工作室,给予一次性运营补贴。

4. 资金及金融支持政策。参照河北、广东等地,出台省级促进工业设计发展的政策措施,设立省级工业设计发展基金,财政初期安排不少于5亿元资金,专项用于支持工业设计发展。重点用于支持省级工业设计中心建设、工业设计集聚区创建以及举办设计大赛、设计对接、宣传培训、展示展览等活动,以及工业设计成果转化。支持有条件的地方探索财政资金扶持与市场机制、民间资本结合等新业态新模式。鼓励金融机构加大对工业设计的资金投入,建立完善支持工业设计的多层次资本市场。制定完善并认真落实工业设计企业在工商、税收、土地、用水用电等方面的优惠政策。

5. 激活工业设计服务市场政策。鼓励工业企业购买工业设计服务,按购买费用总额给予一定的奖补,支持工业企业与设计机构建立长期稳定的合作关系。支持工业设计成果转化,对经审核认定的工业设计成果转化应用项目,给予一定的奖补。支持企业参加设计创新比赛,对于获得国家级以上奖项的给予重奖。构建工业设计服务交易市场,鼓励工业设计成果通过市场渠道合法转让。鼓励行业协会、中介机构举办工业设计成果展,促进设计成果产业化。鼓励各地依托特色产业集群,推进"设计+品牌""设计+科技"等新模式新业态发展,打造"工业设计+"产业链。

第三,整合各类资源,调动各方积极性,形成强大合力,支持中国(合肥)工业设计城、蚌埠曹山工业设计小镇等重点工业设计集聚区快速发展,分层次培育一批工业设计领军企业,着力打造我省工业设计品牌。突出抓好以下几项工作:

1. 支持中国(合肥)工业设计城瞄准世界一流、对标国内先进,打造具有较大影响力的国家级、国际化知名工业设计城。中国(合肥)工业设计城是由合肥蜀山区投建的工业设计集聚园区,已成为合肥工业设计产业及高端人才聚集区,初具规模和聚集效应。目前已引进深圳、上海、广州、杭州、宁波等地著名设计机构共130家左右,包括龙创(国家级工业设计中心)、上海木马、深圳鼎典、德国凯撒等,"国家级智库聚集地""红星奖工作站"也正式签约并揭牌,在全国行业内具有一定知名度。借鉴广东工业设计城的做法,对中国(合肥)工业设计城实行省、市、区三方共建和政策重点扶持,打造国家级、国际化知名工业设计园区。同时,以中国(合肥)工业设计城为龙头,组建省工业设计产业联盟,成立省工业设计研究院,服务全省制造业企业和工业设计企业。

2. 支持蚌埠建设省级曹山工业设计小镇。蚌埠曹山工业设计小镇规划面积 3.8 平方千米,具有人才集聚、设计师创业孵化、产业提升以及示范带动等功能,目前已拥有印刷、陶瓷、细木等九大工坊,并为设计师提供免费服务和产品展示。以我省首个工业设计产品展览馆、全省工业设计产业外宣重要平台为建设目标,将曹山工业设计小镇升格为省级特色小镇,从土地、人才、税收、招商政策等方面实行重点支持和优先扶持,建立省、市两级共建协调机制,积极有序地推进建设。

3. 培育一批工业设计领军企业。针对我省工业设计领军企业少、影响力小、带动力不强等现状,立足现有工业设计企业,全面摸排分析,列出重点名单,实行政策倾斜,明确目标和时间表,抓紧培育一批工业设计领军企业和龙头企业。坚持扶优扶强,对基础条件好、发展潜力大、发展态势好的工业设计企业,省、市、园区要在奖补资金、成果转化、税收优惠、金融服务等方面实行重点扶持,有重点、有计划地扶持一批成果转化程度高、产业带动力强、具有明显行业优势的工业设计领军企业,发挥工业设计的"头雁效应"和"蝴蝶效应"。

附:工业设计相关政策汇总信息如表 25 所示。

表25 工业设计相关政策汇总列表

政策类别	序号	政策名称	文号	政策主要内容
国家政策	1	关于促进工业设计发展的若干指导意见	工信部联产业〔2010〕390号	是国家出台的首个专门针对工业设计产业的指导政策
上海政策	1	关于加快本市文化创意产业创新发展的若干意见		夯实国际文化大都市的产业基础,使文化创意产业成为上海构建新型产业体系的新的增长点、提升城市竞争力的重要增长极
上海政策	2	上海创意与设计产业发展"十三五"规划	沪经信都〔2017〕22号	形成高端产品、原创产品比重提高,产业结构、布局结构日趋合理,人才培养、品牌培育不断优化的有质量、有效益、可持续发展态势,上海设计之都、时尚之都、品牌之都的国际认同度和综合影响力明显提升
上海政策	3	上海文化创意产业发展三年行动计划(2016—2018年)		形成结构更优化、特色更鲜明、布局更合理、优势更突出的文化创意产业集群,产业辐射带动效应更加强劲
上海政策	4	上海人民政府关于贯彻《国务院关于推进文化创意和设计服务与相关产业融合发展的若干意见》的实施意见	沪府发〔2015〕1号	围绕上海"创新驱动发展、经济转型升级"的总体部署,推动创新型经济和品牌经济的发展,促进文化创意和设计服务与实体经济深度融合,加快新技术、新产品、新业态、新商业模式的经济发展
上海政策	5	关于促进上海创意设计业发展的若干意见	沪经信都〔2011〕282号	促进上海经济发展方式转变和城市发展转型,推进重点产业的设计创新,提升产业核心竞争力,打造更具创新活力和国际影响力的"设计之都"
上海政策	6	上海设计之都建设三年行动计划(2013—2015年)	沪经信都〔2014〕23号	到2015年,初步建成亚太地区领先、全球知名的设计之都,形成一批名人、名企、名牌和名品,使设计要素资源更加集聚,市场主体更加活跃,产业特色更加鲜明,带动效应更加显著,设计对本市国民经济和社会发展的贡献度进一步提高

续表

政策类别	序号	政策名称	文号	政策主要内容
广东政策	1	广东推进文化创意和设计服务与相关产业融合发展行动计划（2015—2020年）	粤府函〔2015〕314号	加强工业设计能力建设，提高工业设计创新水平，塑造广东制造新优势
广东政策	2	关于促进我省设计产业发展的若干意见	粤府办〔2012〕89号	争取用10年左右时间，将广东建设成为我国起点高、能力强、可持续、友好型设计产业集聚区和具有全球影响力的设计示范区
广东政策	3	关于促进我省工业设计发展的意见	粤府办〔2011〕9号	大力推动"产业设计化、设计产业化和设计人才职业化"，形成设计创新、技术创新、品牌创建三位一体的创新机制
浙江政策	1	关于进一步提升工业设计发展水平的意见	浙政办发〔2017〕105号	明确了浙江2017—2020年工业设计发展的目标任务、重点服务领域、主要任务和保障措施
浙江政策	2	关于加快推进工业设计发展的指导意见	浙政办发〔2014〕154号	坚持走公司化、市场化、网络化、职业化、专业化、特色化发展之路，推动工业设计提升发展
浙江政策	3	关于推进特色工业设计基地建设加快块状经济转型升级的若干意见	浙政发〔2011〕81号	加快建设一批特色工业设计基地，为中小企业提供创新服务，推动块状经济向现代产业集群转型升级
河北政策	1	关于支持工业设计发展的若干政策措施	冀政字〔2017〕36号	把工业设计作为增加有效供给的制胜利器，强力推进工业转型升级

课题负责：王尚改

执笔人：杨菁燕　丁　静

（完稿时间：2018年11月）

关于引导鼓励金融资本、社会资本参与我省林业建设的研究与建议

习近平总书记视察我省时指出,要把好山好水保护好,着力打造生态文明建设的安徽样板,建设绿色江淮美好家园。省委、省政府高度重视林业工作,近年来在谋划实施林长制改革、推动林业创新发展等方面进行了系统部署,林业发展取得显著成效。为深入贯彻习近平生态文明思想和视察安徽重要讲话精神,进一步破解我省林业发展的资金瓶颈,引导鼓励金融资本和社会资本参与林业建设,省政府发展研究中心联合省林业局开展了专题研究,召开相关部门座谈会,实地调研宣城、安庆等地,并赴福建考察学习,据此形成报告,以供参考。

一、基本情况

近年来,我省林业产业整体规模不断壮大。据省林业局统计,全省林业总产值由2010年的715.4亿元增加到2017年的3611.9亿元,居全国第9位。为推动林业发展,我省积极探索建立林业投融资体制机制,金融资本、社会资本参与林业建设水平不断提高,服务林业发展能力

不断增强。

(一)建立完善政策支持体系

1. 出台政策措施。围绕实施林长制改革、推进林业增绿增效、谋划实施林业PPP项目等方面,出台一系列政策措施,为金融资本、社会资本参与林业建设提供了有力支撑。2017年5月,省政府出台《关于实施林业增绿增效行动的意见》,在财政支持、基础设施建设、林权抵押贷款、发展森林保险等方面提出明确要求。2017年9月,省政府办公厅出台《安徽省支持政府和社会资本合作(PPP)若干政策》,提出在能源、林业等传统基础设施和公共服务领域大力推广PPP模式。2017年9月,省委、省政府印发《关于建立林长制的意见》。2018年4月,省委办公厅、省政府办公厅印发《关于推深做实林长制改革优化林业发展环境的意见》,围绕"强化林业投融资服务""鼓励社会资本投入林业建设"提出11条政策措施。

2. 加强资金支持。综合运用生态补偿、财政贴息、专项基金等手段,对各类资本参与林业建设提供支持。例如,完善生态补偿机制,国有公益林年每亩补偿10元,集体公益林年每亩补偿15元。在积极争取中央财政贴息资金及落实林业贴息贷款总规模方面走在全国前列,2017年落实林业贴息贷款16.3亿元,申报中央贷款贴息资金2956万元,撬动社会资本投入林业10.8亿元。完善财政金融协同机制,设立注册资本28亿元的农业产业化发展基金,引导社会资本和金融资本参与林业投资建设。各地纷纷出台相关政策,如旌德县制定了《关于加快林业特色产业发展的实施意见》,支持社会资本参与林业建设;望江县以政策补助为杠杆撬动社会资本投入,鼓励公司、企业、新型农业经营主体通过承包、租赁、转让、股份合作经营等形式参与木本油料基地建设。

（二）积极拓展融资渠道

1. 引导政策性金融机构支持林业建设。加大与农发行安徽省分行、国开行安徽省分行等合作力度，加强林业基础设施等领域建设。例如，农发行安徽省分行在安庆太湖县、望江县、怀宁县等县围绕森林资源质量提升工程发放系列贷款，已审批项目3个、4.8亿元，投放项目2个、3.65亿元。下一步农发行拟运用"统贷分用统还"模式，为安庆提供林业融资服务，融资规模预计可达20亿元。

2. 推动社会资本参与林业建设。鼓励各地积极参与申报林业政策贷款项目和PPP项目，目前合肥、芜湖、阜阳等7市共申报林业政策贷款和PPP项目45个，其中林业政策贷款40个、PPP项目5个。宁国西津河湿地公园项目、颍泉区泉水湾湿地公园项目入选国家发改委、国家林业局社会资本参与林业生态建设第一批试点项目，约占此次全国项目总数的16.67%，总投资额分别为4 500万元和6.136 9亿元；泉水湾项目引入社会资本1.075 2亿元，社会资本方股权占比达90%。

3. 创新林权抵押融资业务。省林业局会同省财政厅研究推出"五绿兴林·劝耕贷"试点，在长丰县、旌德县等10个县（区）开展林业融资担保业务试点，目前共发放担保贷款3 645万元。省林业局与邮储银行安徽省分行合作开展"30万元以下、2年期、免评估、可循环、可享受贴息"的林权抵押小额贷款"皖林邮贷通"项目，仅需林权证即可放款，到2018年10月，已在全省放贷120多笔、2 200多万元。据统计，截至2018年9月底，全省金融机构累计投放林权抵押贷款150亿元，余额达65亿元。

4. 探索搭建林业直接融资平台。针对我省林业企业规模小、实力弱,短期难以上市融资的现状,积极推动设立区域股权交易林业板。目前林业板设立方案已经制定,省股权交易中心正与黄山、池州、宣城等市的重点林区沟通协商,鼓励当地政府推荐优质企业为挂牌备选企业。

(三)完善保障体制机制

1. 完善林权流转交易机制。推进农村产权交易所、林权交易所、安徽森林资源收储中心等林权交易平台建设。目前,江南林交所已在全省9市建立17家分中心、6家授权服务机构和69个林权流转咨询服务站,形成价值评估、产业项目、金融服务、交易流转、资源收储、电子商务"六位一体"的林权交易服务模式,2012年—2018年11月末,累计完成林权交易502宗、成交金额3.1亿元,通过平台成交的林权流转平均溢价率8%左右。

2. 构建林业信贷担保、保险机制。探索建立政银保担企联合机制,如省农担公司与省农行、省邮储银行合作贷款;省邮储银行探索收储保证金担保模式,贷款期限由5年延长至8年,取消小额贷款下限。积极推进森林保险试点,试点范围实现全省全覆盖,其中公益林保费实现财政全额补贴,商品林保费林农自缴比重仅占20%。

3. 探索建立风险补偿机制。为分散林权融资过程中的自然风险和市场风险,部分林业较为发达的地区正在积极探索建立风险补偿机制,如旌德县拟设立风险补偿基金。

二、面临的突出困难和问题

从调研情况看,虽然近年来我省林业建设步伐加快,但林业发展的市场化程度仍然不高,总体上存在着规模不大、发展不足、体系不全、氛围不够等问题,金融和社会资本参与林业建设的规模还不大,投资意愿还不强,林业产业发展面临的资金瓶颈仍较突出。

(一)政策供给整体不足,林长制改革配套措施亟需跟进

1. 部分政策精准度有待提高。部分金融机构反映,我省林业政策仍然较为粗放,靶向性不足。例如,省农担公司反映,目前财政贴息金额门槛较高,部分林农为获取贷款贴息而过量举债,但又没有有效投资方向,导致资金使用效率不高,甚至投向房地产等高风险领域。同时,林业项目政策存在重立项轻后续服务的倾向,不少林农在申报项目成功后,未能获得针对项目的有效指导服务,导致项目难以长期存续或获得预期效益。

2. 林权流转制度需要细化实化。目前我省林木资产流转体系尚未普遍形成,林权流转市场建设不够完善。一些林农通过租赁获取林地经营权,由于缺乏经营权流转证书等法律性依据,无法以自身种植经营的林木为抵押物申请贷款,难以获得金融资本的支持。

3. 生态补偿标准依然较低。各级林业部门均反映,我省林业生态补偿标准偏低,公益林补偿政策问题不少,不少林农还在抱着"金山""银山"受穷。岳西县反映,该县 133 万亩公益林,绝大部分为集体林,林农

到手补贴每亩仅13.25元,一亩林一年的补助只够一家人吃一顿早餐。在造林方面,目前造1亩林的补助标准不超过700元,而实际造林成本一般在2 000元以上。据调研了解,福建林业生态补偿标准平均每亩达22元,财力好的市县还会增加1—3元。

4. 风险防控有待加强。部分社会资本进入林业存在一定的盲目性,不少投资者对林业基本属性、林业投资的长期性、复杂性和风险性缺乏深入认识,如一旦失败将导致农民林地租金收益无法兑付,容易引发矛盾纠纷,成为社会不稳定因素。

5. 林权管理服务平台建设滞后。浙江、江西、福建等省注重林权管理服务平台建设。例如,浙江到2017年已经在78个县成立林权管理机构,68个县成立林权交易中心,210个乡镇建立林权管理服务站;江西大力推广五级平台建设,林权管理服务延伸至乡、村两级;福建在66个县设立了林权流转服务平台。我省近年来着力建设省、市、县三级林业综合服务平台,但从总体看,林权管理服务向基层延伸不够,以林权流转为主要内容的林权管理服务机构建设相对滞后,目前只有旌德县等少数县、区设立了林权管理服务机构,农村地区尚未单独设立。

(二)金融资本供给不足,服务林业建设的金融产品种类少、规模小、受益面窄

1. 金融机构贷款积极性不高。林业资金需求具有周期长、规模小的特点,且林木资产在存续期可能面临自然灾害及破坏、侵占等现象,贷后风险难以控制,导致金融机构发放贷款、研发配套金融产品积极性不高。目前,我省累计发放各类林业贷款还不到福建的10%(到2017年年底,福建累计发放林业贷款1 571亿元)。同时,不少林业投资项目即

期效益不高,也直接影响到金融机构贷款积极性。农发行安徽省分行反映,该行在安庆实施的"统贷分用统还"模式贷款,目前还款来源主要为项目自身收益和公司其他方面收益,但政府投入的林业项目多数为公益性或准公益性,收益很少,难以覆盖项目本息。

2. 林业贷款受益面依然较窄。目前银行贷款服务对象主要是林业专业大户、家庭林场、林业企业等从事林业生产经营的主体,对于林农散户覆盖率较低,没有真正做到普惠林农。另外,林业生产经营周期与信贷周期不匹配。目前,经济林往往要4—5年才有效益,商品林要20—30年才有效益,而银行贷款期限多以1年期为主,一般均为一年一贷,影响了林业贷款的发放。

3. 林权抵质押贷款推进难。近年来,我省积极探索推广实施林权抵押贷款等模式,但从实地调研看,推进落实仍然不理想。主要困难有:其一,抵押担保物资产价值核定难。林业企业多为生物型资产,价值界定困难,目前主要通过林权证核实,但因抵押物大多数在山上,现场核实难度较大。同时,一些名贵木材等市场价值波动大,金融机构认为抵押物存在市场风险。其二,抵押担保物覆盖范围窄。林农所持有的公益林、基础设施不能抵押。例如,旌德县兴隆镇林农邓小明反映,2014年以来,他投入1 000万—2 000万于林道、水利等基础设施,但这些基础设施不能用于抵押。其三,抵押担保物产权界定过于严格。目前抵押担保物要求有明晰的产权,但林农持有的林场等资产多数原为集体资产,林农在流转过程中并没有获得完全产权,导致不能作为贷款抵押物。

4. 林业直接融资发展不足。我省林业企业多为中小企业,基本没有通过上市、发行债券等方式在资本市场募集资金,而福建仅三明一地就已拥有永安林业等四家林业类上市公司。调研了解到,省林业局虽有意愿与股交中心合作开设林业板,但合作进程较慢,林业企业和投资者参与积极性也不高。

(三) 发展环境有待优化,社会资本参与水平仍然不高

1. 林业发展基础支撑薄弱。我省不少林场山场处于偏僻山区、交通不便,经济发展水平也相对落后,林区道路等基础设施整体欠账较多,林业机械化水平不高,森林防火、有害生物防治等现代化装备缺乏,导致从事林业经营需要付出较高的固定成本。例如,在安庆调研时,不少造林大户反映,投资林业首先需要在林道建设、蓄水池建设等方面投入大量资金和精力,这影响了参与林业发展的积极性。

2. 财政贴息贷款额度偏小。目前,财政贴息贷款额度小,如对农户和林业职工个人营造林小额贷款额度仅为 30 万元,难以满足林农的需要。调研中,旌德县王宏鸣反映,他拥有 2 000 亩山场,最多只可贴息贷款 150 万。部分县林业局也反映,贴息贷款申请程序烦琐、时间长,若贷款超过 30 万,则既要监管资金使用情况,还要监管项目实施状况,操作难度大。

3. 缺少专业化产业投资基金。目前我省尚未设立专门的林业产业投资基金,社会资本进入林业建设的渠道不通畅。近期,省政府虽成立了农业产业化基金,但资金到位慢且投资门槛高,不少林业企业由于信用记录、会计档案等基础资料不健全,难以获得基金的支持。

4. 林业 PPP 实施难度较大。林业 PPP 项目全生命周期较长,项目前期的评估论证、项目谋划以及后期的绩效评价均需要专门 PPP 管理机构承担。当前我省不少市 PPP 专门机构人员配备不到位,主要由临时抽调人员承担工作任务,影响 PPP 工作的推广实施和运营期监管。

据省林业局反映,我省两个被国家发改委立项的林业PPP项目在实施过程中都遇到了诸如机构设置、征地受阻等许多问题,项目进展偏慢。

(四)保障机制还不完善,金融服务链条需要进一步延伸

1. 林业资产评估工作滞后。省金融办、省邮储银行反映,目前我省各地虽已开展林权抵押物价值评估工作,但尚缺乏专业评估机构和评估队伍,符合评估资质机构较少,尤其林木产品种类多、价值确定难,一般信贷客户经理等非专业人员对林业资产难以准确估价,影响信贷发放。与此同时,评估缺乏规范、统一的标准,评估费用偏高。旌德县农商行反映,目前林权资产评估都是按林权证总额评估,并非按实际抵押物价值评估,一定程度加大了林业信贷成本,有的实际评估费率达3%左右。

2. 林权收储交易平台缺乏。林权收储平台作为连接林业经营者与金融机构的重要桥梁,一方面可为林农林企抵押贷款提供担保,帮助他们向金融机构申请贷款融资;另一方面能够有效缓解金融机构林权类不良贷款抵押物处置难问题,帮助金融机构防控风险、解决后顾之忧。国内部分林业较为发达的省份在建立专业林权收储交易机构方面进行了积极探索,如2018年8月中国林权交易收储中心落户云南;福建目前已成立林权收储机构46家,南平、三明、龙岩等市的主要林区基本实现全覆盖。我省目前只有东至县、旌德县等部分县设立了此类机构,且交易规模、频次十分有限。

3. 林业保险覆盖面不宽。林业生产经营过程中,容易受到雪灾、火灾、水灾、病虫害等的直接冲击和影响,一旦发生灾害,损失往往较大。调研中,省邮储银行反映,目前我省林业保险品种还不够多,没有能够完全覆盖林业生产中面临的各类风险;安庆反映,当前林业相关的保险主

要是国元保险提供的森林防火保险,其他如雪灾、病虫害相关的保险品种缺乏,遇到类似2017年的雪灾,林农的损失难以得到有效补偿。

三、政策建议

通过调研,课题组认为,要进一步破解我省林业融资难题,必须紧紧依托深化林长制改革这一根本之策,坚持政府引导与市场主导相结合,充分发挥政府、金融机构、林业企业等多方面的积极性,因地制宜、分类施策,持续深化林业投融资改革,不断探索完善社会资本、金融资本参与林业建设的体制机制和服务模式,推动我省林业高质量发展。

(一)进一步深化林业改革创新发展

1. 推深做实林长制改革。林权投融资领域面临的诸多问题,根本原因还是在于林业改革不到位、相关制度政策不完善。要真正破解林业发展融资难题,吸引金融资本、社会资本进入林业,必须依靠林业改革。坚持以林长制改革为抓手,紧紧扭住探索林权权能有效实现形式这个关键环节,进一步完善林长制改革的组织体系和责任体系,不断建立完善支持林业发展的政策体系,加快构建与林业投融资相契合的各项基础制度,以改革红利的释放,引领各类资本投入林业建设。完善林地经营权流转制度。建议借鉴浙江的经验做法,加快探索建立与林权证相结合的林地经营权流转制度,尝试设立林地经营权证,赋予经营权证抵押、贷款权能,探索制定林地经营权抵押贷款管理办法,支持林业经营主体以不动产权证和林权证抵押融资,盘活林地上的林木及其他附着物资产。进一步完善生态补偿机制。加快公益林、湿地生态补偿机制建设,探索建立森林生态效益分类补偿机制。健全公益林补偿标准动态调整机制,进一步扩大天然林保护补助面积,适当提高生态补偿标准,视情提高省级奖补比重。

二是高质量发展林业经济。大力发展林业经济、做强做大林业经营主体是解决林业投融资问题的基础和根本。与浙江、福建等省份相比,我省林业发展水平整体不高,必须紧紧围绕高质量发展要求,进一步推动我省林业发展转型升级。加强林业科技创新和应用,加快推动林业数字化建设,充分发挥科技创新对林业经济发展的引领作用。要高标准地推动现代林业示范区建设,促进特色优势林产业重点发展。培育壮大林业经营主体,鼓励创办领办林业企业、专合组织、家庭林场等新型经营主体。要进一步加强林区道路、水利等设施建设,不断夯实林业发展基础支撑。

(二)进一步完善政策支持体系

1. 加快完善财税金融政策。进一步加大对林业贷款贴息补助支持力度,提高省级配套贴息标准。学习借鉴福建龙岩做法,在省内部分市、县探索推出市级财政林业贷款贴息政策,不断增强贴息政策的针对性。积极整合涉林财政资金,鼓励有条件的地方政府和社会资本共同发起、设立区域性林业绿色发展基金。

2. 建立完善风险补偿机制。建议设立财政出资的林业风险补偿基金,用于对林业企业的贷款担保和投融资失败的风险补偿,形成多层次林业风险分担机制,增强金融机构参与林业建设的积极性。

3. 谋划推动林业PPP项目。目前我省PPP项目合作主要集中在传统基础设施领域,建议在统筹考虑经济社会发展和可用财力的前提下,加大林业领域的 PPP 项目推进力度。一方面要尽快推动已实施 PPP 项目加快落地,另一方面要在森林旅游、森林康养等领域尽快谋划实施一批 PPP 项目。

4. 积极探索林业碳汇交易。我省已初步建立森林碳汇监测体系,当前重点要积极推进碳汇项目开发规范化工作,努力把林业碳汇交易的基础打牢,一旦国家启动强制性减排试点工作,就可以培育形成森林碳汇市场。鼓励支持金融机构提前谋划与林业碳汇项目相匹配的林业融资产品,充分利用林业资源探索开发碳汇未来收益、碳排放权等质押产品。

(三) 进一步激励和引导金融资本参与林业建设

1. 建立多层级林业服务平台。加快推动林业管理服务职能下沉,各级林业部门、技术部门要加强产业发展技术服务和培训指导。建议将林农纳入"新农人"培训范围,提高经营能力和水平,增强林业持续发展能力。加快林业金融服务平台建设,各地林业部门要加快推动建立统一、规范、有序的林权流转和信息发布平台,探索建立集林权权属查询、抵押登记、价值评估、收储担保、贷款发放等为一体的林业金融服务机构,为林业经营主体提供林权抵押贷款"一站式"金融服务。

2. 创新涉林信贷服务。引导金融机构将绿色林业、自然保护、灾害防治项目等纳入授信重点支持范围,重点支持林业经营主体生产经营、国家储备林建设、森林资源培育和开发、林下经济发展、林产品加工、森林休闲等涉林资金需求。支持金融机构根据林业生产周期不同阶段的融资需求,探索提供林业全周期信贷产品。创新开展林权抵押贷款业务,探索开展与林木生产周期相匹配的中长期林权抵押贷款,解决林业生产中遇到的"短贷长用"问题。鼓励金融机构在部分林业融资需求大的地区探索设立林业专业化支行,组建林业金融服务专业机构和业务团队,实施单独管理,单独配置信贷额度、单独财务核算、单独条线部署,提高林业金融服务的专业性、有效性。推动开发性、政策性金融机构进一步加大对战略储备林项目、林业生产基地和林业基础设施建设的中长期贷款投放。

3. 大力发展林业担保。借鉴福建三明、龙岩等地"福林贷"的经验做法,探索建立村级合作担保基金,发展"银行＋合作基金＋村委会＋林农"的普惠制林业金融,解决单户林农抵押难、担保难、融资难问题。推动政策性融资担保机构开办林业融资担保业务,为林业企业发行债券、申请贷款提供增信服务。创新担保形式,大力发展推行龙头企业担保、大户担保、林农联保等多种形式信用担保。

4. 大力发展直接融资。充分发挥农业产业化基金作用,适当提高风险失败容忍度,加快林特产业子基金组建步伐。推动林业企业在主板、中小板、创业板以及境外资本市场上市融资,在全国股转系统和省股交中心挂牌。

(四) 进一步健全保障机制

1. 加快资产评估机构建设。借鉴福建武平县等地经验做法,在林业资源较为丰富的市、县率先组建森林资产评估机构,建立完善林权抵押价值评估制度,及时为林农提供林权资源评估。在此基础上,适时在全省范围建立一批示范性评估机构。

2. 建立健全林权收储机制。支持省森林资源收储中心积极开展林权抵押收储业务,并探索开展对林权抵押贷款提供抵押收储担保和贷款损失代偿。支持有条件的林业经济活跃地区探索建立政策性林权收储担保机构,如目前全省仅在宣城试点组建林权收储中心,下一步可考虑扩大到林业特色经济明显的六安、安庆等地。采取资本金注入、林权收储担保费用补助、风险补偿等多种措施支持开展林权收储业务。鼓励金融机构将抵押林权的评估、管护等服务外包给林权收储担保机构,提高林权收储担保机构的担保服务能力和专业化运作水平。

3. 完善林业产权交易平台。加快推进江南林权交易所平台和制度建设,建立完善市场交易信息采集发布系统,进一步扩大辐射范围和影响力。

4. 加快发展森林保险。建议将林木纳入农业政策性保险范围,积极探索商品林"政策性保险＋商业保险"模式,充分发挥森林保险保单质押功能。借鉴福建的经验做法设立森林综合性保险,将林木生产过程中发生的火灾、病虫害、雨灾、雪灾各类灾害纳入保险范围,财政部门对参加森林综合保险的林权所有者提高保费补贴。引导商业性保险公司增加林业保险产品、扩大服务范围,合理确定林木资产保险合理保费和赔偿标准。

课题指导:孙东海　倪胜如　齐　新
课题组成员:
(省政府发展研究中心):蔡报春　吕永琦　刘　杨
(省林业局):叶兴发　施旌旗　赵皖辉
执笔人:吕永琦　刘　杨

(完稿时间:2018年10月)

乡村振兴有诀窍

——浙江何斯路村调研报告

何斯路村位于浙江义乌,常住人口 120 万人,面积 3.7 平方千米,其中耕地 370 亩、山林 200 亩、水塘 37 亩,森林覆盖率达 85%,2017 年农民人均可支配收入 39 800 元,村集体经营性收入 2 240 万元,集体资产上亿元。先后获得"中国乡村旅游模范村""国家级生态文化村""中国美丽田园""浙江省最美乡村""浙江省特色旅游示范村"等荣誉称号,并于 2015 年成为"国家 AAA 级旅游景区"。何斯路村从落后山村蝶变为远近闻名的美丽乡村,调研组认为有这样九条诀窍值得借鉴。

一、带头人选得好,乡村发展势如破竹

一个有情怀、有眼界、有能力的带头人,是农村建设发展的决定性因素。2008 年何允辉当选村主任后,何斯路村开始进入快速发展期。他曾是一位事业有成的商人,回乡担任村官后,陆续捐资 2 000 万元用于家乡发展,通过实施道路整治、兴建牛食塘公园、创办龙溪香谷熏衣花园、打造志成湖景区、修建斯路何庄、开办文化礼堂、兴建功德银行等,聚

集城乡资源要素,发展特色产业,重塑乡风文明,彻底改变了家乡落后的面貌。村集体资产由 2008 年的负数上升到 2017 年跨上亿元台阶,农民人均收入在九年间增加了 7.7 倍。

二、能够慧眼识珠,善于捕捉发展机会

在很多人还不知薰衣草为何物时,该村就敏锐地发现了其中的商机,将薰衣草变成了"摇钱树"。经历从欧洲、山东多次引种失败后,最终才从新疆引种成功。目前,全村种有 100 多亩薰衣草,成为当地乡村旅游的主打品牌,每年吸引游客 20 余万人,增加村集体收入 470 余万,增加工资性收入 500 余万元。尤其值得肯定的是,该村还善于整合资源,在新疆承租了 4 000 亩薰衣草种植基地,并积极与外地企业合作,委托加工和销售薰衣草系列产品,既扩大了经营规模,又提升了影响力和美誉度。在乡村旅游的带动下,该村黄酒产业也得到迅速发展,每年利润达 300 万元左右,形成了一二三产融合发展的格局。

三、坚持品牌先行,注重产品策划设计

该村还处在摸索薰衣草种植过程中,申请注册了 199 个产品品牌,目前已成功开发出精油、护肤品等 70 多个薰衣草品牌产品。这种早就"应知应会"的产品意识和市场意识,正是当前我省一些农村发展产业时所欠缺的。一同前往调研的阜阳颍泉区刘小寨和桐城玉咀村的书记表

示,自己所在村就没有一个注册品牌。因此,要注重引导有关各方注重品牌、注重设计,因为价格背后有品牌、品牌背后有信任、信任背后有质量、质量背后要有设计、设计背后有人性。要有好发展,就要有好企业;要有好企业,就要有好产品;要有好产品,就要有好设计,加强品牌建设和产品规划,避免"脚踏西瓜皮、滑到哪里算哪里"。说到注重设计,不得不提到每年为该村盈利数百万元的"斯路何庄"酒店,这家酒店是由英国学成归来的设计师设计的,该设计师曾是受村里资助上学的村民。这栋建筑清新典雅、造型秀丽、与山水交融,成为村里一道亮丽的风景。

四、创建功德银行,破解乡风文明难题

针对乡情淡漠、乡风退化等问题,该村在基层社会治理方面进行了大胆而务实的创新。2008年,该村借鉴瑞士时间银行的做法,用好、用足、用活熟人社会特点,探索建立了"功德银行"。这类似于《铁道游击队》里的"红黑账",将村里涌现的好人好事记录下来,如助人为乐、义务保洁、无偿服务村集体活动等,根据评分标准进行积分累计,一个季度公布一次排名情况,并与个人信用贷款、贫困户认定等挂钩,促成村民移风易俗、培育文明新风。据悉,陕西和福建的不少村庄正在效仿这个做法。

五、开展厨艺培训,帮助农民增长本事

美食是一个地方的重要名片。以一定程度上讲,凡是经济社会发达

地区,往往是菜做得好的地方;凡是菜做得不好的地方,往往是经济社会欠发达地区。美食非小事,集中体现了基层政府的认知能力、服务水平和为民意识,也是乡村聚集人气的重要手段。该村紧扣当地食材和发展需求,面向村民开办了五期厨师技能培训班,提高了广大村民烹调技能,既改善了生活品质,又提供了人才保障,对促进乡村旅游发展功不可没。

六、加强学习交流,草船借箭巧妙攻玉

在何斯路村能深刻地体会到,扶贫要先扶智,扶智要先开窍,开窍要先开眼,"开眼"才能"开窍"。对基层干部来说,外出考察充电必不可少,应当作为干部的硬任务、工作考核内容。该村书记曾多次出国考察,开阔了视野,跨越性地提升了整合资源的信心和能力,从而有助于辨析借鉴国内外经验教训谋划乡村发展。特别是到日本学习后,这位村支书在垃圾分类、农产品开发、乡村旅游等方面受益匪浅,将其中一些好的理念和做法引入了该村。

七、突出文化建设,汇聚乡村振兴动能

乡村振兴,文化必须先行。没有先进文化潜移默化的影响,如何培养朝气蓬勃的新时代农民?何斯路村从2008年起,就大力加强乡村文化长廊建设,发挥退休干部、教师、乡贤作用,设计、制作、传播先进适用、

不断更新、易懂好学可做的生活、生态、生产知识,营造积极健康的文化氛围。将祖宗祠堂打造为文化礼堂,安排专人管理并讲解,挖掘、继承、创新传统文化;成立老年大学,通过开展丰富多彩的活动,让老年人精神有寄托;开展历史遗迹保护和名人事迹展示,增强村民的自豪感和凝聚力,用文化自信求得服务自信。

八、用好网络营销,事半功倍一举多得

当前,宣传营销渠道众多,但村级组织能利用的资源依然有限,微信无疑是一个低成本、零门槛、易使用的平台。该村创建了微信群,村支书几乎每天更新微信朋友圈,及时分享各类心得体会,宣传何斯路村的建设发展情况。该村还"约法三章":第一,每位党员每个月必须在"朋友圈"发3条微信;第二,村里的大学生每个月必须在"朋友圈"发1条微信;第三,这些"必须发"的微信,必须事关本村经济社会发展。通过组织大家在"朋友圈"发微信,一方面有利于外界了解何斯路、喜欢何斯路;另一方面有利于培养主人翁精神,做到"人人都是宣传员,人人都是营销员"。

九、拓展增收渠道,合理开展收费

据介绍,当年薰衣草刚试种成功,该村就及时动议向游客收费,为此还曾被有关部门以"事无先例"为借口阻挠,但该村据理力争,转而以"环

境保护费"名义,在行动上落实了"劳有所得"和""脑有所得"。目前,薰衣草因参观门票已成为当地的重要集体收入来源。这种尊重劳动、尊重创造的做法,值得我们虚心、全面、系统地学习借鉴。

调研组成员:季　翔　唐二春　吴玉堂　刘明忠
　　　　　　方实古　张永明　章修水　榆　木
执　笔　人:季　翔　唐二春

（完稿时间:2018年4月）

关于我省促进小农户和现代农业发展有机衔接的调研报告

党的十九大报告提出,要构建现代农业产业体系、生产体系、经营体系,完善农业支持保护制度,发展多种形式适度规模经营,培育新型农业经营主体,健全农业社会化服务体系,实现小农户和现代农业发展有机衔接。2018年,中央和我省"一号文件"都把促进小农户与现代农业有机衔接作为重要内容。为推动有机衔接,课题组先后通过召开座谈会、实地调研等方式,与省农委、庐江县、埇桥区和黟县等部门、县、区、各类新型农业经营主体、小农户进行了多次座谈交流。现形成调研报告,以供参阅。

一、主要做法与成效

近年来,我省按照"主体多元化、形式多样化、运作市场化"的总要求,着力培育新型农业服务主体,有效带动小农户发展。2017年,全省各类农业生产性服务组织达到3.1万个,从事生产性服务业人数72.6万人,农业生产性服务组织增加值80多亿元,服务农户近400万户,农业生产托管服务组织1.8万个,主要农作物托管服务面积2890万亩,全省耕地流转率达到45.5%。

(一)坚持市场导向,着力培育新型农业服务主体

把服务主体的培育作为带动小农户融合发展的主要抓手。按照主体多元、形式多样的要求,坚持因地制宜、分类指导,积极培育合作服务组织、服务型龙头企业、专业化服务公司和服务型联合社等四大类农业托管服务主体。2017年,全省开展农业生产托管的农民专业合作社超过1万个,占全省合作社总数的14%,专业化服务型合作社近千家;开展农业生产托管的省级以上农业龙头企业超过2 000个;各类品牌化、专业化的服务组织600多家,供销、农垦、种子等大型涉农企业组建了农业服务公司,涌现出如安徽田管家、黟县有农、安徽金色家园、喜洋洋、宿州淮河、意利达等专业化服务公司;各类农民联合社达241家、联合体1 000多个;全省200多家农业社会化服务组织成立安徽省农业社会化服务产业联合会,这也是全国首家省级综合性的服务联盟。

(二)坚持改革创新,积极探索服务新机制

近年来,我省紧紧围绕转变农业发展方式,以"一项示范、三项试点"为抓手,大力推进服务机制创新。深入开展农业社会化服务示范创建,在全省组织开展农业社会化服务"111"示范创建活动,创建10个示范县、100个示范乡镇、1 000个示范主体。组织实施农业生产社会化服务试点项目,试点面积突破100万亩,探索了农业全程服务机制。开展公益性与经营性服务融合发展试点,在放活公益性服务的同时,有力地推动了经营性服务的发展。做好政府购买农业公益性服务创新试点,初步

探索了政府购买农业公益性服务的具体程序、购买方式、监管机制等一系列操作规范。

(三)注重政策扶持,不断增强服务能力

发挥政策导向作用,努力增强服务能力。省政府出台了关于加快构建新型农业社会化服务体系的意见,从主体培育、装备建设、平台建设、机制建设等方面对推进社会化服务作出全面安排,并制定了财政、税收、用地用电、人才等扶持政策。我省从农业支持保护补贴资金中切块安排2.6亿元开展专用粮食绿色增产技术推广与服务补助,重点补助从事专用粮食适度规模经营的各类新型主体和服务主体。全面实施农机化产业发展项目,对农业服务主体优先安排农机购置补贴、关键环节作业补贴。鼓励农技人员创办领办农业服务主体,推进事业单位专业技术人员帮扶农业服务主体,开展农业服务主体从业人员培训,2017年培训新型职业农民5万人,全省有1.4万名农技人员开展了包村联户服务,指导服务科技示范户14万户。

(四)注重平台建设,持续提高综合服务质量

省政府办公厅出台了《推进农机农艺农信融合发展实施方案》,加强农业技术推广应用、农资产品展示展销、农机作业信息发布、农机维修保养存放、农机人员培训管理,并于2017年完成了100个综合性全程农事服务中心建设。实施农产品安全民生工程,开展农产品质量安全追溯和信用体系建设试点,在全国率先建立农产品质量安全红榜和黑名单制度,创建国家级和省级农产品质量安全县28个,打造农产品质量检验检测平台。按照"政府引导、企业主导、市场运作、多方联动"的原则,推进

光缆通达所有行政村,电子商务进农村实现全覆盖,培育了一批农业电子商务企业,打造农产品电子商务平台。2017年全省农产品电子商务交易额达387.4亿元,同比增长57%。

二、主要经营服务模式

从调研情况看,小农户能够从以下几种模式得到有效的社会化服务。

(一)公益性社会化服务模式

这是一种普惠式的服务模式,小农户和其他农业主体都能得到的服务。目前,我省各县(市、区)已形成以县、乡镇两级农技推广服务机构为主,种养大户、家庭农场、农民合作社和龙头企业等新型农业经营主体服务为辅,其他组织广泛参与的社会化服务体系。其中,由国家、省、市下达服务计划,各级农业服务机构具体提供技术推广、农机服务和基础设施建设等服务,同时专业合作社、龙头企业以及其他组织作为重要补充。

(二)全程社会化服务模式

全程社会化服务模式也称全托管,指农户将土地委托给服务主体,实现从种到收的全程托管经营管理。服务主体的服务对象主要是外出农民工、无劳动力家庭、贫困户和五保户。入托手续主要包括丈量土地,签订《土地托管经营协议书》《农资采购委托书》《耕、种、管、收委托书》《粮食销售委托书》。托管结算方式为:单项服务凭据,双方签字认可;所需费用托管方先垫付，服务对象后支付；售粮后，支付托管费用，剩余资金打入服务对象卡上，并附上《结算清单》。服务内容主要是六个统一：统一品种、供种，统一测土配方、配肥、供肥、施肥，统一耕地、播种，统一植保（田间管理，病、虫、草害防治），统一机收、灭茬（秸秆粉碎抛洒），统一粮食销售、结算费用。这是小农户全面、全程得到社会化服务的一种模式。

（三）劳务托管社会化服务模式

劳务托管社会化服务模式也称半托管，指农户与服务主体达成劳动服务协议，将农业生产过程中的全部劳务项目委托给服务主体承担，服务主体具体承包耕整地、育种育秧、播种插秧、配肥施肥、植保田管、灌排、收获等种植过程所需劳动作业的主要环节；农户自身承担劳动服务费、种子、农药、肥料、水电等费用；农业收获由农户自行销售。这种模式，对劳动能力弱、没有机械的小农户来讲，是较为可行的一种选择方式。

（四）菜单式社会化服务模式

菜单式社会化服务模式也称订单托管，指农户、大户、家庭农场将农业生产过程中某个时段的劳务项目委托给服务主体，服务主体按劳务项目获得报酬。此模式让农户接受起来容易，但选择的多样性易导致管理难、利润点低。对小农户而言，技术要求高、体力要求大的劳务交给了服务主体，小农户做一些力所能及的农活，既节省了开支，又提高了小农户种植效益。

(五) 联合种植＋分户管理社会化服务模式

调研了解到,宿州八宝田公司创新托管模式,依托能人推进连片种植同一品种粮食,实行技术服务、种植方案、农资供应、种植、植保、销售六统一,农户分散管理自己的农田,种粮收益归农户所有,合作的农户和经营主体节本增效 200 多元,同时可以为农户提供贷款担保服务,实现了土地的规模化种植和精细化管理有机统一,探索了服务组织带动小农户进入现代农业发展轨道的新模式。

三、存在的主要问题和困难

调研了解到,我省小农户存在经营规模狭小、抗风险能力弱、科技推广成本高、兼业经营普遍等问题。

(一) 小农户经营规模小

据第三次全国农业普查显示,2016 年我国现有农户 2.07 亿户,其中规模经营农户仅有 398 万户,71.4% 的耕地由小农户经营。同样,我省有 1 081.3 万农业经营户,其中规模农业经营户仅有 12.6 万户,73.5% 的耕地由小农户经营,比全国平均水平还高 2.1 个百分点。这表明,小农户是我国和我省农业经营的主要主体,是粮食等农产品的主要提供者。同时据农业部调查,2015 年我国农户户均承包耕地 7.8 亩,10 亩以下的农户超过 90%,这种超小规模的分散农户经营,更加放大了小农户的经营缺陷,是导致农户经营的兼业化、老龄化、粗放化的重要原因。

（二）组织协调难度大

与规模经营相比,小农户土地分散细碎,难以集中服务,主要表现在作业面积小、大型机械进不去、作业效率低、服务费时费力、服务成本高。庐江县安徽春生农业科技有限公司负责人就直言不讳地表示,公司业务主要提供育插秧服务,但基本不为零星分散小农户提供服务,主要因为服务的成本高、效率低。而对于提供种子化肥农药的服务企业,小农户集中分散度影响不大。耕地要变分散为集中,实现统一品种、统一耕种、统一植保、统一收获等规模化作业服务,操作起来组织协调难度大,需要成立服务组织,需要建立利益联结机制。

（三）小农户自我发展能力明显不足

据第三次全国农业普查显示,2016年我省小农户农业生产经营人员初中及以下学历的占94.4%,35岁及以下的仅占17%,从事种植业的占94.7%。由于小农户规模较小、分散经营、自身素质不高,既没有引进新品种、新技术、新产业的实力,也没有学习掌握相关知识、技能的能力,甚至没有引进的动力,因而难以实现标准化生产、品牌化经营、批量化供应,很难满足城市对高质量安全食品的需要。同时,在市场竞争中,小农户被挤压在收益低的种植业环节,特别是粮食生产环节,收益高的非粮作物种植和养殖业基本上被农业企业垄断,导致农业经营风险加大、经营收入减少,农户兼业趋向普遍。

(四)小农户与新型农业经营主体利益连接机制不紧密

目前,新型农业经营主体凭借资金、技术、信息、渠道的优势进入农业农村,对小农户生存与经营形成"压倒性"态势,小农户必然竞争不过他们,甚至成为利益盘剥和风险转嫁的对象。一些新型农业经营主体、特别是工商资本下乡发展农产品加工业、休闲农业和乡村旅游,更多地关心经营效益,不够注重带动农民发展,使得小农户难以有效分享农业现代化的成果,一些地方"资本下乡却代替了老乡,没有带动老乡""农家乐光让老板乐了,没有让农民乐"。从调研情况看,新产业、新业态很多都由工商资本主导,有的工商资本与农民也只是简单的劳动雇佣关系、资产租赁和产品买卖关系,对小农户产生了一定的挤出效应,一定程度上影响了小农户的发展。

(五)农业社会化服务组织整体能力还不够强

我省经营性农业社会化服务组织尚处在发展的初期,当前,我省各类生产性服务组织3万多家,相对全省8 000多万亩耕地面积来说,这些组织数量较少、覆盖面小。大部分服务组织还主要以提供生产技术指导等产前产中服务为主,现代农业发展必需的农产品保鲜、储藏、信息、营销、物流等产后服务缺乏;农产品品牌化、质量安全可追溯机制还比较缺乏;农村金融服务面不够广泛、服务产品不够丰富,农村金融瓶颈问题没有得到根本解决;多数服务组织还普遍存在内部管理机制不健全,市场开拓能力和抵御风险能力较弱等问题。在阜阳、亳州和宿州调研发现,签订书面服务协议的不到40%,大部分通过口头约定达成协议,在农地托管过程中,一旦出现问题和纠纷,托管双方很难明晰彼此之间的权利义务关系,极易产生矛盾、纠纷。服务组织还面临服务费用收取难的问题,宿州金色家园托管服务公司反映,2016年该有30%的服务费用未能按时收取。

四、政策建议

从古今中外农业发展历程来看,农户家庭经营是适合农业生产的有效方式,家庭经营的效率高于企业化经营,更能适应动植物生命周期规律,且有助于保持内在激励、合理分工、精耕细作的优势,克服农业劳动监督困难,因而具有旺盛的生命力。但发挥农户家庭经营优势,克服小农经济缺陷,实现小农户与现代农业发展的有机衔接,是一个系统工程,不可能一蹴而就,需要扎实推进。当务之急是通过创新体制机制,搭建小农户与现代农业发展衔接的"桥梁",克服"亲大农、远小农"的倾向,真正通过构建现代农业产业体系、生产体系、经营体系,将千万小农户引领到现代农业的轨道上来,让其分享乡村振兴的红利。

(一)制定扶持小农户生产的政策措施,建立带动小农户发展机制

统筹兼顾培育新型农业经营主体和扶持小农户,研究完善带动小农户生产的扶持政策,建立健全小农户生产社会化服务机制。通过价格引导、金融服务、财政补贴、税收减免以及土地使用等培育一批专业化服务组织,引导和鼓励农业社会化服务组织为农户提供多种形式的生产经营服务。推广"联合体+龙头企业+合作社+基地+农户""服务组织+合

作""供销社＋农户"等经营模式,推行全程托管、劳务托管、菜单式、联耕联种、代加工等生产方式,把农资、种子、科技、农机装备、金融等现代生产要素供给小农户,带动小农户发展适度规模生产经营,推动小农户经营实现精细化管理。探索建立乡村产业发展用工制度,生产基地或产业项目优先吸纳小农户就近就地务工就业。

(二)创新惠农利益分享机制,激发小农户内生活力

紧密的利益连接机制是主体稳定发展的有效保障。财政补助资金要重点扶持带动小农户发展的新型农业经营主体,支持他们通过流转、托管、股份合作、订单农业等方式与小农户建立紧密的利益联结机制,让小农户分享农产品加工营销增值收益。注重引导农户按照"依法、自愿、有偿"的原则,以土地承包经营权、劳动力、资金、技术等生产要素为股份参股经营,形成稳定的联结关系。引导龙头企业采取订单、股份合作、利润返还等形式,与农民合作社、家庭农场、小农户建立利益联结机制,形成紧密型经济利益共同体。大力推进农业产业化联合体发展,引导龙头企业领办农民合作社,支持农民合作社兴办农产品加工或参股农业龙头企业,支持发展"龙头企业＋合作社＋家庭农场"经营模式,实现新型农业经营主体的融合发展。

(三)注重典型示范,积极引导小农户融入现代农业

充分发挥各类农业新型主体在现代农业建设中的示范引领作用,与小农户建立起紧密型、互助型的联合关系,带领小农户进行技术创新、新产品的推广应用、发展农业新业态发展等,进一步提高农业生产效率,让广大农户尽快融入现代农业之中。注重发挥乡土大户、能人的典型示范

作用,让小农户跟着学、学中干,不断提高农业生产的专业化水平和组织化程度。加强小农户职业技能培训,进一步提升小农户个人能力素质。注重打造区域公用品牌,开展农超对接、农社对接,帮助小农户对接市场,降低经营风险。积极扶持小农户发展生态农业、设施农业、体验农业、定制农业,提高产品档次和附加值,拓展增收空间。

(四)提升小农户的组织化程度,推动多种形式的合作与联合

积极推广埇桥区皖大大豆产业化联合体和意利达粮食产业化联合体的做法,创新合作模式,有针对性地开展"经营主体＋基地＋农户"的合作模式、"托管＋菜单"服务模式,让小农户通过合作减少投入、增加收益。推广宿州八宝田公司经营模式,发挥农村基层组织、农民专业合作社,特别是当地能人的作用,以土地连片为前提,将小农户统一组织起来,为小农户提供需要的社会化服务,让其走上现代农业发展轨道。创新组织服务的模式,建立完善服务信息平台,提高服务的便捷化水平。注重改善小农户生产设施条件,提升小农户抗风险能力。

(五)加快培育社会化服务组织,为小农户提供更全面优质的服务

覆盖全程、综合配套、便捷高效的农业社会化服务体系,是构建新型农业经营体系的重要一环,"新型农业经营主体＋农业社会化服务"将是建设现代农业的理想经营模式。我省人多地少、农户经营主体数量众多,更应注重以扩大服务规模来弥补土地经营规模的不足,以服务的规模化促进生产经营的规模化。应充分发挥公共服务机构作用,重点培育经营性服务组织,加快构建公益性服务与经营性服务相融合、专项服务

与综合服务相协调的新型农业社会化服务体系。大力发展主体多元、形式多样、竞争充分的社会化服务,推广托管式、订单式、合作式服务模式,为新型农业经营主体提供更有针对性的农机作业、农产品营销、农资供应、科技推广、农村金融保险等服务。加快培育市场营销服务组织,壮大农村经纪人队伍,加强农产品市场流通体系、质量安全可追溯系统、信息发布与交易结算系统等建设,大力发展农业电子商务,实现包括小农户在内的农产品能卖得出、价更优。

课题指导:季　翔

执　笔　人:张延明　吴　豹

（完稿时间:2018 年 7 月）

2018 年安徽民生调查报告
——从调查问卷看我省基本民生状况

根据国务院领导部署,国务院发展研究中心已连续七年在全国部分省市区组织开展民生调查研究。受国务院发展研究中心委托,省政府发展研究中心联合有关机构开展了我省的相关调查研究。2018 年 7 月,调查组深入全省 9 市 10 县(区)的 39 个社区(村),随机抽取 1 333 户家庭,采取入户访谈方式开展调查,在此基础上形成报告,以供参阅。

一、调查反映的我省 2018 年民生基本状况

本次调查涉及劳动与就业、收入与消费、子女教育、医疗卫生、养老保障、生活环境、食品安全等方面,问卷反映的状况如下:

(一)就近就业占主导,劳动合同签定率较低

调查对象(受访者及其家庭成员)在本市(县、区)工作的占 75.48%,在省内其他市(县、区)工作的占 4.06%,在外省(直辖市、自治区)工作的占 20.46%(见图 20)。调查显示,非农就业人口占比远高于农业就业

人口,两类就业人口的比重分别为67.14%和32.86%(见图21)。民营/私营企业职工、专业务农、非固定单位的临时务工是主要的就业方式,占比分别为23.51%、22.43%、14.70%(见图22)。

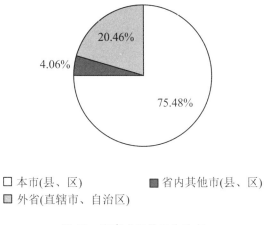

图20 家庭成员的工作地点

图21 家庭成员农业和非农就业情况

27.61%的调查对象签订了有期限或无固定期限劳动合同,30.34%的调查对象没有签订任何劳动合同,劳动合同签订率偏低。具体来说,农村居民中没有签订劳动合同的占比31.33%,城市居民为28.31%(见

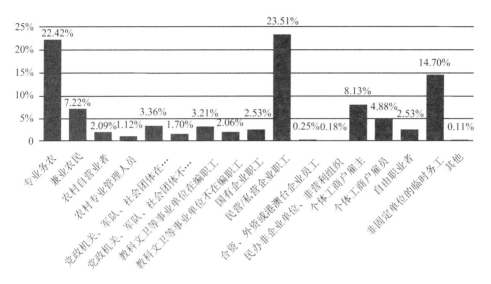

图 22 家庭成员的具体就业方式

表31）。

表 31 家庭成员劳动合同签订形式

	没有签订劳动合同	无固定期限劳动合同	有期限劳动合同	不需要签劳动合同	以完成一定工作任务为期限的劳动合同	不适用（非雇佣劳动者）	合计
农村	31.33%	4.27%	19.11%	1.81%	0.05%	43.43%	100.00%
城市	28.31%	5.44%	30.91%	14.16%	0.57%	20.61%	100.00%
整体	30.34%	4.65%	22.96%	5.84%	0.22%	35.99%	100.00%

对离职原因的调查，居首位的是料理家务，占比为43.10%，反映出家务工作对就业具有较大的影响（见图23）。

（二）家庭收入有所上升，教育、医疗、住房、人情往来支出压力较大

调查显示，我省居民家庭2017年度平均纯收入为8.32万元，与

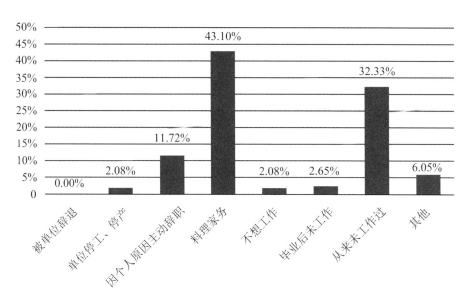

图 23　家庭成员不工作或离职的原因

2016 年同期相比增加 1.95 万元,增长率为 30.61%。2017 年年收入低于 3 万元的家庭,农村占 24.49%,比上年减少 15.63 个百分点,城市占 13.10%,比上年减少近 10 个百分点;年收入处于 3 万—14.99 万元的家庭,农村占 68.31%,比上年增加 14.43 个百分点,城市占 77.17%,比上年增加 6.56 个百分点;年收入处于 15 万元以上的家庭,农村占 9.00%,比上年增加 2.99 个百分点,城市占 10.35%,比上年增加 4.04 个百分点(见表 32)。

表 32　城乡家庭年收入变化情况

	农村居民		城市居民	
	2017 年	2016 年	2017 年	2016 年
1 万元以下	8.45%	22.55%	3.53%	8.47%
1 万—2.99 万元	15.42%	17.57%	9.43%	14.62%
3 万—4.99 万元	17.23%	16.98%	16.62%	20.27%
5 万—9.99 万元	32.51%	26.5%	42.84%	37.38%

续表

	农村居民		城市居民	
	2017年	2016年	2017年	2016年
10万—14.99万元	17.58%	10.40%	17.47%	12.96%
15万—24.99万元	7.26%	4.54%	7.95%	4.65%
25万—49.99万元	1.38%	1.32%	1.61%	0.66%
50万元以上	0.17%	0.14%	0.55%	0.99%
合计	100.00%	100.00%	100.00%	100.00%

68.71%的调查对象表示家庭支出有所增加,其中有15.75%的家庭认为增加明显。在各项消费支出压力方面,子女教育、医疗、住房排在前三位,其中子女教育和医疗所占比重远高于其他消费支出项,分别为28.52%和21.23%(见图24)。

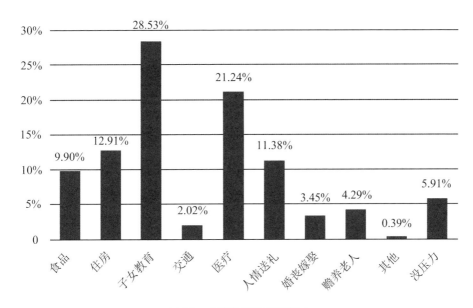

图24 主要的家庭消费压力

调查显示,2017年家庭教育总支出平均为11 487元/户,占当年家庭年平均收入的比重为13.80%,其中城市家庭平均支出为13 816.72

元,农村家庭平均支出为 10 046 元(见图 25)。

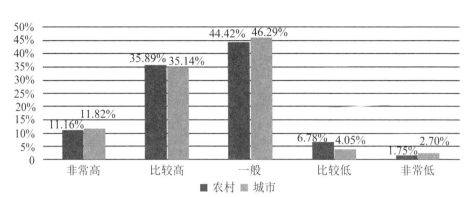

图 25　城乡家庭教育支出压力对比

在医疗支出方面,因病住院家庭医疗费用占当年家庭年均收入的 16.52%,是普通家庭的 2.4 倍,67.64% 的调查对象担心自己及家人未来没钱看病,"因病致贫、因病返贫"的风险还较大(见图 26)。

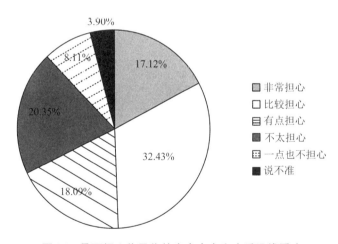

图 26　是否担心您及您的家人未来生病后没钱看病

(三)医疗服务得到改善,报销比重有待提高

经过多年医改,我省基本医疗服务能力有了较大改善。调查显示,

认为医生服务态度、基层医疗服务水平、社区医院药品配备情况比上一年明显改善的家庭占比分别为78.57%、69.75%和56.57%。还有不少调查对象认为医保报销比重、大医院挂号、社区医院向大医院转诊等方面比以往有所改善,分别占比52.25%、46.25%、48.23%(见表33)。

表33 过去一年医疗服务变化评价

	明显改善	没有变化	明显变差	说不清	合计
大医院挂号难易程度	46.25%	23.27%	8.18%	22.30%	100.00%
药品费用下降的程度	28.85%	34.64%	13.97%	22.54%	100.00%
家庭医疗负担下降程度	25.88%	48.38%	15.65%	10.09%	100.00%
基层医疗服务水平	69.74%	19.82%	3.56%	6.88%	100.00%
社区医院药品配备情况	56.57%	23.14%	5.86%	14.43%	100.00%
社区医院向大医院转诊的方便程度	48.23%	13.69%	3.02%	35.06%	100.00%
医生的服务态度	78.57%	14.21%	3.31%	3.91%	100.00%
医保报销比重提高程度	52.25%	20.42%	5.41%	21.92%	100.00%
异地就医和报销的方便程度	29.08%	12.32%	5.78%	52.82%	100.00%

受访者普遍希望提高医保报销比重。问卷调查结果反映,调查对象2017年住院医保报销金额平均为9 959元,实际报销比重为42.06%,超过一半的费用需要个人承担。农村居民平均住院诊疗花费14 057元,各类医保报销平均为9 306元,报销比重为39.83%;城市居民平均诊疗花费13 021元,各类医保报销平均为11 254元,报销比重为46.36%,比农村家庭高出6.53个百分点(见表34)。

表34 住院诊疗费用及医保报销分析

	扣除报销后实际诊疗费用(元)	医保报销(元)	报销比重
农村	14 057	9 306	39.83%
城市	13 021	11 254	46.36%
整体	13 755	9 959	42.06%

(四) 半数居民依靠子女养老,养老服务设施建设城乡有差异

在老有所养上,49.90%的调查对象认为主要靠子女照顾,自己照顾和配偶照顾分别占比22.64%和14.64%,三项累计为87.19%,4.62%的调查对象选择机构养老(见图27)。

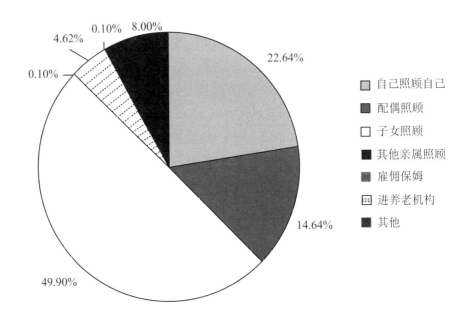

图 27 对未来养老的选择

棋牌室(文化活动室)、健身设备、较近的医疗机构(步行15分钟内可以到达)等三类设施(服务)城乡覆盖率较高,比重超过50%。农村各类老年人设施(服务)覆盖率均不如城市,其中棋牌室(文化活动室)、健身设备、较近的医疗机构分别低于城市18、20和14个百分点(见表35)。

表35 方便老年人的设施/服务情况

	棋牌室/文化活动室	健身设备	老年就餐/送餐服务	较近的医疗机构
农村	56.54%	62.07%	4.01%	76.44%
城市	74.58%	83.54%	9.79%	90.63%
整体	63.05%	69.83%	6.10%	81.57%

（五）城乡住房类型差异大，农村家庭倾向就近买房

农村家庭以自建住房为主，比重达86.19%，超过城镇49.34个百分点，自购商品住房、拆迁安置房则分别比城镇少27.54个百分点和11.20个百分点（见表36）。

表36 家庭目前的住房类型

	农村	城镇	整体
自购商品住房	3.31%	30.85%	13.31%
购买房改房	0.12%	5.38%	2.03%
购买的保障性住房	0.83%	2.28%	1.35%
市场租赁房	0.94%	3.73%	1.95%
单位租住房	0.00%	0.62%	0.23%
廉租房	0.35%	0.83%	0.53%
拆迁安置房	8.26%	19.46%	12.33%
自建房	86.19%	36.85%	68.27%
其他	0	0	0
合计	100.00%	100.00%	100.00%

农村家庭更倾向在老家所在城市、城镇买房，多为自己居住或孩子上学。调查显示，在已购房的167户农村家庭中，78.44%的调查对象选择在农村老家（包括所在城市、县城、乡镇中心区）购房，16.76%选择在工作地（包括所在城市、县城、乡镇中心区）购房，4.79%是在非居住和非

工作地的其他城镇购房(见图28)。

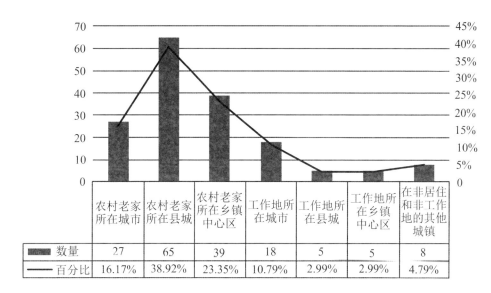

图28 选择购买住房的地点

调查对象买房多为自住或孩子上学,占比分别为34.68%、35.84%,两项累计占比达70.52%(见图29)。

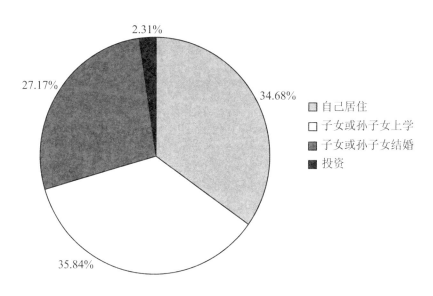

图29 选择购买住房的目的

（六）居住环境整体改善，垃圾分类处理有待加强

72.85%的调查对象认为居住环境有所改善，对空气质量、生活饮用水质量、生活垃圾处理等情况都做出了正面评价，只有14.75%的调查对象认为周边水体质量有所变差（见表37）。

表37　居住地生态环境质量变化情况评价

	有所改善	没变化	有所变差	说不清	合计
总体生态环境质量	72.85%	23.54%	3.15%	0.46%	100.00%
空气质量	68.57%	25.19%	5.56%	0.68%	100.00%
生活饮用水质量	60.03%	31.18%	7.81%	0.98%	100.00%
周边水体质量	48.76%	30.40%	14.75%	6.09%	100.00%
生活垃圾处理情况	76.37%	20.32%	2.93%	0.38%	100.00%

垃圾分类是个难点，仅有42.52%的调查对象有垃圾分类的习惯。能进一步分出剩饭、剩菜、果皮等厨房垃圾和有毒有害垃圾的调查对象比重分别为23.19%、15.51%（见图30、31）。

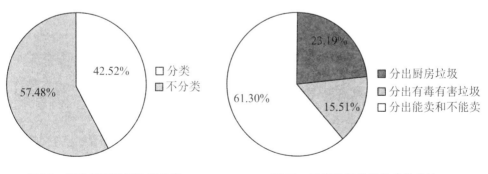

图30　日常是否进行垃圾分类　　图31　日常进行垃圾分类的分法

75.69%的调查对象认为，影响垃圾分类的原因主要是周边没有分类的垃圾桶或没有专门的垃圾运输车（见表38）。

表 38 不进行垃圾分类的阻碍因素

	响应次数	比重
垃圾不值钱了	55	6.93%
应由物业或垃圾处理公司分类	34	4.28%
分类标准太复杂	35	4.41%
缺乏奖惩激励措施	47	5.92%
没有专门的垃圾桶或垃圾运输车	601	75.69%
其他原因	22	2.77%
合计	794	100.00%

(七) 政务服务网上办理意愿低,办事效率和水平尚需提升

9.92%的调查对象曾通过网上办理事项,90%以上选择现场办理。从城乡对比看,12.97%的城市居民使用过网上办理,农村为7.17%(见表39)。

表 39 办理公共事项途径选择

	现场办理	网上办理	两种情况都办理过	合计
农村	92.83%	1.89%	5.28%	100.00%
城市	87.03%	1.67%	11.30%	100.00%
整体	90.08%	1.79%	8.13%	100.00%

17.42%的调查对象认为办事程序复杂,15.47%的调查对象认为审批程序有待优化,11.64%的调查对象认为部门之间相互推诿、效率低(见图32)。

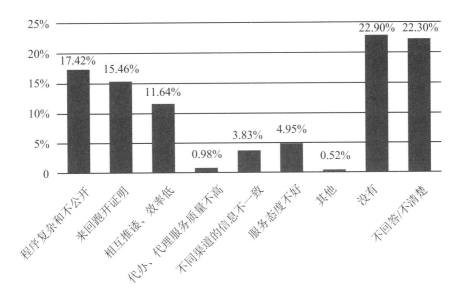

图 32 最希望政府部门改善的方面

二、调查反映出我省民生发展存在的问题

此次调查也反映出我省民生发展领域还存在一些突出问题,急需在今后的工作中进一步改善。

一是劳动合同签订率低,劳动者权益保障水平有待提高。调查显示,在非农就业人口中有相当一部分劳动者为临时务工人员,47.40%的就业者未与用人单位签订劳动合同,3.18%的调查对象存在工资被拖欠情况。目前,我省就业者在择业过程中处于相对弱势地位,特别是许多农村务工人员法治观念淡薄、缺乏自我保护意识,导致劳动合同签订率低,劳动权益难以得到保障,劳动纠纷或工资拖欠的现象依然存在。

二是收入水平依然偏低,经济压力较大。调查显示,家庭年收入 5

万元以下的占比 37.08%,近一半的调查对象表示收入水平偏低,收入不稳定,29.55% 的农村居民认为当年的收入水平会低于上一年度,68.71% 的调查对象认为总体消费支出较上一年度有所增加。

三是学前教育收费较高,课外辅导负担繁重。16.40% 的调查对象认为幼儿园入园贵,11.79% 认为教学质量差,此外反映上学远、学校之间办学条件差距大等问题也比较集中。调查对象普遍反映课外辅导支出压力较大,调查对象家庭参加课外辅导班年均支出 5 000 元以上。46.70% 的城市家庭的孩子参加了课外辅导班,农村家庭这一比重也达到 32.52%;在参加课外辅导班的支出上,农村家庭年平均支出为 3 376 元,城市家庭为 7 205 元,城市家庭支出费用是农村的 2.13 倍。

四是养老保障水平偏低,居民担心老无所依。调查显示,在养老保障方面,57.09% 的调查对象对养老经费来源表示担忧。调查对象家中享受养老保险的老人(60 岁以上)平均每月养老金为 351 元,农村仅为 143 元,目前的养老保障水平仍然太低。

五是人居环境满意度较低,农村环境污染更为突出。调查显示,调查对象对居住社区(或村庄)生活饮用水质量、周边水体质量的满意度较低,不满意的比重分别为 15.24% 和 24.46%。在农村环境治理方面,29.01% 的调查对象认为村庄垃圾乱放、乱堆问题没有任何监督措施,50.10% 的调查对象认为没有生活污水排放监督措施,垃圾污水带来的环境污染和"脏乱差"问题比较突出。

六是食品安全担忧较多,监管存在难度。有 51.61% 的调查对象关心食品添加剂问题,16.38%、26.45% 和 23.97% 的调查对象分别关注山寨假冒、过期变质、农药高残留等食品安全问题。食品安全监管和治理缺乏手段,人手不足,小作坊、小餐饮、食品摊贩等食品生产加工经营主体点多面广,监管难度较高。

三、进一步改善我省民生工作的若干建议

(一) 进一步补齐民生短板

针对我省在基础教育、基层医疗卫生、农村养老、食品安全等民生领域突出的问题,要把有限的财力用在农村贫困地区、薄弱环节和重点领域,进一步推进基本公共服务均等化。具体来说,要做好强基层、促均衡、抓重点三件事。强基层就是要优化医疗卫生资源布局,继续实施基层医疗卫生服务能力提升工程,强化医疗、医保、医药联动,不断完善基本医疗保险制度和大病保险制度,不断扩大医保报销范围,逐步形成完备的分级诊疗机制。促均衡就是要推动教育领域优质均衡发展,大力发展普惠性托育服务事业,加快发展公办幼儿园,规范民办幼儿园办园行为,高度重视农村义务教育教学质量。抓重点就是抓民生中的紧要环节和薄弱环节,强化食品药品安全监管,健全食品药品质量追溯体系,推进城市居家养老服务"三级中心"建设,支持社会力量兴办养老机构,推动公办养老机构改革,全面落实调整城乡居民基础养老金政策,加快构建多层次高质量养老服务体系。

(二) 进一步缩小城乡发展差距

注重城市与农村在基础设施和公共设施方面的协调与衔接,引导城市资源要素向农业农村流动,加快补齐农村基础设施和公共服务短板,

抓好农村道路、电力、水利等基础设施提档升级,持续改善农村基础设施建设和人居环境。推进医疗卫生、教育、交通、社会保障和就业等领域的民生工程向基层延伸、向农村覆盖、向弱势群体倾斜。调整各级财政支出结构,坚持投入向洼地倾斜、资源向农村下沉。多渠道筹集实施城乡社会保障、社会救助政策措施所需资金。

(三) 进一步提高政务服务水平

提高线上政务服务事项"一网通办"水平,着力提升网办速度和广度。落实办事"最多跑一次"机制,优化"不见面审批"服务,最大程度地便企利民。依托安徽省政务服务网、皖事通、政务服务大厅窗口、12345服务热线等渠道,提升"互联网＋政务服务"水平。

(四) 进一步提升民生工作实效

注重精准实施、精准管控,加强调查研究、跟踪评估,综合考虑各地发展状况和区域特点,在民生项目的确定、建设管理中,要因地制宜,分类施策,推动民生工作提质增效。加强督查考核,强化问效问责,改进政府目标管理考核、社会组织第三方评估、社情民意调查等民生工作监督考核方式,多渠道了解群众诉求。强化结果运用,确保民生政策落小、落细、落实。

课 题 指 导:孙东海　倪胜如
课题组成员:陈干全　沈晓武　薛立勇
　　　　　　吴俊杰　卞泽娟

(完稿时间:2018年10月)

关于构建安徽旅游业高质量发展指标体系的思考和建议

深入推进我省旅游业高质量发展是全面贯彻落实党的十九大精神，加快培育旅游支柱产业，促进全省旅游经济快速发展的根本要求和重要举措。当前，我省旅游业正处于加快发展时期，亟待研究制定符合国家战略，契合安徽实际，具有前瞻性、引导性和操作性的旅游业高质量发展指标体系。为此，省政府发展研究中心与安徽大学合作，研究提出了相关指标体系，以供参阅。

一、构建我省旅游业高质量发展指标体系的初步考虑

课题组梳理了我省及浙江、上海、湖南、贵州、四川、江苏等省、市促进旅游高质量发展的相关政策文件，借鉴了外省、市的做法和经验，提出构建我省旅游业高质量发展指标体系的初步考虑。

（一）指导思想

深入学习贯彻习近平总书记关于旅游业发展的一系列重要论述，

坚持以"让人民群众更加满意"为目标,以"实施质量强旅,打造安徽服务"为主题,以旅游强省"五个一批"建设工程为总抓手,大力实施旅游质量提升工程,全面提高旅游质量水平,促进我省旅游业高质量发展。

(二)关于指标体系的构建思路

总的思路是:引领旅游业高质量发展,优化旅游业发展空间布局,促进传统旅游向智慧旅游转变。具体而言,所提出的指标体系着重体现以下三个导向:

1. 注重体现从传统维度指标向新指标转变。为体现旅游业高质量发展要求,增加了反映产业、行业、地区等结构协调性、质量效益性和新动能发展指标,更加重视民生事业发展和资源环境改善,更加重视提升旅游营商环境、城市旅游消费活力、城市旅游生产活力、一体化发展等指标。

2. 重新划分旅游业高质量发展的区域空间布局。我省传统的四大旅游板块是按照资源禀赋划分的,忽视了城市间的经济联系和旅游经济发展规律,考虑到传统区域内不同地区的地理条件与发展水平差异较大、联系不够紧密、利益诉求不一致等因素,需要在更小空间尺度内重新审视合作基础、合作诉求,并以此划分旅游的空间区域布局。同时,考虑到城市群和都市圈的带动作用,在重新划分旅游空间布局时,注重突出长三角一体化的趋势。因此必须重构旅游高质量发展的新空间,打破行政区域限制,积极融入长三角。

3. 注重发挥旅游大数据的支撑作用。充分挖掘和利用大数据价值,如高铁通勤数据、手机信令数据、地铁刷卡数据、位置信息、消费记录、预订行为、点评行为等海量、多样化数据信息,利用长三角城市群大数据平台,对相关的旅游数据进行深入的分析,为旅游产业高质量发展提供基础支持。

(三)关于指标体系设置

按照科学性、系统性、典型性、动态性、引领性、可量化的原则,借鉴上海市、湖南省和浙江省等省市绩效考核评价的经验与做法,研究提出我省旅游业高质量发展指标考核评价体系。该体系从"产业运营""公共服务""资源环境保护""社会效益""保障措施"等5个维度评价旅游业高质量发展水平。指标体系包括五项一级指标、39项二级指标。其中,五项一级指标相互影响、相互支撑,涵盖了旅游产业高质量发展的核心内容,二级指标是对一级指标的进一步细化和扩展(见表39)。

(四)关于指标权重设置

按照目标导向、突出重点、简洁明了的原则,将全部指标体系权重设定为100分。五项一级指标依据其在全部指标体系中的重要程度设定权重,如"产业运营"最为关键,设定权重35分;"保障措施"起辅助作用,设定权重10分。根据一级指标确定的权重,再对二级指标在一级指标体系中的重要程度设定权重,权重的设定采用专家法,取数位专家给定的平均值,小数部分按照四舍五入法处理。

（五）关于指标目标值设置

依据《省委、省政府关于将旅游业培育成为重要支柱产业意见》（皖发〔2017〕9号）文件，通过对相关指标进行认真测算，设定2022年的目标值。在此基础上，形成了29项定量考核指标和10项定性考核指标（见表40）。

表40 安徽省旅游业高质量发展指标体系

一级指标	二级指标	权重	目标值	**年实现值 **年得分
产业运营 （35分）	1. 旅游业对GDP的综合贡献率年增速	3	15%	
	2. 接待游客总收入年增速	3	30%	
	3. 入境旅游人次年增速	2	30%	
	4. 旅游投资总额年增速	3	30%	
	5. 4A级及以上旅游景区数量占比或5A级景区数量	3.5	35%	
	6. 年营业收入超10亿元文化旅游企业占比	3	2%	
	7. 全域旅游示范区数量（个）	3	2	
	8. 省级及以上旅游标准化示范城市/企业数量（个）	3	1	
	9. 文化旅游名县（个）	2.5	2	
	10. 旅游精品线路数量（条）	3	6	
	11. 文化旅游消费集聚区数量（个）	3	7	
	12. 旅游商品集散地、购物街区（个）	3	7	

续表

一级指标	二级指标	权重	目标值	＊＊年实现值＊＊年得分
公共服务（28分）	13. 市县政府配套旅游财政投入年增速	3	40%	
	14. 区域旅游业发展规划完善度	2	100%	
	15. 品牌形象体系建设	2		
	16. 旅游标准化覆盖率	3	100%	
	17. 文明旅游和志愿者服务	2		
	18. 旅游安全监测、预警、紧急救援体系建设覆盖率	2	100%	
	19. 旅游政务服务完善度	2	100%	
	20. 人才培训体系建设	2		
	21. 机场吞吐量/铁路发送量/公路客运量年增速	2	30%	
	22. 绿道里程年增速	2	40%	
	23. 3A级及以上景区高速通达率	2	80%	
	24. 市县旅游产业监测中心建设	2	100%	
	25. 健康消费、文化消费、绿色消费、智能消费指数	2		
资源环境保护（12分）	26. 保护经费年增速	3	30%	
	27. 绿化覆盖率	3	55%	
	28. 垃圾/污水处理率	3	80%/40%	
	29. 旅游区环境达标率	3	80%	
社会效益（15分）	30. 旅游业扶贫脱贫率	3	100%	
	31. 旅游开发与地方文化的协调度	2		
	32. 当地居民对旅游业的接纳和受益程度	2		
	33. 游客对旅游开发满意度	3	80%	
	34. 旅游投诉处理率	3	100%	
	35. 与一、二、三产业融合程度	2		

续表

一级指标	二级指标	权重	目标值	＊＊年实现值 ＊＊年得分
保障机制 （10分）	36. 健全组织领导体制	2		
	37. 推进部门协同	2		
	38. 强化投入保障制度	3		
	39. 形成可复制创新亮点	3		
备注	"公共服务"中的指标15、17、20、25，"社会效益"中的指标31、32、35和"保障机制"是定性指标，由省有关部门进行考核和评定。"公共服务"中的指标25通过查阅相关机构城市消费活力报告得出。			

二、主要指标设置依据分析

指标设置充分考虑了我省旅游业发展的特色和现状，同时借鉴了外省市旅游业发展的经验做法，具有较强的科学性和可行性。

（一）产业运营

"产业运营"一级指标是旅游高质量发展体系的核心，反映旅游产业的建设与运行状况，是旅游业可持续发展的保障，主要表现为产业发展是否有效、平稳、协调。设置的12项二级指标分别体现旅游产业规模、产业贡献率、产品品位度和产品质量，是衡量旅游产业运营质量的关键指标。

在衡量旅游产业规模时，考虑到我省旅游经济转型升级的方向，注重引导由规模向效益转变,因此突出了入境旅游与旅游收入,主要采用通用的"接待游客总人次年增速""入境旅游人次年增速""旅游投资额年增速"等三个指标。产业贡献主要采用"旅游业对GDP的综合贡献率年增速"指标。这四个可测指标均通过纵向比较年增速,形成衡量基准,使历年比较有标准参照。

结合我省旅游强省"五个一批"工程建设目标要求,考虑高质量发展的旅游产品品位度,设置了"4A级及以上旅游景区数量占比或5A级景区数量""旅游商品集散地和购物街区数量""旅游精品线路数量""年营业收入超10亿元文化旅游企业占比"这四个二级指标。"全域旅游示范区""全国旅游标准化示范城市创建""文化旅游名县"是目前地市全局性旅游工作抓手,因此也予以吸收采纳。适应旅游消费的转型升级,加快提升旅游业效益的关键就是建设若干有规模的产业聚集区,因此设置了"文化旅游消费示范区建设"二级指标。

(二)公共服务

旅游"公共服务"指标是衡量一个地区旅游业发展程度和公共服务能力的重要标志,设置的13项二级指标分别体现政府服务、旅游基础交通设施、智慧旅游建设、城市消费活力等。其中,政府服务主要从支持政策、财政投入、区域规划完善、市县配套财政投入、品牌形象体系建设、旅游标准化、旅游政务服务、市场监管与安全保障等方面予以衡量。因此设置了"市县政府配套旅游财政投入""旅游业发展规划""旅游标准化""旅游安全监测""预警、紧急救援体系""旅游政务服务""文明旅游和志愿者服务""旅游人才培训"等八项二级指标。除了"市县政府配套旅游财政投入""旅游业发展规划"两项二级指标外,其余指标都是目前地市旅游业发展绩效考核指标,全部予以采纳。

旅游交通基础设施是我省旅游发展的短板,旅游快旅慢游体系建设、旅游集散中心以及标识导视系统建设是提升旅游服务能力的必要条件,因此设置了"机场吞吐量、铁路发送量、公路客运量年增速""3A级及以上景区高速通达率""绿道里程年增速"等三项二级指标。

考虑到消费环境的优化将有利于释放旅游市场活力,有利于挖掘高品质旅游需求,因此将城市消费活力中的消费品质的指标纳入公共服务体系。

(三)资源环境保护

这一指标是对旅游开发建设综合效益评价的一个重要因素,体现在旅游资源的保护现状、保护规划、保护经费的投入强度和实施情况等方面。在设置该项指标体系时,主要关注旅游绿色协调发展和旅游目的地生态环境优化,从资源环境保护投入与资源环境质量两方面入手,共设置四个二级指标。其中,"资源保护经费投入"是反映政府对旅游业开发过程中的资源保护投入强度,属于约束性指标,并可以纵向比较,以年增速为衡量值;"绿化覆盖率""垃圾/污水处理率""旅游区环境达标率"这三项二级指标是旅游资源保护现状测量指标。

(四)社会效益

参照现有研究,主要设置了六项二级指标,均属于预期性指标。其中,为突出脱贫攻坚的重要性,设置了"旅游业扶贫脱贫率"这项二级指标,以区域贫困发生率的降低来衡量旅游的社会效应。

其余五项二级指标着重从协调性、满意度、融合度三个维度来衡量旅游发展的社会效益,设置"旅游开发与地方文化的协调度""当地居民对旅游业的接纳和受益程度"两项二级指标以反映旅游开发与当地文化、当地居民的协调度;"本地居民对旅游开发满意度""旅游投诉处理率"反映当地居民以及游客对旅游开发与旅游服务质量的满意度。此外,新业态是旅游高质量发展重要表现形式,因此设置了"与一二三产融合程度"指标来衡量旅游产业与其他产业融合发展水平,通过工业游、体育游、研学游等新业态的数量进行衡量。

鉴于这一类指标中满意度、协调度的测量较为主观,可以通过与相关大数据来源机构合作或抽样调查方式,科学分析旅游参与主体意愿。

(五)保障机制

旅游高质量发展需要强化责任,发挥地方的积极性、主动性,形成制度化、程序化的工作安排。因此,从加强组织领导、强化投入保障、鼓励地方创新三个方面,设置了"健全组织领导体制""推进部门协同""强化投入保障制度""形成可复制创新亮点"等四项二级指标。

三、推进旅游业高质量发展的若干建议

基于上述指标体系,在未来3—5年,推动我省旅游业高质量发展,建议在以下五个方面重点发力:

(一)加快形成区域旅游新格局

都市圈特别是大都市圈在区域协调发展与城市群建设中发挥着关键作用。要充分发挥合肥、黄山、芜湖、蚌埠等主要旅游中心城市的龙头作用,推动上述城市加快融入长三角城市群旅游发展格局。合肥、黄山、滁州、马鞍山、芜湖、宣城、池州要主动融入南京都市圈;黄山要主动融入杭州都市圈;亳州要主动融入郑州都市圈;淮北、宿州要主动融入徐州都市圈;淮南、六安、桐城(安庆)和滁州要主动融入合肥都市圈。在全省形成以合肥都市圈为核心、放射性的市场辐射格局,有纵深地承接周边省份和城市群的消费能力。

建议把都市圈作为划分旅游板块的空间依据,全省可划分为四个等级,一级城市为合肥、黄山;二级城市为滁州、马鞍山、芜湖、宣城、池州、铜陵;三级城市为蚌埠、淮南、六安、安庆;四级城市为亳州、阜阳、淮北、宿州。四级城市的高质量旅游评价指标采取不同的目标值设定,以更好地体现因地制宜、分类指导的区域政策。

(二)精准打造国内国际旅游形象品牌

为进一步提高安徽旅游市场形象的辨识度,可学习借鉴湖南、贵州等省的经验,集中资源,聚焦关键,深耕目标市场,着力打造一系列具有"徽风皖韵"特征的旅游形象品牌。一是依托我省地形地貌多变、景观丰富的资源优势,积极开展各类自驾旅游,打造"自驾天堂,皖美安徽"的形象品牌,以自驾天堂形象快速提升国内市场辨识度。二是发挥我省治安环境良好的优势(安徽在全国各省、市中的万人犯罪率最低),结合文明旅游服务品牌基础,面向国际市场,聚焦"平安安徽"的形象品牌,塑造

"全国最安全、有序、文明的旅游目的地"的形象。在此基础上,按照全省"一盘棋"的理念,研究建立省、市、县联动的旅游品牌形象体系。要重点在整体旅游形象提升、旅游推广平台扩建、旅游推广力量融合、旅游推广手段创新等方面增强对目标市场的推广力度和效果。

(三)推动实施"安徽全国、全球朋友圈计划"

在国际市场,实施"安徽全球朋友圈计划",构建全球化旅游合作新机制。在国内市场,积极借助各种已有平台,不断扩大安徽全球全国朋友圈。一是探索建立全球化旅游合作新机制,以高铁、航线为纽带,按照"一条国际航线、一套营销方案、一支营销队伍"的模式,精准开展入境旅游市场营销,探索依托境内外知名专业机构在直航城市开展安徽旅游营销。加强与全国主要入境游口岸城市的联动与合作,推动实施入境旅游奖励、境外游客购物离境退税、过境免签等政策措施,促进入境旅游发展。二是借助世界制造业大会、徽商大会等省内平台,依托中俄长江-伏尔加河流域合作、长江经济带、长三角一体化、粤港澳大湾区等国家战略,结合我省实际,明确安徽旅游借力、发力点,适时调整旅游招商工作重心和方向,找对、找准朋友圈。

(四)加快完善全省旅游"快旅慢游"立体交通设施

一方面,要加密游客入皖"快旅"通道。建设以高速、高铁为柱,旅游公路为网的旅游设施立体通道。重视"航空+旅游"融合发展,编制省级航旅一体化行动计划。对新开或加密安徽航线,一律免起降费,引导客流入皖。以高铁、航线为纽带,加强对沿线客源市场及长三角、珠三角、京津冀、成渝城市群、长江中游城市群等重点客源市场的营销。加快实现省际互通、市市直通、县县联通,尽快畅通全省 3A 级及以上旅游景区的高速公路网络。另一方面,织密游客流通"慢游"网络。重点形成"慢游深体验"的小交通网络和目的地服务体系,把景点连成线路、线路做成产品。要以自驾游为切入点,着力完善自驾游服务设施,推出多条覆盖全省、带动全域、延伸周边的休闲度假精品线路。鼓励在国省干线公路和通景区公路沿线增设观景台、自驾车房车营地和公路服务区等设施。推进旅游道路标识建设,完善重要交通节点、换乘点的旅游交通导览图,建立健全 3A 级以上主要景区、主要乡村旅游点的旅游交通引导标识系统。加快城市绿道、骑行专线、登山步道、慢行系统、交通驿站等旅游休闲设施建设,建立健全自驾游服务体系。

(五)积极推动文旅深度融合

一是编制文旅融合规划,积极培育文旅项目。目前,国家层面正在制定文化旅游融合发展支持政策,启动文旅融合整体规划工作。我省文化底蕴深厚、文化资源丰富,要本着"宜融则融、能融尽融"的原则,积极探索文旅融合发展规律,研究制定促进融合发展的指导意见,着手编制文旅融合发展规划,谋划和培育一批在全国有影响力的文旅融合项目,打造全国乃至世界知名的文化旅游目的地。二是积极推动文旅融合示范区先行试点。可在省、市、县、镇四个层面启动关于文旅融合发展的先行试点或示范区建设,统筹推进文化和旅游在公共服务、产业发展、市场监管、科技创新、对外交流等领域深度融合。三是建设文化旅游消费产业聚集区。顺应旅游消费转型升级,建议启动文化旅游消费产业集聚区建设,并出台支持政策,制定集聚区建设标准,有条件的地市可率先启动,通过以点带面,典型示范,争取到 2022 年县县有文化旅游消费集聚区。充分发挥标准化手段的引领作用,促进旅游产业改造升级、提质增效和新兴业态发展,着力打造一批文化旅游消费产业集群精品示范项目和行业品牌。

      课 题 指 导:孙东海
      课题组成员:蒋海萍 陈干全 钱 珍
           薛立勇 沈晓武
      执 笔 人:陈干全 沈晓武 薛立勇
        (完稿时间:2018年12月)

问答乡村振兴

实施乡村振兴战略,是党的十九大作出的重大决策部署,是新时期"三农"工作的总抓手。为下好乡村振兴这盘大棋,根据广大干部群众的诉求,特编辑《问答乡村振兴》,力求全面解析相关政策措施。由于编者水平有限,敬请批评指正。

一、重大意义篇

1. 什么是乡村振兴战略?

习近平总书记在十九大报告中首次提出"实施乡村振兴战略",并强调要把实施乡村振兴战略摆在优先位置,让乡村振兴成为全党全社会的共同行动,作为三农工作的总抓手。具体来说,就是以产业兴旺为重点,培育乡村发展新动能;以生态宜居为关键,打造和谐共生新格局;以乡风文明为保障,焕发乡风文明新气象;以治理有效为基础,构建乡村治理新体系;以生活富裕为根本,塑造美丽乡村新风貌;以摆脱贫困为前提,增强贫困群众获得感。重中之重是实现乡村产业振兴、乡村人才振兴、乡村文化振兴、乡村生态振兴、乡村组织振兴,让农业成为有奔头的产业,让农民成为有吸引力的职业,让农村成为安居乐业的美丽家园。

2. 为什么要实施乡村振兴战略?

实施乡村振兴战略,是党中央着眼"两个一百年"奋斗目标和农业农村短腿短板问题作出的战略安排,顺应了亿万农民对美好生活的向往,决定着全面小康社会的成色和质量,同时也为解决世界性难题提供中国智慧和中国方案。对安徽来说,还事关现代化五大发展美好安徽目标的实现。具体来讲,一是我国乡村总体比较落后,发展的空间较大;二是振兴的乡村能扩大需求,促进城市更好地发展;三是城镇化和工业化积累了较厚的基础,城市有条件带动乡村发展;四是无论从政治角度还是经济角度,都必须加快乡村振兴。

3. 乡村振兴面临哪些重大挑战?

实施乡村振兴战略面临三大挑战:第一,农业还是四化同步的短腿;第二,农村还是全面建成小康社会的短板;第三,农民还是最大的低收入群体。此外,"人、地、钱"等关键要素制约,在部分地区依然是乡村振兴的现实难题。

4. 乡村振兴具有哪些重大机遇?

实施乡村振兴战略面临七大机遇:一是有习近平总书记的把舵定向;二是有党的领导的政治优势;三是有社会主义的制度优势;四是有亿万农民的创造精神;五是有强大的经济实力支撑;六是有历史悠久的农耕文明;七是有持续旺盛的市场需求。

5. 乡村落后的主要表现有哪些?

农村基础差、底子薄、发展滞后,部分乡村缺人气、缺活力、缺生机,村庄空心化、农户空巢化、农民老龄化,村庄建设少规划、没秩序、没特色,农业质量效益不高,基础设施建设滞后,民生领域欠账较多,乡村治理体系和能力亟待加强,这些都是乡村落后的突出表现。

二、总体要求篇

6. 乡村振兴的总要求是什么?

十九大报告对乡村振兴战略提出了"产业兴旺、生态宜居、乡风文明、治理有效、生活富裕"20字的总要求。其中,产业兴旺是重点,生态宜居是关键,乡风文明是保障,治理有效是基础,生活富裕是根本。这是新农村建设20字方针"生产发展、生活宽裕、乡风文明、村容整洁、管理民主"的升级版。

7. 什么是产业兴旺?

产业兴旺指现代农业产业体系、生产体系、经营体系基本形成,农业综合效益和竞争力显著提高,新业态新模式加快发展,一、二、三产业融合发展态势良好,主要经济指标比较协调,农村经济保持旺盛活力。

8. 什么是生态宜居?

生态宜居指农村不仅要有整洁美观的村容村貌、舒适便捷的生产生活环境,还要有清新空气、绿水青山、田园风光等生态产品以及农耕文化、乡情乡愁等精神产品,满足农民日益增长的多元化需求。

9. 什么是乡风文明?

乡风文明是物质文明、精神文明、社会文明和生态文明的综合体现,关键是提高农民思想道德素质和科学文化水平,核心是形成文明乡风、良好家风、淳朴民风。

10. 什么是治理有效?

治理有效指把夯实基层基础作为固本之策,建立健全党委领导、政府负责、社会协同、公众参与、法制保障的现代乡村社会治理体制,坚持自治、法治、德治相结合,确保乡村社会充满活力、和谐有序。

11. 什么是生活富裕?

生活富裕指农民有稳定可观的收入来源,能满足衣食住行等方面较高的需求,基本实现从学有所教到学有好教,从劳有所得到劳有多得,从病有所医到病有良医,从老有所养到老有善养,从住有所居到住有宜居。

12. 乡村振兴战略有哪些阶段性目标?

到2020年,乡村振兴取得重要进展,制度框架和政策体系基本形成。到2035年,乡村振兴取得决定性进展,农业农村现代化基本实现。到2050年,乡村全面振兴,农业强、农村美、农民富全面实现。

13. 乡村振兴需要把握哪些原则?

坚持党管农村工作原则,坚持农业农村优先发展原则,坚持农民主体地位原则,坚持乡村全面振兴原则,坚持城乡融合发展原则,坚持人与自然和谐共生原则,坚持因地制宜循序渐进原则。

14. 如何体现"三农"优先发展?

把实现乡村振兴作为全党的共同意志、共同行动,做到认识统一、步调一致,在干部配备上要优先考虑,在要素配置上要优先满足,在资金投入上要优先保障,在公共服务上要优先安排,加快补齐农业农村短板。

15. 乡村振兴要走哪七条路径?

要坚持走好习近平总书记提出的七条路径:一是重塑城乡关系,走城乡融合发展之路;二是巩固和完善农村基本经营制度,走共同富裕之路;三是深化农业供给侧结构性改革,走质量兴农之路;四是坚持人与自然和谐共生,走乡村绿色发展之路;五是传承发展提升农耕文明,走乡村文化兴盛之路;六是创新乡村治理体系,走乡村善治之路;七是打好精准脱贫攻坚战,走中国特色减贫之路。

三、产业兴旺篇

16. 为何把产业兴旺作为乡村振兴的重点?

产业兴,百业兴。与城市相比,农村最大的短板是经济落后。没有兴旺的产业作为支撑,农村发展就会缺乏物质基础,乡村振兴就会成为无源之水、无本之木。

17. 如何优化农业农村产业结构?

密切掌握市场动态,结合区域比较优势,深入推进农业供给侧结构性改革,调整优化农业生产力布局,提高农产品供给体系的质量和效率,推动农业由增产导向转向提质导向。重点发展高效绿色种养业、农产品加工流通业、休闲农业和乡村旅游业、乡村服务业、乡土特色产业等,促进农村一、二、三产业融合发展。

18. 如何开发农业农村的多功能?

以农耕文化为魂,以美丽田园为韵,以生态农业为基,以古朴村落为形,深入发掘农业农村的生态涵养、休闲观光、文化体验、健康养老等多种功能和多重价值,注重与现代农业、美丽乡村、生态文明、文化创意、创业创新融为一体。遵循市场规律,推动乡村资源全域化整合、多元化增值,增强地方特色产品时代感和竞争力,形成新的消费热点,不断夯实创新链,延伸产业链,拓展价值链,做到文化上有说头、景观上有看头、休闲上有玩头、经济上有赚头。

19. 农村有哪些新技术新产品新业态新模式?

目前,农村新技术新业态主要集中在三大领域。一是电子商务领域,包括农产品供应链、冷链物流、现代仓储、展销中心等。二是休闲农业和乡村旅游领域,包括农耕体验、休闲农庄、乡村酒店、特色民宿、森林人家、自驾露营、户外运动等。三是农业服务业领域,包括生产性服务、科技服务、金融服务等方面的一些创新做法。

20. 怎样引导农业新业态新模式加快发展?

要对新业态新模式发展持包容开放的态度,少约束限制、多鼓励支持,形成鼓励业态创新、模式创新的浓厚氛围。强化政策支持,尤其在年度用地新增建设用地指标上,各地应明确一定比重用于支持农村新产业新业态发展。认真贯彻习近平总书记提出的"一个案例胜过一打文件"的重要指示精神,抓好典型、服务典型,充分发挥示范产品、示范企业、示范品牌、示范园区、示范县市的作用,用典型案例来推动工作。

21. 令人满意的乡村旅游标准是什么?

游:流连忘返;购:爱不释手;娱:喜出望外;吃:回味无穷;住:舒适实惠;行:安全便捷;学:耳目一新;思:醍醐灌顶;养:身心愉悦。

22. 种啥养啥听谁的?

农民种什么、养什么,应根据需求变化来决定,要跟着市场走。要牢牢掌握市场信息,根据市场动态组织生产,突出安全优质高效美味,在"专""精""新""特"上做文章,增强市场竞争力,提高经营收益。政府要少下指令、多送服务,为经营户提供实实在在的帮助。

23. 为什么要走质量兴农之路?

当前,农业的主要矛盾由总量不足转变为结构性矛盾,突出表现为结构性供过于求和安全优质农产品供给不足并存。因此,必须坚持质量兴农、绿色兴农,推进农业由增产导向转向提质导向,提高综合效益和竞争力。20世纪60年代以来,全球100多个中等收入经济体中只有13个成功迈入高收入经济体。这些取得成功的国家,正是在经历高速增长阶段后,实现了经济发展从量的扩张转向质的提高。那些徘徊不前甚至倒退的国家,正是未能实现这种根本性转变。这对于农业也具有借鉴意义。

24. 怎么才能走好质量兴农之路?

坚持以农业供给侧结构性改革为主线,突出抓好良种、良法、良田、良态等关键环节,推进农业绿色化、优质化、特色化、品牌化。构建现代农业产业体系,促进三产融合发展,提高质量效益和竞争力;构建现代农业生产体系,提升技术装备水平,改变农业"靠天吃饭"的局面;构建现代农业经营体系,促进规模经营,解决"谁来生产"和"怎么组织生产"的问题。

25. 为什么有些地方龙头企业做不大?

龙头企业是推进农业生产经营组织化、产业化的关键力量。然而一些地方龙头企业不强甚至缺乏龙头企业,究其原因主要有以下几点。一是当地政府在政策支持和服务上缺乏创新意识,企业发展壮大的氛围不浓、环境不优;二是多数农业企业生产的季节性较强,短期流动资金需求量大,"融资难""融资贵"成为企业壮大的"瓶颈";三是有的企业主存在小富即安的思想,担心扩大规模、拓展业态会增加经营风险;四是部分企业主不善于整合资源,不能通过灵活用人机制,聚天下英才而用之,导致企业经营能力不强。

26. 如何提升新型农业经营主体带动能力?

加大政策支持和引导,培育壮大各类新型农业经营主体。一要鼓励金融创新。支持金融机构针对新型农业经营主体特点,创新金融产品、融资模式和担保方式,让经营主体贷得到款、贷得起款;二要破解用地难题。在挖掘闲置土地潜力上做文章,提高农村土地利用效率,保障新型农业经营主体设施农业用地,鼓励利用闲置农房发展民宿经济等;三要壮大龙头企业。落实农产品加工有关税收优惠政策,创设一、二、三产业融合发展基金,对产业链条长、融合发展好的主体予以支持;四要完善紧密型利益联结机制,让农民分享增值收益。

27. 如何保障国家粮食安全?

保障粮食安全,关键是保粮食生产能力,要把"藏粮于地、藏粮于技"战略落到实处,确保需要时产得出、供得上,让"中国人的饭碗主要装中国粮"。要积极利用国内外两个市场、两种资源,适度增加国内紧缺农产品进口,为耕地、水资源等休养生息腾出空间,优化农业资源配置。但前提是要确保国内农产品市场稳定,不能让进口产品严重冲击国内市场。

28. 如何确保食品安全?

农产品和食品安全是底线要求,不但是民生问题,而且是政治问题。安全农产品,既是产出来的,也是管出来的,但归根到底是产出来的。为此,要加强源头治理,实行质量追溯,健全监管体系,加大惩治力度,为广大群众织好食品安全网。

29. 如何让好产品卖出好价钱?

实现质量兴农,既要产得出、产得优,也要卖得出、卖得好。现在许多优质农产品还是在田头卖、在路边卖,还是"提篮小卖",还是"披头散发"在卖,好东西卖不出好价钱。要秉持"酒好也怕巷子深"的理念,学会给农产品梳妆打扮和营销宣传,加强农产品产后分级、包装、仓储、物流、营销,特别是要加快补上农产品电商、冷链物流、品牌设计等短板,提升农产品增值收益。

30. 怎样培育提升农业品牌?

实施农业品牌提升行动,推进区域农产品公用品牌建设,擦亮老品牌,塑造新品牌,引入现代要素改造提升传统名优品牌,形成以区域公用品牌、企业品牌、大宗农产品品牌、特色农产品品牌为核心的农业品牌格局。推进"三品一标"认证和特色农产品气候品质评价。做好品牌宣传推介,借助农产品博览会、展销会等渠道,充分利用电商、"互联网+"等新兴手段,加强品牌市场营销。

31. 为何要促进小农户经营和现代农业发展有机衔接?

"大国小农"是基本国情,小规模家庭经营是农业的本源性制度。尤其是很多山区地块零碎,"一蛙跳三丘"地块很多,"大字报田"也不少,不适宜集中连片规模经营。第三次农业普查显示,我国现有农户2.07亿户,其中规模经营农户仅有398万户,71.4%的耕地由小农户经营。面对此种情况,理应开展多样化的联合与合作,提升小农户组织化程度。鼓励新型经营主体与小农户建立契约型、股权型利益联结机制,带动小农户专业化生产,提高小农户自我发展能力。

32. 什么是三产融合发展?

三产融合是指以完善利益联结机制为核心,以制度、技术和商业模式创新为动力,通过生产要素集聚优化,促进一、二、三产业联动发展,构建基于全产业链和价值链的现代农业产业新体系。例如,小到饭店里的一道菜,从种植、调制、销售、到客人消费,就融合了一、二、三产业;中到一瓶酒,包含了粮食生产、加工、销售、消费等环节,也融合了一、二、三产业;大到一个田园综合体,全面融合了农业生产、加工、销售以及乡村旅游等业态。

33. 安徽省乡村振兴规划就"产业兴旺"提出了什么目标?

安徽省乡村"产业兴旺"目标如表26所示。

表 26　安徽省乡村"产业兴旺"目标

序号	主要指标	单位	2017年基期值	2020年目标值	2022年目标值
1	粮食综合生产能力	亿千克	350	360	360
2	农业科技进步贡献率		62.00%	65.00%	>65.00%
3	农业劳动生产率	万元/人	2.55	3.5	4.3
4	主要农作物耕种收综合机械化率		75.30%	80.00%	82.00%
5	农产品加工产值与农业总产值比		2.1	2.5	2.6
6	农村产品网络销售额	亿元	250	600	1000
7	休闲农业和乡村旅游接待人次	亿人次	1.8	2.4	2.9

四、生态宜居篇

34. 农村最大的优势是什么？

良好生态环境是农村最大优势和宝贵财富。绿水青山、田园风光、秀美乡村等已成为稀缺资源,越来越成为大家尤其是市民生活的向往,与现代科技相结合还会形成新的经济增长点,产生一批新业态新模式,逐步形成一批"聚宝盆"。

35. 乡村生态环境有哪些突出问题？

随着经济快速发展和人口大幅增长,只求发展、不顾资源环境的事不少,农村环境问题越来越突出,主要表现为围湖造田、湿地减少、农药化肥残留、重金属超标、水体污染以及农业废弃物未能有效利用等。

36. 怎么看待经济与生态的关系？

习近平总书记指出,"既要绿水青山,也要金山银山;宁要绿水青山,不要金山银山;绿水青山就是金山银山;要为子孙后代,留下绿水青山;

只有恢复绿水青山,才能使绿水青山变成金山银山"。"绿水青山"和"金山银山"的科学论断,形象地揭示了生态保护和经济发展之间的关系,为乡村振兴工作指明了方向。

37. 怎样推进绿色发展?

以生态环境友好和资源永续利用为导向,推动形成农业绿色生产方式,实现投入品减量化、生产清洁化、废弃物资源化、产业模式生态化。完善绿色生态导向的政策支持体系,打造绿色低碳循环的农业产业体系,构建科学合理有序的空间布局体系。要做好"保护"文章,让农村生态更优美;做好"治理"文章,让农业环境更清洁;做好生态文明"建设"文章,让农民生活更舒适。

38. 农村人居环境整治的重点有哪些?

垃圾、污水、厕所是当前农村环境整治的重点,要认真落实、积极推进省委省政府提出的农村环境"三大革命",将其作为乡村振兴的突破口。这不仅有利于改善农村人居环境质量,还有利于改变村民观念,正所谓"风尚决定行动、行动决定习惯、习惯决定命运"。

39. 怎样让乡村变得更美?

"百里不同风,十里不同俗"。要引导规划、建筑、园林、景观、艺术设计、文化策划等方面的设计大师、优秀团队下乡,发挥好乡村能工巧匠的作用,把乡村规划建设水平提上去,注重乡土文化与现代元素相结合,打造各具特色的现代版"富春山居图"。

40. 乡村需不需要在设计上下功夫?

由于农村经济条件相对落后,农民生活水平和美学修养不高,导致很多人忽视乡村设计。"十年树木,百年塑村",乡村设计宜早不宜迟。神州大地上星罗棋布的古村落古民居,无一不是先辈们精心设计的结晶,为我们留下了宝贵的文化遗产。一个规划合理、设计精美的村庄,不仅赏心悦目、陶冶情操,有助于培养文明乡风,还能发展乡村旅游,带来可观的经济效益。例如,位于黄山翡翠谷的翡翠新村,1997年规划建设时,由于初次设计方案水平不高,当地不惜花费80万元聘请中国美院和同济大学重新规划设计。正是源于在设计上精益求精的追求,造就了翡翠新村如今的亮丽身姿,成为众多游客流连忘返的旅游目的地。

41. 什么是生态补偿机制?

生态补偿机制是指对个人或组织进行的森林培育、自然保护、水土保持、水源涵养、荒漠化治理等生态建设和环境修复活动,由政府或其他受益的组织、个人进行价值补偿的机制。有自然保护区生态补偿、重要生态功能区生态补偿、资源开发生态补偿、流域水环境保护生态补偿等多种类型。例如,我省新安江流域生态补偿机制试点就是全国第一个跨省生态补偿案例。

42. 如何有效建立生态补偿机制?

要加大重点生态功能区转移支付力度,建立省以下生态保护补偿资金投入机制。完善重点领域生态保护补偿机制,鼓励因地制宜探索通过购买、租赁、置换、协议、混合所有制等方式加强重点区位森林保护,落实草原生态保护补助奖励政策,建立长江流域重点水域禁捕补偿制度,鼓励各地建立流域上下游等横向补偿机制。推动市场化、多元化生态补偿,探索实物补偿、服务补偿、设施补偿、对口支援、干部支持、共建园区、飞地经济等多种方式。

43. 安徽省乡村振兴规划就"生态宜居"提出了什么目标?

安徽省乡村"生态宜居"的目标如表27所示。

表 27 安徽省乡村"生态宜居"目标

序号	主要指标	2017年基期值	2020年目标值	2022年目标值
1	畜禽粪污综合利用率	69.20%	80.00%	82.00%
2	农作物秸秆综合利用率	87.30%	>90.00%	>90.00%
3	村庄绿化覆盖率	44.59%	48.50%	50.00%
4	对生活垃圾进行处理的村占比	80.00%	90.00%	95.00%
5	农村卫生厕所普及率	73.83%	85.00%	>85.00%

五、乡风文明篇

44. 当前农村存在哪些不良风气？

当前农村,封建迷信、非法宗教、红白喜事大操大办问题比较突出,"万紫千红""三斤三两"天价彩礼时有发生,孝道文化和道德规范不断遭到挑战,不赡养老人等违背公序良俗的现象越来越多,有些农村还存在黑恶势力和黄赌毒危害。

45. 如何避免乡村传统礼俗走向陈规陋习？

乡村要有人情味,但不能背人情债。要引导群众分清传统礼俗与陈规陋习的界限,旗帜鲜明地反对天价彩礼,反对婚丧嫁娶大操大办,抵制封建迷信,推动移风易俗,树立文明乡风。深化文明村镇创建活动,广泛开展星级文明户、文明家庭等群众性精神文明创建活动。深入开展"扫黄打非"进基层。重视发挥社区教育作用,搞好家庭教育,传承良好家风家训。如黄山区三口镇,通过开展"渐行渐美"、农民趣味运动会、选送农民节目参加区春晚演出等活动,让更多老人从麻将桌上走下来,让更多群众从日益淡薄的邻里关系中走出来。

46. 农耕文明的主要内容有哪些?

从中国特色的农事节气,到道法自然的生态伦理;从传统宅院村落,到特色农业景观;从乡土气息的节庆活动,到丰富多彩的民间艺术;从耕读传家、父慈子孝的祖传家训,到邻里守望、诚信重礼的乡风民俗,都是农耕文明的鲜明标签,彰显了中华民族的思想和智慧。

47. 怎样传承乡村优秀传统文化?

实施农耕文化传承保护工程,挖掘农耕文化中蕴涵的优秀思想观念、人文精神、道德规范,充分发挥其在凝聚人心、教化群众、淳化民风中的积极作用。划定乡村建设的历史文化保护线,保护好文物古迹、传统村落、民族村寨、传统建筑、农业遗迹、灌溉工程遗产。完善非物质文化遗产保护,实施非物质文化遗产传承发展工程。让有形的文化留得住,让活态的文化传下去。

48. 如何重塑乡村文化生态?

紧密结合特色小镇、美丽乡村建设,深入挖掘乡村特色文化符号,盘活地方和民族特色文化资源。以形神兼备为导向,保护乡村原有建筑风貌和村落格局,把民族民间文化元素融入乡村建设,重塑诗情画意的人文环境和山清水秀的人居环境,做到留得住乡情、记得住乡愁。

49. 怎样发挥好乡村"文化橱窗"的作用?

农村普遍存在重生产轻文化的现象,文化宣传应付较多、重复较多、口号较多、八股文较多、更新较慢,农民感兴趣、看得懂、用得上的内容较少。为此,要重视"文化橱窗"建设,在位置选择上要切实方便群众,在表现形式上要力求生动活泼,在建设方式上要鼓励多方参与,在管理模式上要做到长效运行,发挥传播政策、拓展视野、传承乡愁、凝聚民心、提升形象等积极作用,将"文化橱窗"打造成乡村振兴的先行军和播种机。

50. 安徽省乡村振兴规划就"乡风文明"提出了什么目标?

安徽省乡村"乡风文明"的目标如表 28 所示。

表 28　安徽省乡村"乡风文明"的目标

序号	主要指标	2017 年基期值	2020 年目标值	2022 年目标值
1	村综合性文化服务中心覆盖率	22.00%	95.00%	98.00%
2	县级及以上文明村和乡镇占比	32.00%	50.00%	60.00%
3	农村义务教育学校专任教师本科以上学历比重	53.70%	62.70%	68.70%
4	农村居民教育文化娱乐支出占比	9.70%	11.90%	13.60%

六、治理有效篇

51. 如何健全"三治"治理体系?

坚持自治为基、法治为本、德治为先,形成基层社会治理合力。创新村民自治的有效实现形式,完善民主选举、民主协商、民主决策、民主管理、民主监督制度,发挥自治章程、村规民约的独特作用,弘扬公序良俗。以法治保障乡村治理,引导干部群众尊法学法守法用法,把基层治理工作纳入法治化轨道。强化"德治"的教化作用,重塑乡村道德规范,引导农民孝老爱亲、重义守信、勤俭持家。

52. 怎么看待乡村熟人社会的特点?

与城市相比,乡村的熟人社会特征鲜明,人们大多"生于斯、死于斯",血缘关系、亲缘关系、家庭名誉等在乡村治理中起着重要作用。要深入挖掘乡村熟人社会蕴含的道德规范,结合时代要求进行创新,引导农民向上向善、孝老爱亲、忠义守信、勤俭持家。

53. 怎么化解农村矛盾多的问题?

农村矛盾处于多发期,基层社会治理面临挑战。要化解基层矛盾,就必须相信群众、尊重群众、依靠群众,提高人民群众自我教育、自我管理、自我服务的能力。同时,要完善农村社会治安防控体系,健全矛盾纠纷多元化调解机制,深入排查化解各类纠纷,做到小事不出村、大事不出乡(镇),及时将矛盾化解在基层。

54. 怎么处理农村的"宗教热"?

当前,农村"宗教热"势头不减,甚至不乏境内外势力利用宗教在农村进行渗透,对此必须保持清醒的认识。对待宗教问题,既不能放、也不能收,关键在善于引导、敢于领导。要依法打击农村非法宗教活动和境外渗透活动,制止利用宗教干预农村公共事务,继续整治农村乱建庙宇、滥塑宗教造像。

55. 如何创新基层管理体制机制?

明确县乡财政事权和支出责任划分,改进乡镇财政预算管理制度。整合优化县乡公共服务和行政审批职能,创新联系服务群众工作方法,打造"一门式办理""一站式服务"的综合便民服务平台。积极探索在村庄建立网上服务网点,不断提高乡村治理智能化水平,实现网上办、马上办、全程帮办、少跑快办,把困难留给自己,把方便让给群众。

56. 乡村振兴中基层干部有哪些机遇?

根据党的十九大精神和有关文件规定,要注重选拔熟悉三农的干部进入党委和政府领导班子;实施农村带头人整体优化提升行动,注意吸引高校毕业生、农村致富带头人、务工经商人员、复员退伍军人、机关企事业单位优秀党员干部到村任职;健全从优秀村干部中选拔乡镇领导干部、考录乡镇机关公务员、招聘乡镇事业编制人员制度,择优选拔优秀村干部、大学生村官、乡镇事业编制人员进入乡镇领导班子。

57. 安徽省乡村振兴规划就"治理有效"提出了什么目标?

安徽省乡村"治理有效"的目标如表29所示。

表29　安徽省乡村"治理有效"的目标

序号	主要指标	2017年基期值	2020年目标值	2022年目标值
1	村庄规划管理覆盖率	55.00%	95.00%	98.00%
2	达到标准化社区服务中心(站)的村占比	52.70%	84.30%	100.00%
3	村党组织书记兼任村委会主任的村占比	15.60%	>55.00%	>60.00%
4	有村规民约的村占比	98.00%	100.00%	100.00%
5	集体经济强村占比	3.18%	8.00%	9.00%

七、生活富裕篇

58. 生活宽裕与生活富裕有何区别?

生活宽裕通常是指衣食无忧,生活富裕指在满足基本生活需求的基础上,还有一定的高品质消费能力。生活富裕目标要高于生活宽裕,更能体现美好生活的要求。

59. 如何缩小城乡公共服务差距?

推动公共服务下乡,促进公共教育、医疗卫生、社会保障等资源向农村倾斜,建立以城带乡、整体推进、城乡一体、均衡发展的义务教育发展机制,健全覆盖全民、城乡统筹、权责清晰、保障适度、可持续的多层次社会保障体系,完善覆盖城乡居民的基本医疗卫生制度,深入开展健康乡村建设行动,逐步建立全民覆盖、普惠共享、城乡一体的基本公共服务体系,推进城乡基本公共服务均等化。

60. 怎么改善农村交通物流设施条件?

以示范县为载体全面推进"四好农村路"建设,深化农村公路管理养护体制改革,健全管理养护长效机制,保障农村地区基本出行条件。推动城市公共交通路线向城市周边延伸,鼓励发展镇村公交,实现具备条件的建制村全部通客车。加快构建农村物流基础设施骨干网络,鼓励商贸、邮政、快递、供销、运输等企业在农村地区布局设施网络,鼓励有条件的地区建设面向农村的共同配送中心。

61. 怎样实现共同富裕?

在坚持农村基本经营制度的基础上,千方百计拓宽农民增收渠道。一要抓就业创业,增加农民工资性收入;二要抓要素下乡,增加农民经营性收入;三要抓资源输出,增加农民转移性收入;四要抓三变改革,增加农民财产性收入。当前,安徽省与全国相比,绝对差距最大的是工资性收入,相对差距最大的是财产性收入,应采取有效措施,逐步缩小这两项差距。

62. 如何拓宽农民就业增收空间?

坚持就业优先战略和积极的就业政策,把耕地当作农民的第一就业空间,把城镇当作第二就业空间,积极开辟第三就业空间,让人留在农村,但不依赖于耕地,依托新技术新模式发展新业态,如农村电商、乡村旅游等。

63. 如何帮助小农户增加收入?

培育各类专业化市场化服务组织,推进农业生产全程社会化服务,如农机作业、统防统治、集中育秧、生产托管、加工储存等,帮助小农户降本增效。发展多样化的联合与合作,提升小农户组织化程度。发挥新型农业经营主体带动作用,打造区域公用品牌,帮助小农户开展农超对接、农社对接等;改善小农户生产条件,帮助发展生态农业、设施农业、休闲农业、定制农业,提高附加值。

64. 怎么盘活用好农村闲置宅基地和农房?

鼓励市民、返乡农民工、大学毕业生、退役军人等租赁空闲农房,创办农民合作社、家庭农场、乡村酒店、创客中心等。引导乡(镇)、村利用空闲农房开办文化、体育、旅游、教育、医疗等公共配套服务。鼓励农民利用自有住宅经营乡村旅游或将空闲房屋以入股、出租等方式,委托第三方统一经营,获得经营性或财产性收入。支持社会资本与农村集体经济组织或农户合作,鼓励国内外品牌公司进驻农村实行连锁经营。

65. 安徽省乡村振兴规划就"生活富裕"提出了什么目标?

安徽省乡村振兴"生活富裕"的目标如表 30 所示。

表 30　安徽省乡村振兴"生活富裕"的目标

序号	主要指标	2017 年基期值	2020 年目标值	2022 年目标值
1	农村居民恩格尔系数	33.50%	30.80%	29.00%
2	城乡居民收入比	2.48	2.46	2.44
3	农村自来水普及率	75.40%	83.00%	85.00%
4	具备条件的建制村通硬化路比重	100.00%	100.00%	100.00%

八、脱贫攻坚篇

66. 为何把精准脱贫列入三大攻坚战？

脱贫攻坚是习近平总书记和党中央作出的重大决策部署。精准脱贫对全面建成小康社会具有决定性意义，全面小康社会目标能否实现，关键取决于脱贫攻坚战能否打赢。尤其是现在离全面建成小康社会只有不到三年时间的阶段，时间紧、任务重，把精准脱贫与防范化解重大风险、污染防治一并列为三大攻坚战非常有必要。

67. 如何做好精准施策？

健全精准扶贫精准脱贫工作机制，因地制宜、因户施策，探索多渠道、多样化的脱贫路径，提高政策措施的针对性和有效性。对有劳动能力的，要通过产业扶持和转移就业等办法实现脱贫。对丧失劳动能力的，要加快织密筑牢民生保障安全网，把基本生活兜起来。有序推进易地扶贫搬迁，要搬得出、留得下、能致富。

68. 如何聚焦深度贫困地区集中发力？

加大政策倾斜和扶贫资金整合力度，着力改善深度贫困地区发展条件，增强贫困户发展能力。新增脱贫攻坚资金、新增脱贫攻坚项目、新增脱贫攻坚举措主要投向深度贫困地区。此外，要增加金融投入对深度贫困地区的支持，新增建设用地指标优先保障深度贫困地区发展需要。

69. 怎么激发贫困群众的内生动力？

扶贫先扶志和智，帮人先帮技和艺。要引导贫困群众克服"等、靠、要"思想，不能"晒着太阳等脱贫"，营造脱贫光荣的浓厚氛围。同时，要建立正向激励机制,将帮扶政策措施与贫困群众的参与度挂钩,培育提升贫困群众发展生产和务工经商的基本能力,确保贫困户稳定脱贫、防止返贫。

70. 怎么克服扶贫工作中的形式主义?

脱贫攻坚务求实干,不搞花拳绣腿、不搞繁文缛节、不做表面文章,不能把加强工作搞成开会、发文件、打电话、填表格、报数据、搞评比,更不能搞数字脱贫、虚假脱贫。既要说清楚有多少人脱了贫,也要说清楚脱贫的举措和实际效果。

71. 如何避免层层加码盲目提标?

坚持实事求是,不搞层层加码,不提不切实际的目标。实现"两不愁三保障"并解决区域性整体贫困,就是消除传统概念上的"绝对贫困"。不能做超越发展阶段的事,防止贫困农民陷入"福利陷阱",对非贫困人口造成"悬崖效应"。

九、制度性供给篇

72. 如何巩固完善农村基本经营制度?

落实农村土地承包关系稳定并长久不变政策,全面完成土地承包经营权确权登记颁证工作,完善农村承包地"三权分置"制度,在依法保护集体土地所有权和农户承包权前提下,平等保护土地经营权。农村承包土地经营权可依法向金融机构融资担保、入股从事农业产业化经营。坚持家庭经营的基础性地位,构建家庭经营、集体经营、合作经营、企业经营等共同发展的新型农业经营体系,发展多种形式的适度规模经营,实现小农户生产与现代农业发展有机衔接。

73. 靠什么激发"三农"活力？

改革是法宝，要解放思想、逢山开路、遇河架桥，让农村资源要素活化起来，让全社会支农、助农、兴农力量汇聚起来。凡是有利于乡村振兴的举措，就坚定不移地去做；凡是不利于乡村振兴的做法，就毫不迟疑地去改。要深入基层、深入实际、深入群众，真找问题，找真问题，梳理难点、痛点、堵点，问需于民，问计于民，共商对策。

74. 深化农村改革的方向是什么？

一要"扩面"，不能就农村论农村，要紧扣城乡关系重塑，对城乡改革做出统筹谋划；二要"提速"，已经部署的农村改革要全面发力，看准了的要一抓到底；三要"集成"，抓紧梳理各项改革措施，打出"组合拳"，形成整体"打法套路"。

75. 深化农村改革的底线是什么？

既要有红线意识，又要有底线思维，不能把农村土地集体所有制改垮了，不能把耕地改少了，不能把粮食生产能力改弱了，不能把农民利益损害了。

76. 如何解决乡村振兴用地制约问题？

统筹农业农村各项土地利用活动，乡镇土地利用总体规划可预留一定比重的规划建设用地指标，用于农业农村发展。农业生产所需各类生产设施和附属设施用地，以及农业规模经营必须兴建的配套设施，在不占用永久基本农田的前提下，纳入设施农用地管理，实行县级备案。鼓励农业生产与村庄建设用地复合利用，发展农村新产业新业态，提高土地利用效率。盘活农村存量建设用地，用好用活闲置宅基地和农房，挖掘闲置土地的潜力。

77. 为什么要延长土地承包期30年？

延长30年后，从第一轮土地承包算起，土地承包关系将保持稳定长达75年，既体现长久不变的政策要求，又在时间节点上同第二个百年奋斗目标相契合。在实际工作中，给老百姓吃上长效"定心丸"，给基层干部减轻工作负担。

78. 什么是宅基地"三权分置"？

宅基地"三权分置"，是指落实宅基地集体所有权，保障宅基地农户资格权，适度放活宅基地使用权。要积极探索宅基地"三权分置"的有效实现形式，便于各地利用闲置宅基地和农房发展乡村旅游、健康养老等新产业新业态。

79. 为什么要进行农村集体产权制度改革？

我国农村集体资产产权归属不清晰、权责不明确、保护不严格等问题突出，侵蚀了农村集体所有制的基础，影响了农村社会的稳定，同时也不利于激活农村"沉睡"的资源，改革农村集体产权制度势在必行。

80. 如何开展农村集体产权制度改革？

开展农村集体资产清产核资、集体成员身份认定、股份量化，加快推进集体经营性资产股份合作制改革。维护进城落户农民土地承包权、宅基地使用权、集体收益分配权，引导进城落户农民依法自愿有偿转让上述权益。坚持农村集体产权制度改革正确方向，发挥村党组织对集体经济组织的领导核心作用，防止内部少数人控制和外部资本侵占集体资产。

81. 什么是农村"三变"改革？

"三变"改革即资源变资产、资金变股金、农民变股东，目的是通过发展多种形式的股份合作，壮大集体经济，让农民获取分红收益。资源变资产指村集体以集体土地、森林、水域等自然资源和房屋、建设用地、基础设施等可经营性资产的使用权评估折价,以资本形式入股新型农业经营主体;资金变股金包括财政资金变股金、村集体资金变股金及村民自有资金变股金;农民变股东指农民以自有耕地、林地承包经营权、宅基地使用权以及资金、技术等,入股新型农业经营主体。

82. 如何推进农村"三变"改革?

依法将农村集体经济组织的主体实化、股权实化、机制实化。以做好增量为主、盘活存量为辅,鼓励各地建立"三变"改革项目引导基金,探索"资源变资产、资金变股金、农民变股东"实现路径。加快对农村各类土地、矿山、房屋不动产等资源资产进行确权,形成较为明晰的产权界限。建立产权流转交易平台和风险防范机制,促进顺畅交易和有效防范集体"三资"流失。

83. 如何完善新型农业支持保护政策体系?

以提升农业质量效益和竞争力为目标,创新完善政策工具和手段,扩大"绿箱"政策的实施范围和规模,加快建立新型农业支持保护政策体系。健全政府农业投入增长机制,完善以绿色生态为导向的农业补贴制度,提高农业补贴政策的指向性和精准性。加快建立多层次农业保险体系,化解农业经营风险。

十、人才保障篇

84. 当前"三农"干部队伍存在哪些短板?

在干部队伍中,有丰富农村工作经验的少了,擅于做好农村工作的也少了。有些干部对农业农村不够了解,讲农业讲农村内行话不多,有的对农民缺乏深厚感情,有的缺乏领导农村工作的实际本领。

85. 如何解决乡村振兴缺人的问题?

必须破解人才瓶颈制约,把人力资本开发放在首要位置,畅通智力、技术、管理下乡通道,造就更多乡土人才,聚天下英才而用之。要打好"乡情牌",唱好"引才经",让乡村振兴的发展机遇吸引人,让农村的良好环境留住人。在干部配备上优先考虑,培养一支懂农业、爱农村、爱农民的"三农"工作队伍。用好"三元"主体,让务工农民出得去,种地农民留得住,返乡农民引得回。掀起新时代"上山下乡"热潮,让城里的各类人才到农村建功立业。

86. 如何有效培养职业农民?

全面建立职业农民制度,培养一代爱农业、懂技术、善经营的新型职业农民。建立教育培训、认定管理、政策扶持"三位一体"的培育制度,健全政府主导、各类市场主体参与、适度竞争有序的多元化培育机制。创新培训组织形式,支持农民专业合作社、专业技术协会、龙头企业等主体承担培训任务。支持新型职业农民通过弹性学制就近参加中高等涉农职业教育。鼓励开展职业农民职称评定试点。引导符合条件的新型职业农民参加城镇职工养老、医疗等社会保障。

87. 如何培养乡村工作带头人?

提衣提裤子,牵牛牵鼻子。办好农村的事,要靠好的带头人,靠好的基层党组织。要加强基层党组织建设,整顿软弱涣散的基层党组织,解决弱化、虚化、边缘化问题。全面向贫困村、软弱涣散村、集体经济薄弱村党组织派出第一书记,充分发挥选派干部的作用。畅通基层干部上升渠道,完善薪酬激励机制,培养基层干部职业荣誉感,调动基层干部的积极性、主动性和创造性。

88. 如何创新引人用人观念？

针对农村地区人才难留的现状,要善于整合资源,创新人才观念,尤其要会借鸡下蛋,建立柔性引人机制,鼓励通过兼职等方式,灵活引进各类人才。不要人到心不到智慧不到的各类专家,可要人不到心到智慧到的各类专家,更要人到心到智慧到的各类专家。

89. 怎么加强农村专业人才队伍？

建立县域专业人才统筹使用制度,提高农村专业人才服务保障能力。推行乡村教师"县管校聘",推行中小学教职工编制周转池制度,推动区内中小学教师交流轮岗。加强以全科医生为重点的基层医疗卫生队伍建设,探索建立乡村医生"县管乡用"机制。全面建立城市医生教师、科技文化人员等定期服务乡村机制。积极充实乡镇农经、农技干部队伍,允许农技人员通过提供增值服务合理取酬。培养一批农业职业经理人、经纪人、乡村工匠、文化能人、非遗传承人等。

90. 怎么用好新乡贤队伍？

建立农村"新乡贤"吸纳机制,鼓励离退休干部、知识分子和工商界人士"告老还乡",形成回乡光荣的社会舆论氛围,激励"新乡贤"到乡村发挥余热、施展才能。通过亲情、友情、乡情留人,让"新乡贤"能够在乡村找到归属感。挖掘好乡贤背后所隐含的精神价值和时代意义,传颂好"古乡贤",挖掘好"今乡贤",培育好"新乡贤"。

十一、资金筹措篇

91. 如何解决乡村振兴缺钱的问题？

健全乡村振兴投入保障制度,创新投融资机制,加快形成财政优先保障、金融重点倾斜、社会资本积极参与的多元化投入格局,确保投入力度不断增强、总量持续增加。公共财政继续向"三农"倾斜,逐步解决历史欠账较多的问题。盘活农村资源资产,壮大集体经济,化解"手中无米,唤鸡不理"的尴尬。改变土地增值收益长期"取之于农、用之于城"的做法,让土地增值收益更多用于"三农"。

92. 如何解决财政支农撒胡椒面问题?

国家投到"三农"的钱不少,但碎片化严重,"撒胡椒面"现象较为普遍,形成九龙治水、各管一摊的格局,导致钱不能拢起来。为提高财政资金使用效率,要下决心解决支农项目支离破碎的问题,优化财政供给结构,扩大地方自主统筹空间,加快建立涉农资金统筹整合长效机制。

93. 怎么用好土地指标调剂资金?

中央提出,要改进耕地占补平衡办法,建立高标准农田建设等新增耕地指标和城乡建设用地增减挂钩结余指标可跨省调剂机制,将所得收益通过支出预算全部用于脱贫攻坚和乡村振兴。这一规定含金量很高,拓宽了乡村振兴资金筹集渠道,用好该项政策能为后发地区带来看得见的好处。

94. 为什么工商资本愿意下乡?

因为乡村有需求、发挥有空间、财政有补助,工商资本在乡村能够找到逐利的动力,可成为乡村振兴的重要力量。为此,要优化环境,稳定预期,引导好、服务好、保护好工商资本下乡的积极性。同时要加强监管,设置必要的"防火墙",防止跑马圈地、把农民挤出去,防止打擦边球、玩障眼法,不能富了老板、丢了老乡。

95. 农村金融怎么改?

深化农村金融改革,健全适合农业农村特点的农村金融体系,让农村金融机构回归本源,把更多金融资源配置到农村发展的重点领域和薄弱环节,更好地满足乡村振兴多样化需求。创新金融产品和服务方式,全面激活农村金融服务链条,稳妥有序推进农村承包土地经营权、农民住房财产权、集体经营性建设用地使用权抵押贷款试点。创新服务模式,引导持牌金融机构通过互联网和移动终端提供普惠金融服务。

96. 什么是劝耕贷?

"劝耕贷"是我省首创的金融产品,主要服务对象为种养大户、家庭农场、农民专业合作社、农业产业化龙头企业等新型农业经营主体。单户贷款额度最高为100万元,龙头企业原则上最高融资额度不超过5 000万元。"劝耕贷"是无需抵押的信用贷款,弥补了农业经营抵押物不足的缺陷。

十二、组织领导篇

97. 乡村振兴要坚持什么样的领导体制?

健全党委统一领导、政府负责、党委农村工作部门统筹协调的农村工作领导体制。建立实施乡村振兴战略领导责任制,实行中央统筹、省负总责、市县抓落实的工作机制。党政一把手是第一责任人,五级书记抓乡村振兴,县委书记要当好乡村振兴"一线总指挥"。

98. 如何加强"三农"工作队伍?

把懂农业、爱农村、爱农民作为基本要求,加强"三农"工作干部队伍培养、配备、管理、使用。各级党委和政府主要领导干部要懂"三农"工作、会抓"三农"工作,分管领导要真正成为"三农"工作的行家里手。加强培训,提升"三农"干部队伍能力和水平。拓宽县级"三农"工作部门和乡镇干部来源渠道。把到农村一线工作锻炼作为培养干部的重要途径,注重提拔使用实绩优秀的干部,形成人才向农村基层一线流动的用人导向。

99. 怎么加强规划引领?

落实中央要求,尽快编制和实施乡村振兴规划。做好衔接工作,形成城乡融合、区域一体、多规合一的规划体系。分类指导乡村振兴,对具备条件的村庄,要加快推进城镇基础设施和公共服务向农村延伸;对自然历史文化资源丰富的村庄,要统筹兼顾保护与发展;对生存条件恶劣、生态环境脆弱的村庄,要加大力度实施生态移民搬迁工程。

100. 怎样营造乡村振兴良好氛围?

加强宣传和引导,结合农村文化橱窗建设,采取形式多样、喜闻乐见的方式,宣传党的乡村振兴方针政策和各地丰富实践,振奋基层干部群众精神,营造"人人参与、全民支持"的乡村振兴浓厚氛围,凝聚全党全国全社会振兴乡村的强大合力。

课题指导:季　翔

执 笔 人:季　翔　唐二春　张延明

王海林　梅　琳　吴　豹

(完稿时间:2018 年 8 月)